U0636119

中國史學基本典籍叢刊

國語彙校集注

五

俞志慧 撰

中華書局

國語卷第十八

楚語下

1 觀射父論絶地天通

昭王問於觀射父，昭王，楚平王之子昭王熊軫也。觀射父，楚大夫也。○《補音》：射，音亦。父，音甫。曰：「《周書》所謂重、黎實使天地不通者〔一〕，何也？《周書》，謂周穆王之相甫侯所作《吕刑》也〔二〕。重、黎，顓頊掌天地之臣也。《吕刑》曰：「乃命重、黎，絶地天通。」謂少皞之末，民神雜糅〔三〕，不可方物，顓頊受之，乃命南正重司天以屬神，火正黎司地以屬民，謂絶地與天相通之道也〔四〕。○《略説》：絶地與天相通之道，非也；後注云：「絶地民與天神相通之道。」得之，然「通」是通同，爲相雜之義，似不可謂道也。○秦鼎：方，别也。物，名也。◎志慧按：關修齡之解是也，但昭王確實將「通」誤解成「登天」之道了，韋昭亦或因此一再致誤（下復有注云：「絶地民與天神相通之道。」），遂將一個社會學的命題（觀射父所解者是）誤解成神話學的命題（程伯休父故神其説致楚昭王之誤解)。**若無然,民將能登天乎?」**若重、黎不絕天地,民豈能上天乎?

【彙校】

〔一〕實,明道本、正統本作「寔」,古同。

〔二〕明道本無「謂」字。

〔三〕糅,孔氏詩禮堂本作「揉」,《史記·曆書》作「擾」,上古幽蕭同部,二字俱爲「糅」之通假字。

〔四〕「謂」前,明道本與《元龜》卷七八〇引有「是」字,秦鼎本從之,是。

對曰:「非此之謂也。古者民神不雜。雜,會也。謂司民、司神之官各異。◎志慧按:據下文,其中之神當包含通神意的由巫史宗祝等組成的祭司階層,而「民神不雜」的主要表現則是祭司階層的權威與職能不允其他階層染指,所謂「民神異業」是也;下文「人作享而家爲巫史」則反之,所謂「民神同位」是也。此「古者民神不雜」及下文「少皞之衰」——顓頊——堯——夏——商——周宣王時程伯休父一線,所敘述各個時期九黎、三苗等與祭司階層的拉鋸式爭奪,或許是觀射父對上古祭司史的想像構擬,但在觀射父之時,神權被各種勢力僭越(民神雜)以及祭司階層之衰落則應該是事實,這個節點正好與慨歎禮崩樂壞的孔子共時。**民之精爽不攜貳者**〔一〕,**而又能齊肅**

衷正〔二〕，爽，明也。攜，離也〔三〕。貳，二也。齊，一也。肅，敬也。衷，中也。○《略説》：民之精爽，此言人神明不疑者。◎志慧按：齊，「齋」之省借，亦敬也，韋注誤。其知能上下比義〔四〕，義，宜也。○《述聞》：義，當讀爲「儀」，度也。其聖能光遠宣朗，聖，通也。朗，明也。其明能光照之，○《述聞》：下「光」爲光明之「光」，上「光」則廣大之「廣」。光遠者，廣遠也。其聰能聽徹之，徹，達也。○《增注》：二「之」字皆指義也，目能照義，耳能徹義也。如是則明神降之〔五〕，降，下也。在男曰覡，在女曰巫〔六〕，巫、覡〔七〕，見鬼者。《周禮》：「男亦曰巫。」○《荀子・王制篇》「知其吉凶妖祥，傴巫跛擊之事也」楊注：古者以廢疾之人主卜筮巫祝之事，故曰「傴巫跛覡」。◎志慧按：韋昭指覡爲見鬼者雖無大誤，然不夠貼切，似以解作通神者爲宜。是使制神之處位，處，居也。位，祭位也。次主，次其尊卑先後也。○秦鼎：是，猶「於是」。或云：是使，當作「使是」，是，是人也。◎志慧按：此「是」係代詞，指代因齊肅衷正而爲巫覡者，秦鼎説非。次主〔八〕○《補正》：主，神之所依。《周禮・春官・司巫》「共匰主」是也。而爲之牲、器、時服。牲，牲之毛色、小大也〔九〕。器，所當用也。時服，四時服色所宜也。◎志慧按：巫覡的職司至此，如《周禮・春官・宗伯》「男巫」下鄭注：「巫能制神之處位、次主者。」故於此句。時服，蓋指四時祭祀所用的禮服。而後使先聖之後之有光烈，烈，明也。○《增注》：光烈，大業也。○《標注》：烈者，功之顯著有光彩者。而能知山川之號、號，名位也。高祖之主、高祖，廟之先也。○《正義》：《昭十五年傳》：王謂籍談曰：「而高祖孫伯黶。」《昭十七年傳》：「我高祖少皞摯。」則是「高」是高遠之稱，非專指曾祖之父。　◎志慧按：董説是，吉金文及《詩經》等文獻中之「曾孫」、「孝孫」亦當作如是觀，後人有徑以曾孫爲第四代、孝孫爲第三代者，並據以推斷人物間之關係，每於史實不合。宗廟之事、昭穆之世、父昭，子穆，先後之次也。《春秋》躋僖公，謂之逆祀。齊敬之勤〔一〇〕、齊，莊也。禮節之宜、威儀之則、容皃之崇、崇，飾也。　○《舊音》：齊，阻皆反。　○《辨正》：崇，古無「飾」義，而有高、大之義，隆、尊、尚、敬、厚、多、重諸義皆由此引申而來，容皃之崇，意爲容貌之端莊肅恭，與上下文「齊敬之勤」、「忠信之質」等構成對稱關係，義本淺白，韋注見「容皃」一詞，就以爲是佩飾之類，實爲望文生義，《周語中·定王論饗禮》「容貌有崇，威儀有則」韋注亦釋「崇」爲飾，誤與此同，亦當依改。忠信之質、質，誠也。　○《增注》：質，文質之「質」。　○《標注》：質，謂其素性也。禋潔之服〔一一〕，潔祀曰禋。而敬恭明神者，以爲之祝。祝，太祝也〔一二〕，掌祈福祥。　○《補音》：祝，之秀反。按：《周禮》太祝以下官皆同此音，後人讀書史者亦作之六反。使名姓之後，能知四時之生、名姓，謂舊族，若伯夷，炎帝之後，爲堯秩宗。生，嘉穀、韭卵之屬。　○孔晁、服虔：名姓之後，聖人大德之後。生，謂粢盛（《周禮·春官·序官》疏引，汪、黄輯）。犧牲之物、　○孔晁、服虔：犧，謂純毛色。牲，謂牛、羊、豕（《周禮·春官·序官》疏引，汪、黄輯）。◎志慧按：物，色也，如《鄭語》云：「物一無文。」玉帛之類、采服之儀〔一三〕、彝器之量、彝，六彝。

器，俎豆。量，大小也〔一四〕。　○孔晁、服虔：玉帛，禮神玉帛（《周禮·春官·序官》疏引，汪、黄輯）。○服虔：采服，祭祀之所服色。量，數也，祭祀之器皆當其數（《周禮·春官·序官》疏引，汪遠孫輯）。○《正義》：《周禮·大宗伯》疏引服虔《國語注》：「犧，謂純毛色。牲，謂牛、羊、豕。玉帛之類者，禮神玉帛，謂若宗伯云蒼璧、黄琮，牲幣各放其器之色是也。」孔晁注同。彼疏又引服虔《國語注》：「采服之宜者，祭祀之所服色，謂若司服以衮冕以下是也。彝器之量者，量，數也，祭祀之器皆當其數。」○《標注》：彝器，一名而已，諸器不當兩字分釋。　◎志慧按：彝器，青銅禮器，《標注》説是，龜井昱亦持此説。**次主之度**、疏數之度。　○服虔：次廟主之尊卑、先後、遠近之度（《周禮·春官·序官》疏引，汪遠孫輯）。　○《增注》：次主，神主之次。**屏攝之位**、周氏云：「屏者〔一五〕，并。攝，主人之位。」昭謂：屏，屏風也；攝，形如今要扇〔一六〕：皆所以分别尊卑〔一七〕，爲祭祀之位，近漢亦然。　○服虔：屏，猶并也，謂攝主不備，並之，其位不得在正主之位。《曾子問》云：「若宗子有罪，居于他國，庶子爲大夫，其祭也，祝曰：『孝子某，使介子某執其常事。』」又云：「攝主不厭祭，不旅不假，不綏祭，不配。」（《周禮·春官·序官》疏引，汪遠孫輯）　○王應麟《漢制考·國語》：《左傳》「巡羣屏攝」注：「祭祀之位。」《正義》：「鄭衆云：『攝，束茅以爲屏蔽。』」　○《左傳補注》：韋解所引周氏者，漢儒説《春秋》者周仲文也。　○千葉玄之：周氏，魏博士周生烈，字文逸乎？　○秦鼎：「要」、「腰」同。　○《正義》：攝主非常有之事，且上犧牲、玉帛、采服、彝器皆是器物，則屏攝亦當爲物，故不從服、周之義。　○《補正》：注攝訓扇，即翣也。《小爾雅》：「大扇謂之翣。」　◎志慧按：《正義》基於文本立説，可從；韋注不從周説，已見後出轉精之象。復次，韋注「周氏」僅此一見，惠棟、千葉氏之説皆未出所據。其時學者以「周氏」名者，有《漢書·藝文志》「《易傳周氏》二篇」，班固自注：「字王孫也。」同書《丁寬傳》：「寬至雒陽，復從周王孫受古義，號『周氏傳』。」又，《後漢書·藝文志》載《周氏論語章句》，謂出於張（禹）《論（語）》，《史記集解》有兩則録文，此周氏在皇侃作《論語義疏》時已「不悉其名」。文獻不足徵，姑且存疑。　壇場之所、除地曰場。　○賈逵：在郭曰壇，在野曰場（釋慧琳《一切經音義》卷八十引）。　○孔晁：去廟爲祧，去祧爲壇，去壇爲墠。場，祭道神。《曾子問》「道而出」是也（《周禮·春官·序官》疏引，汪、黄輯）。　○《正義》：《説文》「道上祭」謂之禓，一曰道神。「禓」、「場」古通字，此可證晁注之確。　上下之神〔一八〕、氏姓之出〔一九〕，所自出也。　○孔晁：上，謂凡在天之神，天及日、月、星。下，謂凡在地之神，謂地、山林、川谷、丘陵也（《周禮·春官·序官》疏引，汪、黄輯）。　而心率舊典者爲之宗〔二〇〕。　宗，宗伯也〔二一〕，掌祭祀之禮。○孔晁：既非先聖之後，又非名姓之後，但氏姓所出之後子孫而心常能循舊典者，則爲大宗。大宗者，於周爲宗伯（《周禮·春官·序官》疏引，汪、黄輯）。　○《正義》：顔師古曰：氏姓謂神本所出及見所當爲主者也。宗，宗人，主神之列位尊卑者也。《春秋左氏傳》「虢公使祝應、宗區享神」，又云「祝宗用馬于四墉」，並非宗伯及大宗也。案：顔説雖與韋、孔相歧，然亦得一解。　○《標注》：宗即官名矣，若《周禮》宗伯是其長官一人矣，非可通舉者。**於是乎有天、地、神、民、類物之官**〔一二〕，**謂之五官**〔一三〕，類物，謂别善惡、利器用之官。◎志慧按：韋解類物之官，不知何所據。關於五官，略早於觀射父的晉國史官蔡墨曾云：「五行之官，是謂五官，實列受氏姓，封爲上公，祀爲貴神。木正曰句芒，火正曰祝融，金正曰蓐收，水正曰玄冥，土正曰后土。」（《左傳·昭公二十九年》）則似南北方觀念中並存著不同的五官系統。觀射父所謂「五官」可分二類，前三者天、地、神，執掌者爲巫史宗祝；後二者爲世俗之官，掌管利用、厚生等類。**各司其序，不相亂也。民是以能有忠信，神是以能有明德**，明德，謂降福祥，不爲灾孽也。**民神異業**，業，事也。**敬而不瀆**〔一四〕，○賈逵：黷，媟也（《文選》陸士衡《漢高祖功臣頌》李善注引《國語》觀射父曰「民神異業，敬而不黷」賈注，汪、蔣輯，黄奭將此條置於《晉語四》「畏黷敬也」下）。**故神降之嘉生**，嘉生，善物也。**民以物享**〔一五〕，○《略説》：神降嘉生，民以其物享食之。**禍灾不至，求用不匱。**

【彙校】

〔一二〕「民」前，《御覽》方術部十六引有「擇」字，據下文並列的「使先聖之後」句，似有者爲長。《舊音》出「懏」，並云或爲「攜」，明道本、正統本作「攜」，《説文·心部》云：「懏，有二心也。」段注：「古多叚借『攜』爲之。」次同。

〔二〕衷，《周禮·春官·家宗人》鄭注引作「中」，但據韋注「衷，中也」之語，則是韋所見本作「衷」，或是所見本不同，或是以故訓字代經字，或是後世傳寫改易，皆不可知；配補本《御覽》方術部十六引作「忠」，但神鬼部一引亦作「衷」。

〔三〕離，《集解》作「雜」，後者形訛。

〔四〕知，明道本、正統本作「智」，古通。

〔五〕明神，《御覽》卷八百八十一及《元龜》卷七八〇引同，孔氏詩禮堂本「明」作「民」，後者誤；《周禮·家宗人》鄭注引作「神明」，《斠證》以《舊音》出「神降」，斷唐本自作「明神」，是，《説文解字繫傳·巫部》「巫」下引亦作「明神」。

〔六〕二句《文選》張平子《東京賦》李善注引作「在男謂之覡，在女謂之巫也」。

〔七〕巫，明道本、正統本無之，上海師大本從公序本，「巫」字不煩釋，「覡」從見會意，故韋昭釋作「見鬼者」，似以無「巫」者爲優。

〔八〕《漢書·郊祀志上》引無「次主」二字。

〔九〕黄刊明道本不重「牲」，正統本重，李慈銘謂重者是，上海師大本從公序本補，是。

〔一〇〕「齊敬」前，秦鼎疑脱「修」字，云：「蓋號、主、事、世，其所知也，勤、宜、則、崇、質、服，其所行也。」其説有理，但唐楊倞《荀子·正論注》引此文並無「修」字。

〔一一〕潔，正統本同，黃刊明道本作「絜」，注同，下文「體具而精潔」之「潔」同，疑正統本改從公序本。此下明道本不似前文作「潔」而俱作「絜」，不再出校。

〔一二〕次「祝」字，弘治本作「祀」，形訛。

〔一三〕儀，《荀子・正論》楊注引同，《周禮・春官・序官》鄭注引作「宜」，《集解》從改。

〔一四〕大小，所見《國語》各本同，《元龜》卷七八〇引作「小大」，上文釋「牲」韋解作「牲之毛色小大」，上古作「小大」，韋昭時「小大」、「大小」並用，故不敢必其一。

〔一五〕明道本、正統本無「者」字。

〔一六〕扇，明道本、南監本同，許宗魯本作「屏」，無據，疑涉上文「屏」字而誤。千葉玄之疑「扇」係「翣」之誤，亦無據。

〔一七〕分別，王應麟《漢制考・國語》引同，明道本作「明」一字，《補音》出「分別」二字，似皆各有所據，於義則無殊。

〔一八〕神，各本同，但戴震增「祇」字，《札記》載惠氏從鄭衆引增「祇」字，《荀子・正論》唐楊倞注引亦有，疑涉下「氏」字而脱，《集解》從補，是。

〔一九〕「出」前，《周禮・春官・宗伯》鄭注、《荀子・正論》楊注、《玉海》卷一百二十二官制引俱有「所」字，戴震、《集解》從補。

〔二〇〕心率舊典，《元龜》卷七八〇引同，據孔晁注，知其所見本亦有「心」字，《周禮》鄭注、《玉海》引則無「心」字，於義無殊。一本《荀子》楊注引「率」作「帥」，通假。

〔二一〕《荀子·正論》楊注引「宗伯」前有「大」字。

〔二二〕神民類物，《史記·曆書》作「神祇物類」，如後者，則不成五官矣。

〔二三〕謂之，明道本與《史記》作「是謂」。

〔二四〕瀆，《漢書·郊祀志》作「黷」，顔注：「黷，汙渫也。」當其作「輕慢」義解時可與「瀆」互訓。

〔二五〕享，《史記·曆書》同，《漢書·郊祀志上》作「序」，孟康曰：「各有分序也。」則各有所當。

及少皞之衰也〔一〕，**九黎亂德**，少皞，黄帝之子金天氏也。九黎，黎氏九人也〔二〕。○《發正》：《漢書·律曆志》：「少昊帝，《考德》曰：少昊曰清。清者，黄帝之子清陽也。是其子孫名摯立。土生金，故爲金德，天下號曰金天氏。」據此，清陽已稱少昊，及摯有天下，始有金天氏之稱。摯是清陽之後，非黄帝親子也。韋注似未明晰。○《集解》：少皞名摯，一名質。其父曰清，清爲黄帝第五子。是少皞爲黄帝之孫，非黄帝之子也。蓋少皞亦號清陽，《帝王年代紀》以少皞爲黄帝清陽，故世誤以爲一人，辯見《路史發揮》。◎志慧按：史前時代，即某一著名人物之稱號與部落名爲一爲二常難釐清，文獻既不足徵，又乏考古學的證據，故凡涉此類問題本書多過而存之，不多置辨。**民神**

雜糅〔三〕，**不可方物**〔四〕。同位故雜糅。方，猶别也。物，名也。○賈逵：方，别也（《原本玉篇殘卷·方部》引）。○《漢書·郊祀志》顔注：放，依也。物，事也。○《增注》：民神雜糅，上文所謂「山川之號」、「宗廟昭穆之屬」，其位次不可别也。不可方物，所謂四時之犧牲玉帛之類，其品物不可比方也。○《補正》：糅，雜也。《左傳》疏引作「雜擾」，擾、糅音相近通用。◎志慧按：上古幽蕭合韻，故「擾」、「糅」同音。○《標注》：史亦宗祝之類供祀事者，故云，注不可偏舉其職掌。位序。言人人自爲之。**夫人作享，家爲巫史，**夫人，人人也。享，祀也。巫，主接神；史，次位序。○《辨正》：釋「夫人」爲人人，於文獻未見有旁證。此中「人作享」、「家爲巫史」二句相對成文，「人」與「家」相對，「夫」字領起下面三句，屬發語詞。「人作享」兩句與《韓非子·五蠹》以下句式相似：「今境内之民皆言治，藏商、管之法者家有之，而國愈貧；……境内皆言兵，藏孫、吴之書者家有之，而兵愈弱。」◎志慧按：「巫史」間不點斷從《標注》説。《路史·疏仡紀》云：「小昊氏衰，玄都黎氏實亂天德，賢鬼而廢人，惟龜策之從，謀臣不用，喆士在外。家爲巫史，亡有要質。方不類聚，物不羣分。民匱于祀，神褻民狎，嘉生不降。」可與本段文字相參。**無有要質。**質，誠也。○《訂字》：質，通「贄」。○《增注》：要，猶要道之「要」。質，體也。○《辨正》：釋「質」爲誠，於「質」之詞義無大誤，但「要質」係一詞，要爲要約，質爲質信，屬同義合成詞，若釋「質」爲誠，則「要」字難以落實。《尚書·禹貢》「五百里要服」，孔穎達正義曰：「要者，約束之義。」《易·繫辭傳下》云「原始要終以爲質」，要、約同義，故「要質」又書作「約質」，如《戰國策・齊策五》：「夫胡之與齊非素親也，而用兵又非約質而謀燕也，然而甚于相趨者，何也？」**民匱于祀，而不知其福。**言民困匱於祭祀，而不獲其福。○秦鼎：匱于祀，謂祭祀無度，財爲之盡也。○龜井昱：所祀輕率匱少而無福，故不知祀之有吉利也。**烝享無度**〔五〕，**民神同位。民瀆齊盟**〔六〕，**無有嚴威。**齊，同也。嚴，敬也。威，畏也。○《增注》：齊，敬也。嚴，尊重也。無嚴威鬼神者也。○秦鼎：盟，恐「明」字訛，齊明，齊戒明潔也。○龜井昱：民瀆齊盟，《吕刑》所謂「以覆詛盟」是也。**神狎民則，不蠲其爲。**狎，習也。則，法也。蠲，絜也。其爲，所爲也。○《增注》：狎，輕忽之意。○《平議》：則，與「只」同，語詞也。◎志慧按：「狎民則」與「瀆齊盟」並列，故「則」字似不宜視爲助詞，韋注亦未見其不可，句意爲因爲民神雜糅，祭司階層跌落神壇，士民藐視戒律與盟誓，祭司輕犯公序良俗。**嘉生不降，無物以享。禍灾荐臻，莫盡其氣。**荐，重也。臻，至也。氣，受命之氣〔七〕。○《漢書・郊祀志》顔注：不究其性命也。○户埼允明：其氣，謂陰陽二氣，運轉不偏，四時不得，故承「禍灾荐臻」言。○秦鼎：不能盡其所受於天之壽，而中道遇災而夭也。○龜井昱：臻當作「至」，疑後人不知爲韻語，徒見「薦臻」爲熟語，謾加右文歟。上文「禍災不至」《曆書》亦作「薦至」。○《補正》：言民多夭札，不獲盡其所受之氣而死也。◎志慧按：上文「位」「威」「爲」韻，「降」「享」韻，則龜井氏之説堪稱一個發現。**顓頊受之，少皞氏没**〔八〕，**顓頊氏作。**受，承也〔九〕。

〇《路史・疏仡紀》：顓頊，黄帝氏之曾孫，祖曰昌意，黄帝之震適也。**乃命南正重司天以屬神**〔一〇〕，南，陽位。正，長也。司，主也〔一一〕。屬，會也。所以會羣神，使各有分序，不相干亂也。《周禮》則宗伯掌祭祀。**命火正黎司地以屬民**〔一二〕，唐尚書云：「火，當爲『北』。」北，陰位也。《周禮》則司徒掌土地、人民也〔一三〕。〇《尚書音義・吕刑》：重，直龍反。黎，力兮反。〇《漢書・郊祀志》顔注：屬，委也，以其事委之也。屬，音子欲反。**使復舊常，無相侵瀆**，侵，犯也。**是謂絶地天通**。絶地民與天神相通之道。◎志慧按：「無相侵瀆」、「絶地天通」謂司天屬神，司地屬民，各守其職，不相淆亂也。

【彙校】

〔一〕皞，《史記・曆書》同，《尚書・堯典》正義、《吕刑》正義引「皞」並作「昊」，古通。少皞，《史記》、《尚書正義》、《左傳・昭公二十九年》正義並作「少皞氏」三字。

〔二〕「黎氏九人也」下句，各本同，唯《尚書正義・吕刑》和《通鑒外紀》卷一引其下尚有「蚩尤之徒也」五字，疑今本《國語》脱，《集解》徑補。

〔三〕雜糅，《考異》據《史記・曆書》、《漢書・郊祀志》、《後漢書・張衡傳》注等引作「襍擾」，謂糅、擾音近通用，《補正》亦據《左傳・昭公二十九年》云然，皆是也。

〔四〕方，《漢書·郊祀志》作「放」，《考異》謂古通，是。

〔五〕度，静嘉堂本、南監本殘損半字，弘治本作「庶」，形訛。

〔六〕盟，《漢書》作「明」，古或通。

〔七〕受，明道本、《元龜》卷七八〇引作「壽」，秦鼎改從之，似各有當，不必强同。

〔八〕没，明道本、正統本作「殁」，疑從後世用字習慣改。

〔九〕「承」下，黄刊明道本有「服」字，正統本及《册府元龜》卷七八〇無「服」字，疑黄刊明道本衍。

〔一〇〕南正重，《左傳·昭公二十九年》正義、配補本《御覽》時序部一皆引作「木正重」，或爲傳本之異。

〔一一〕「主」下，黄刊明道本有「司」字，正統本無，依上下文皆用單字解釋例，疑黄刊本衍。

〔一二〕火正黎，《鄭語》正文與韋解亦兩稱「火正黎」，此處引唐固説並用五行釋義，知韋昭所見者作「火正」，韋以「北，陰位也」疏釋唐注，似韋昭傾向於認可唐説，《史記·曆書》、《漢書·律曆志》亦同作「火正」，徐幹《中論·曆數》、揚子《法言·重黎》則作「北正黎」，《律曆志》載：「臣瓚曰：南正司天，則北正當司地，不得言火正也。古文『火』字與『北』相似，故遂誤耳。師古曰：此説非也，班固《幽通賦》云：玄黎淳耀于高辛。」是則黎爲火正也。可見古人於此已議論紛紛，莫衷一是，《御覽》、《元龜》等同一書中或引作「北正」，或引作「火正」。據《鄭語》載祝融之職司及功業：「（黎）淳耀敦大天明地德，光照四海……祝融亦能昭顯天地之光明。」則當以「火正」爲是。「火」與「北」古文形近，遂誤以「火正」爲「北正」耳，復因「北正」適可與「南正」相對，更覺以誤讀爲正解之有理。若果是「北正」，黎之後人所統治的就不該是楚國了。

〔一三〕人民，明道本作「民人」；「也」前明道本有「者」字。

「其後，三苗復九黎之德〔一〕，其後，高辛氏之季年也。三苗，九黎之後也。高辛氏衰，三苗爲亂，行其凶德，如九黎之爲也。堯興而誅之。○《備考》：《尚書・吕刑注》引韋昭此注云：「九黎，黎氏九人，蚩尤之徒也。」與今注不同。○《標注》：三苗不必九黎之後胤，但復行九黎之兇德而已，故曰「復」也。據《尚書》，竄三苗者舜也，非堯。○《集解》：德，善惡通稱，《書・吕刑》鄭注作「復九黎之惡」。◎志慧按：恩田氏所引韋注「黎氏九人」條當在「九黎亂德」之下。**堯復育重、黎之後不忘舊者，使復典之。**育，長也。堯繼高辛氏，平三苗之亂，繼育重、黎之後〔二〕，使復典天地之官羲氏、和氏是也〔三〕。○《標注》：羲氏、和氏並掌天官而無司地者，與重黎之職不符合，且其天官亦唯在測量而無屬神之事，此等蓋皆出乎後人之附會，無可信矣。**以至于夏、商，故重、黎氏世敘天地，而別其分主者也。**敘，次也。分，位也〔四〕。○《略説》：別重、黎二氏，而分主神民。◎志慧按：世敘天地，別其分主，照應前文巫史宗祝各種職司，故釋義亦當從前。**其在周，程伯休**

父其後也，當宣王時，失其官守，而爲司馬氏，程，國也。伯，爵也〔五〕。休父，名也。失官守，謂失天地之官，而以諸侯爲大司馬。《詩》曰「王謂尹氏，命程伯休父」是也。◎志慧按：《詩・大雅・常武》「王謂尹氏，命程伯休父」毛傳：「尹氏掌命卿士，程伯休父始命爲大司馬。」正義：「程國之伯，字休父者。」知程伯休父確曾爲大司馬，唯此既已明言「氏」，則此「司馬」就不會再是大司馬，而是姓氏，蓋因其職司而爲氏也。失其官守，韋昭謂「失天地之官」是也，嚴格地説是前文「五官」中天、地、神之官，即巫史、宗祝之類；至於韋注「以諸侯爲大司馬」，疑屬臆測。復次，休父，韋昭以爲名，孔穎達則以爲字，更早的《風俗通・姓氏篇》亦謂「休父，字也」，斷爲名者或因其表達比較正式，斷爲字者或因「父」字爲其時男性取字所常用，甚至還有一種可能，此休父既非字，亦非名，「父」字綴於字或名之後，係對成年男性的尊稱，如《春秋・僖公十一年》丕鄭父、《廿八年》叔興父、《文公九年》箕鄭父，皆是也。本書於伯陽父、露睹父、觀射父、虢石父、陽處父等涉「父」的名謂，因别無參照，皆未敢按斷，且俟高明。寵神其祖，以取威于民，曰：『重實上天〔六〕，黎實下地。』寵，尊也。言休父之後世尊神其祖，以威耀其民〔七〕，言重能舉上天，黎能抑下地。今相遠〔八〕，故不復通也。◎志慧按：程伯休父曲解司天作上天，司地作下地，謂重、黎上天下地，其意欲借先輩巫史、宗祝的通神異能以自高身價，韋昭與楚昭王同樣理解成一上天，一下地，互不交流，誤。遭世之亂，而莫之能禦也。亂，謂幽、平以下也〔九〕。禦，止也。○《補正》：司馬氏倡爲是説，遭世亂而莫之能止。◎志慧按：宣王時的程伯休父已失其官守，就巫史、宗祝的地位而言，此「亂」不待幽、平以下也，可與《周語上·虢文公諫宣王不藉千畝》並觀。**不然，夫天地成而不變，**言天地體成〔一〇〕，不復改變也〔一一〕。**何比之有？」**言不相比近也。◎志慧按：此「天地」指自然之天地，與前文天地神之官異。成而不變，猶《易傳》「天尊地卑，乾坤定矣。卑高以陳，貴賤位矣」，與前文天地神之官異。「何比之有」照應開頭「民將能登天」之問，不相比近，自然不能登天。

【彙校】

〔一〕復，《史記·曆書》作「服」。德，《尚書·堯典、呂刑》正義兩引作「惡」，並引韋昭云：「三苗，炎帝之後，諸侯共工也。」但同是《呂刑》，在「德威惟威，德明惟明」下兩引《楚語》則作「德」字，於義實無殊，下引《集解》説是也。

〔二〕繼，《元龜》卷七八〇引同，明道本、正統本作「紹」，義同。

〔三〕義，正統本同，黄刊明道本作「義」，後者係明代以後傳抄之訛。

〔四〕位，静嘉堂本、南監本、弘治本作「住」，後者形訛。

〔五〕明道本無韋注二「也」字。

〔六〕實，明道本作「寔」，古通，次同。

〔七〕威，静嘉堂本、南監本、弘治本作「歲」，無據。耀，弘治本作「燿」，「耀」、「燿」義符更旁字，各祖本該字皆從光，則從火者實弘治本擅改。許宗魯本「威耀」作「歲建」，亦非。

〔八〕今，所見公序本系統諸本俱同作，明道本、正統本、《元龜》作「令」，據韋昭之意，當依改，公序本形訛。

〔九〕下，静嘉堂本、南監本漫漶不可識，弘治本作「後」，亦擅改。

〔一〇〕明道本無「言」字，正統本有之。體，許宗魯本作「能」，無據；静嘉堂本、南監本、弘治本作「躰」，俗。

〔一一〕「改變」明道本、《元龜》作「變改」，但正統本仍作「改變」。變，静嘉堂本、南監本模糊不清，弘治本作「变」，後者俗。

2 觀射父論祀牲

子期祀平王，子期，楚平王之子結也。平王，恭王子、昭王父也〔一〕。祭以牛俎於王，致牛俎於昭王。○《正義》：《曲禮》「大夫以索牛」，《正義》：「謂天子之大夫。」若諸侯之大夫即用少牢。其喪祭，大夫亦得用牛，故《雜記》云：「上大夫之虞也，少牢。卒哭，成事，祔，皆太牢。」卒哭，成事，祔皆無致胙之文，知此祀平王爲吉祭也。宋祖帝乙，鄭祖厲王，諸侯得祀出王，而大夫必不得祖諸侯，子期之祀平王爲公廟設於私家，而又上僭諸侯之牲，故用牛。祭時牛陳於俎，故「俎」與「牛」連文。◎志慧按：皆川淇園引伯恭氏説謂當於「牛」下句，不合韋注以「牛俎」爲一詞之意。户埼允明則謂「『於』上恐脱『致』字」，亦無據。陳桐生注譯《國語》云：「以：通『已』，完畢。牛俎：祭祀所用牛肉。」祭祀完畢，分嘗福胙，其中的牛俎給了昭王，得韋氏之意，唯「以」字作介詞「用」解，「以牛俎於王」構成一介賓短語，於文法亦無不可。**王問於觀射父，曰：「祀牲何及？」**王感俎肉〔二〕，而問牲何所及〔三〕。○《增注》：問祀牲之數，所及幾何。**對曰：「祀加於舉。**加，增也〔四〕。舉，人君朔望之盛饌。○《辨正》：以人君朔望之盛饌釋「舉」，有《禮記·玉藻》「天子……朔月大牢」爲證，唯《玉藻》祇云「朔月（月首）」，而韋注增一「望」字，是實有其事，還是僅僅是因爲表述時連累而及，不可詳考。**天子舉以大牢，祀以會；**大牢，牛、羊、豕也。會，會三大牢，舉四方之貢〔五〕。○孔晁：四方來會助祭也（《禮記·玉藻》正義引，汪、黄輯）。○《正義》：天子祀天於郊，則用犢。《郊特牲》、《王制》、《祭法》具有明文，不聞以三大牢祀天也。若宗廟之祭，則莫大於禘、祫，《周禮·宗伯》所謂「以肆獻祼享先王」也。賈公彦謂體解之時，必肆解以爲二十一體，故云「肆」，此據《特牲饋食》解九體，《少牢饋食》十一體，等而上之，則爲二十一體。若三大牢並用，則肆解爲六十三體，薦孰時不太繁乎？正祭日用一牛，明日繹祭又用一牛，不聞一日並用三牛三羊三豕也。蓋祀以會者，指王齊之時而言，《膳夫職》「王齊日三舉」，鄭康成引先鄭司農云：「齊必變食。」賈公彦謂加牲體至三大牢，《玉藻》朔日加日食一等，則朔日當兩太牢，由疏意推言，則與舉以大牢合。齊因祀而行，故言祀以會，言將祀之時，日食用三大牢也，與下文「祀」字異義。**諸侯舉以特牛，祀以大牢**〔六〕；特，一也。**卿舉以少牢，祀以特牛**〔七〕；少牢，羊、豕。**大夫舉以特牲，祀以少牢**；特牲，豕也。**士食魚炙，祀以特牲**；**庶人食菜，祀以魚**。○《正義》：哀五年《公羊傳》陳乞曰「常之母有魚菽之祭」，謙言至薄，下同庶人也。**上下有序，民則不慢**〔八〕。」

【彙校】

〔一〕恭，静嘉堂本、南監本漫漶不可識，弘治本作「靈」，《訂譌》謂當從，實非，楚平王乃楚共（恭）王之子，靈王之弟。恭王子、昭王父，明道本、正統本作「恭王之子、昭王之父」。

〔二〕感，正統本及《元龜》卷七八〇引同，黄刊明道本作「惑」，李慈銘謂當從作「惑」，如果李慈銘有幸看到正統本，諒不會改從「惑」，蓋黄刊本傳抄之誤。弘治本、許宗魯本作「重」，不知所據，静嘉堂本、南監本此處脱爛不可識，前者之誤或由此。

〔三〕何，弘治本、張一鯤本、孔氏詩禮堂本同，明道本、遞修本、正統本及《元龜》七八〇引作「用」，静嘉堂本、南監本模糊不可識，但首筆一撇較長，則明道本、遞修本可從。

〔四〕增，弘治本作「著」，非。

〔五〕秦鼎引或説云：「『舉四』之舉，當作『與』，字之誤也。」可從。貢，黄刊明道本作「奠」，但正統本、許宗魯本、《御覽》禮儀部四、《元龜》卷七八〇、《補正》、上海師大本俱作「貢」，則是黄刊本傳抄之誤。

〔六〕大，正統本同，黄刊明道本作「太」，但與前文不一，後者係傳抄者所改。

〔七〕《校證》：「既云『少牢』，但有羊、豕二牲，不得有牛矣；此『牛』字當是『羊』字聯想而誤也。《御覽》引此『牛』正作『羊』，猶存其真，各本皆誤，當據正。」觀此則是鄭良樹没有注意「祀加於舉」四字，《御覽》作「羊」又係傳寫錯誤。

〔八〕民則不慢，《元龜》引同，《御覽》引作「則民不慢」，上海師大本與《集解》從之，但上古自有將連詞置於下句句首名詞之後的習慣，如《詩·大雅·文王》「周雖舊邦，其命維新」即其例，仍舊本可也。

王曰：「其小大何如？」對曰：「郊禘不過繭、栗〔一〕，角如繭、栗。郊禘〔二〕，祭天也〔三〕。

○《禮記·王制》：祭天地之牛，角繭、栗；宗廟之牛，角握；賓客之牛，角尺。　○《漢書·郊祀志》顏注：牛角之形，或如繭，或如栗，言其小。　○秦鼎：角如繭栗，謂其形小也。（韋）解繭栗、郊禘前後失序。◎志慧按：繭栗，形容牛角初生之狀，言其形小如繭似栗。**烝嘗不過把握。」**握長不出把者〔四〕。**王曰：「何其小也？」對曰：「夫神以精明臨民者也**〔五〕，**故求備物，不求豐大。**備物，體具而精潔者〔六〕。○《標注》：備物，無清潔之意。**是以先王之祀也**〔七〕，**以一純、二精、**一純，心純一而潔。二精〔八〕，玉、帛也。**三牲、四時、五色、六律、七事、八種、**七事，天、地、民〔九〕、四時之務也。八種，八音也。○龜井昱：八種，蓋八穀也，曰五穀，曰六穀，曰九穀，則八穀之名亦不必後世造。◎志慧按：疑龜井氏因韋解之八音與正文六律義重，故另辟蹊徑，由五穀、六穀而及於八穀，八穀之名確非後世所造，唯其與四時、五色亦有交集，存疑可也。**九祭、十日、十二辰以致之，**九祭，九州助祭也〔一〇〕。十日，甲至癸也。十二辰，子至亥也。擇其吉日令辰以致神〔一一〕。○舊注：（一）純，心純一也。二精，玉、帛也。三牲，牛、羊、豕也。四時，春、秋、冬、夏也。五色，五采服也。六律，黄鍾、太簇、姑洗、蕤賓、夷則、無射也。七事，天、地、人、四時之物也。八種，八音異種也。九祭，九州之助祭也。十日，甲至癸也。十二辰，子至亥也（《御覽》禮儀部四引，汪遠孫輯）〔一二〕。○《增注》：九祭，蓋四時及禘、郊、祖、宗、報之九歟。○《補韋》：補正：「九祭，或曰即九獻也。」○《正義》：《周禮·春官·大祝》：「九祭：一曰命祭，二曰衍祭，三曰炮祭，四曰周祭，五曰振祭，六曰擩祭，七曰絶祭，八曰繚祭，九曰共祭。」則九祭之名甚爲昭著，宏嗣以九祭爲九州助祭，未審所本。《少牢饋食禮》「日用丁巳，筮旬有一日」，大夫如此，則天子、諸侯卜祭日可知。**百姓、千**

品、萬官、億醜、兆民、經入、畡數以奉之，百姓，百官受氏姓也。千品，姓有徹品，十爲千品。五物之官，陪屬萬，爲萬官。官有十醜，爲億醜〔一三〕。天子之田九畡，以食兆民〔一四〕，王取經入，以食萬官也。○《玉海》藝文引：千品：單襄公曰：「有分族于周。」又《玉海》官制引：千品：一官之職，其寮屬徹於王者，有十品，百官，故有千品，十之。○秦鼎：「京」、「經」、「垓」、「畡」古通。○《補正》：注中「經入」二字，嫌與正文誤，不如改作「常入」。○《集解》：醜，類也。經，亦數名，即京也。**明德以昭之**，昭，昭孝敬也〔一五〕。○《增注》：上下之文「致之」、「奉之」、「昭之」、「聽之」四「之」字皆指神也。**龢聲以聽之**〔一六〕，中和之聲，使神聽之。○《標注》：聽者，祭者之聽，候神之格否也。**以告徧至，則無不受休**。至，神至也〔一七〕。休〔一八〕，慶也。○舊注：徧至，光被四表，格于上下也〔一九〕（《御覽》禮儀部四引，汪遠孫輯）。○《補正》：徧至，謂告神所至，無不徧也。◎志慧按：徧至，當是指衆神皆至，而非神於四方上下無所不至，韋注是。**毛以示物**，物，色也。○《增注》：或玄或騂，示其牲物之純也。**血以告殺**，明不因故也〔二〇〕。○《禮記·郊特牲》疏：血是告幽之物，毛是告全之物。告幽者，言牲體肉衷美善；告全者，牲體外色完具。故鄭云：「純謂中外皆善。」言中善則血好，外善則毛好也。○《補正》：告新殺，故云「不因故」。《詩正義》云：「若不殺，則無血，故以血告殺。」《內則》擣珍取牛肉必新殺者，蓋牲以新殺爲貴也。**接誠拔取以獻具，爲齊敬也**。接誠於神也。拔毛取血，獻其備物也。齊，潔也。《詩》曰〔二一〕：「執其鸞刀，以啟其毛，取其血膋〔三〕。」○《略説》：拔取，蓋謂甄拔毛物而取之也。○《平議》：「接誠」上有闕文。「接誠」與「獻具」相對，疑當作「□□以接誠」。注曰：「接誠於神也。」與「獻其備物也」相對，句上亦有闕文，其闕幾字不可知矣。**敬不可久，民力不堪，故齊肅以承之。**」肅，疾也。承，奉也。○《述聞》：「齊」字當訓爲疾，與「肅」同意，故以「齊肅」連文。《爾雅》曰：「肅、齊，疾也。」敬不可久，故欲其疾速也。○《增注》：齊肅，致齋以肅慎也。蓋人力不堪久敬事，故先齊肅其心，以奉承祭事也。◎志慧按：《説文·聿部》：「肅，持事振敬也……戰戰兢兢也。」因爲民力不堪，故需鄭重其事，下文所謂「齊肅恭敬」是也，與祭祀活動之疾徐無關。《楚語上》「明齊肅以耀之臨」、《楚語下》下文「民之精爽不攜貳者，而又能齊肅衷正」，韋注皆曰「肅，敬也」。

【彙校】

〔一〕郊禘，《元龜》及《玉海·郊祀》引同，《御覽》與《通典·禮九·吉八》則引作「禘、郊」，義同，唯古文多作「禘、郊」。

〔二〕禘，正統本同，黄刊明道本作「神」，李慈銘以爲當從公序本作「禘」，《補正》與上海師大本俱作「禘」，據正文是，黄刊本傳抄之誤。

〔三〕韋注「角如」句與「郊禘」句，各本唯《增注》乙，疑冢田氏據正文擅改。

〔四〕本條韋注明道本、正統本作「把握，長不出把」，秦鼎從後者，似亦未得其宜，《説文・手部》：「把，握也。」《經典釋文・莊子・人間世》引司馬彪曰：「兩手曰拱，一手曰把。」《禮記・王制》鄭注有云：「握，謂長不出膚。」側手爲膚，四指寬也，則二本似皆有脱誤。

〔五〕民者，《御覽》禮儀部四作「下民」。

〔六〕潔，正統本及《元龜》卷七八〇引同，明道本作「絜」，古同。以下公序本作「潔」明道本作「絜」者不再出校。本句静嘉堂本、南監本作「體耳而精潔者」，弘治本、許宗魯本、李克家本作「體耳取精潔者」，「耳」乃「具」之訛，「取」又因「耳」字之類化致誤。

〔七〕以，《元龜》卷五八九引同，《御覽》禮儀部四作「故」。

〔八〕上七字，静嘉堂本、南監本漫漶不可識，且末字作「用」，弘治本作「心之純誠，精，所用」，李克家本同，實非，此乃李克家本據弘治本改訂之證。

〔九〕民，静嘉堂本、南監本同，弘治本、許宗魯本作「人」，無據，或疑以爲唐諱之回改。

〔一〇〕也，正統本、静嘉堂本、南監本同，明道本無之，弘治本、許宗魯本作「如」，後二者誤。

〔一一〕令辰以致神，明道本、遞修本同，静嘉堂本、南監本無「令」字，「辰」下空一格，弘治本、許宗魯本作「辰所以致神」，「所」字係對南監本空格的補充，李克家本襲之，皆無據。

〔一二〕《校證》疑是賈注，《集解》斷其爲孔晁注，存疑。

〔一三〕億，静嘉堂本、南監本、弘治本作「意」，字殘。

〔一四〕食，正統本同，《玉篇·土部》「垓」下引《國語》（按：實爲韋注）同，黄刊明道本作「養」，下有「食萬官」之語，各本同，疑此係傳抄過程中改。

〔一五〕敬，明道本、遞修本同，正統本、静嘉堂本、南監本、弘治本、許宗魯本作「養」，於義似當作「敬」，唯正統本與南監本俱作「養」，甚可注意，疑正統本所用以校訂之公序本爲元末明初南監印本，而不是更早的宋元舊本。

〔一六〕龢，明道本、正統本作「和」，形符更旁字耳。

〔一七〕神至，遞修本、静嘉堂本、南監本同，弘治本、許宗魯本、李克家本作「備至」，此釋「至」而非「徧至」，李克家本實改是從非。

〔一八〕休，遞修本從人從木，贅點俗字。

〔一九〕《校證》疑是賈注，《集解》則以爲孔晁注。

〔二〇〕因，静嘉堂本、南監本、弘治本作「曰」，後者字訛。

〔二一〕曰，明道本作「云」。

〔二二〕胥，静嘉堂本、南監本作「也」，且「也」前一字漫漶不可識，弘治本、許宗魯本、葉邦榮本作「也」，辨之不精，又疏於覆核《詩·小雅·信南山》原文及校對他本，故有此誤。

王曰：「芻豢幾何〔一〕？」草食曰芻，穀食曰豢〔二〕。○《增注》：問養牲之日數。對曰：「遠不過三月，近不過浹日。」遠，謂三牲。近，謂鷄鶩之屬。浹日，十日也。○孔晁：遠，牛、羊、豕。近，犬、鷄之屬（《周禮·地官·充人》疏引，汪、黄輯）。○秦鼎：言三牲之養，在滌之久不過三月。鷄鶩之類，養之不過十日也。◎志慧按：《禮記·曲禮》正義引《楚語》觀射父云：「大者牛羊，必在滌三月；小者犬豕，不過十日。」文與此異，疑爲意引，可資理解。王曰：「祀不可以已乎？」已，止也。對曰：「祀所以昭孝、息民、昭孝養，使民蓄息也。○《標注》：息，是休息也，非蓄息之謂。禱神而無水旱諸災，而民得休息。撫國家、定百姓也，不可以已。夫民氣，縱則底〔三〕，氣，志氣也。縱，放也。底，箸也〔四〕。○《標注》：氣不須解，又不當添「志」字。底則滯，滯久不震〔五〕，滯，廢也。震，懼也。言無祭祀，則民無所畏忌。無所畏忌〔六〕，則志放縱。志放縱〔七〕，則遂廢滯〔八〕，難復恐懼也。○《述聞》：震，振也，興也。韋注失之。○《增注》：不震，不奮發也。○《辨正》：與「震／振」相對者爲「滯」，則是本意爲動，動而後生，故有下句「生乃不殖」一説，則震、振二字皆可爲本字。韋昭釋「震／振」爲懼，蓋視主語爲「民」，其實，本段「縱」、「底」、「滯」、「震／振」的主語皆是「氣」而非「民」，因此，「震／振」之内涵也就不是「懼」而是「動」。生乃不殖，生，人物也〔九〕。殖，長也。不長〔一〇〕，神不降以福也。○户埼允明：生，謂天地所生殖之財用可常御者也。○《增注》：氣廢滯不奮發，則民生乃不蓄殖。是用不從〔一一〕。不從上令。

◎志慧按：所見今人標點本皆於「生乃不殖」下施句號，而於「是用不從」下施逗號，蓋因視「是」爲「其」，且與「其生不殖」句並列。其實「是」代「民」，而「其生不殖」句復承「生乃不殖」爲説，故當於「不從」下施句號。**其生不殖，不可以封。**封〔一二〕，國也。○《略説》：封，厚也。言物不蕃殖，則不可致富厚。◎志慧按：此中之「封」與封國無涉，義從「其生不殖」而來，當從「封」之別義「厚」、「大」爲訓。**是以古者先王日祭、月享、時類、歲祀。**以事類曰類〔一三〕。日祭於祖、考，月薦於曾、高，時類於二祧〔一四〕，歲祀於壇墠。○《禮記·祭法》：王立七廟，一壇，一墠，曰考廟，曰王考廟，曰皇考廟，曰顯考廟，曰祖考廟，皆月祭之。遠廟爲祧，有二祧，享嘗乃止。去祧爲壇，去壇爲墠。壇墠有禱焉祭之，無禱乃止。去墠曰鬼。○《校文》：祭不欲數，必無日祭於祖考之禮。《玉藻》曰：「天子玄端而朝日於東門之外。」此其禮與？《曾子問》曰：「天子諸侯將出，必以幣帛、皮圭告於祖禰，遂奉以出，載於齊車以行，每舍奠焉而後就舍。」此又一日祭之禮歟。○《補韋》：日祭月享，與《周語》祭公所云「日祭月祀」合。○《標注》：上帝有類，謂其禮類乎郊而簡也，祖先何曾有類哉？**諸侯舍日，**有月享也。**卿、大夫舍月，**有時祭也。**士、庶人舍時。**歲乃祭也。○《集解》：舍日、舍月、舍時，謂不以日祭、不以月祭、不以時祭也。**天子偏祀羣神品物**〔一五〕，品物，謂若八蜡所祭猫虎、昆蟲之類也〔一六〕。○賈逵：品，類也（《原本玉篇殘卷·品部》引）。○龜井昱：品物，《周禮》所謂百物也，《大宗伯》「以疈辜祭四方百物」、「以夏日至致地示物鬽」，注：「百物之神曰彪。」注引八蜡不當，八蜡不唯天子。　◎志慧按：《周禮・春官・大宗伯》鄭注：「八蜡者，案：彼祭有先嗇，一也；司嗇，二也；農，三也；郵表畷，四也；貓、虎，五也；坊，六也；水庸，七也；昆蟲，八也。蜡之中有貓、虎，是禽獸也。」可資理解「群神品物」之義，韋昭蓋舉其一例，亦未見其不可。**諸侯祀天地、三辰及其土之山川**〔一七〕，三辰，日、月、星也。祀天地，謂三王後也〔一八〕。非二王後〔一九〕，祭分野星、山川而已〔二〇〕。　○《禮記・曲禮下》：天子祭天地，祭四方，祭山川，祭五祀，歲遍。諸侯方祀，祭山川，祭五祀，歲遍。大夫祭五祀，歲遍。士祭其先。《王制》：天子祭天地，諸侯祭社稷，大夫祭五祀。天子祭天下名山大川：五岳視三公，四瀆視諸侯。諸侯祭名山大川之在其地者。《郊特牲》：天子存二代之後，猶尊賢也，尊賢不過二代。　○孔晁：三辰，日、月、星也。祀天地，謂二王後也。非二王後，祭分野、山川而已（《左傳・昭公十三年》正義引，汪遠孫輯）。　○《正義》：《昭十三年傳》「乃大有事於羣望」，杜注：「羣望，星辰，山川。」疏引孔晁《國語注》與韋解同。《昭元年傳》「辰爲商星，參爲晉星」，《哀六年傳》「江、漢、睢、漳，楚之望也」，是諸侯得祭分野之星及山川也。《襄二十五年傳》子産曰：「庸以元女大姬配胡公而封諸陳，以備三恪。」孔疏引《郊特牲》云：「天子存二代之後，猶尊賢也，尊賢不過二代。」鄭康成謂「杞、宋，二王之後。薊、祝、陳爲三恪。」杜預以周封夏、殷之後爲二王後，又封陳，並二王後，爲三恪。按《禮運》「杞之郊也，禹也；宋之郊也，契也」，而陳不聞有郊，則其禮不得同杞、宋可知。況薊、祝、陳並帝者之後，無緣降舜爲王，蓋韋解本作「二王後」，後人傳寫訛作「三」耳。　○《標注》：「卿」疑衍文，此「庶人」亦當削，夫庶人之歲祭，豈足稱祭哉？蓋寢薦而已，無廟故也。「天地」二字疑衍文，諸侯蓋不得祀焉，若三王後，雖得祀，是別義，非通例。日月亦非諸侯所祭，三辰中唯分野之星而已，行文未允。　◎志慧按：就中原禮文論，《標注》説有理，唯此係《楚語》觀射父所述者乃楚制，與中原禮制容或有別，故宜過而存之，不便輕疑。**卿、大夫祀其禮**〔二一〕，禮，謂五祀及祖所自出也〔二二〕。　○《正義》：《昭二十九年傳》孔疏引賈逵《内傳注》：「句芒祀於户，祝融祀於竈，蓐收祀於門，元冥祀於井，后土祀於中霤。」祖所自出，謂曾祖也。《祭法》：「大夫立三廟、一壇，曰考廟，曰王考廟，曰皇考廟。享、嘗乃止。顯考、祖考無廟。皇考爲王考之父，則曾祖也。王考之所出，故謂之祖所自出。子期身存，當助昭王祭于平廟；子期身没，則子孫即奉之爲祖矣。**士、庶人不過其祖。**祖，王父也〔二三〕。**日月會于龍豝，**豝〔二四〕，龍尾也。謂周十二月，夏十月也，日月合辰於尾上。《月令》曰〔二五〕：「孟冬，日在尾。」　○賈逵：豝，龍尾也。《月令》：「孟冬，日在尾。」（《文選》張平子《東京賦》李善注引，王、汪、黄、蔣輯）。　○《舊音》：豝，鬬、晝二音，龍尾也。　○《補音》：豝，丁侯反，檢書音未獲尾星名。　○洪亮吉《曉讀書齋雜録·二録》卷下：豝，爲「豚」字之訛，《廣雅》：「豚，臀也。」《玉篇》：「豚，尻也。」《字書》：「豚，尾下竅也。」與賈侍中龍尾之義並同，古文豖、豚同，疑「豖」字先傳寫作「豚」，後又誤作「豝」。《玉篇》豕部又別出字云：「音卓，龍車也。」不知豝、豚實一字。　○《正義》：錢大昕曰：「《廣韻》四覺部：豝，訓龍尾，又與『豚』同。乃知『豵』爲『豝』之譌。《廣雅》：『豚，豰也。』故龍尾亦有龍豝之稱。」然豝、豚皆漢人俗字，依《説文》當爲「豕」，豕者流下滴，與「豰」義正相近也。**土氣含收**〔二六〕，含收〔二七〕，收縮萬物含藏也〔二八〕。◎志慧按：承吴宗輝提醒，發現本韋注斷句有三種可能：《群經平議》四《尚書》二「惟女含德不惕予一人」下，俞樾引作「含，藏也」，則是「萬物」上屬，「收縮萬物」解釋「含收」，吴亦持此説。《古逸叢書》景日本舊抄卷子本《玉燭寶典》卷十作「含收，收縮萬物含藏之」，且不論句末「之」字是否抄手所添，倒是明白給出了作一整句讀的可能。上海師大本、《集解》於首「收」下逗，於「縮」下句，今人整理本多承之，於義無殊，唯以「收縮」解「含收」甚無謂。**天明昌作**，昌，盛也。作，起也。謂天氣上也〔二九〕。是月，純坤用事。○《略説》：天明，陽氣也。蓋謂陽氣用事，盛作萬物，故下謂是月百嘉備成而舍藏焉。**百嘉備舍**，嘉，善也。時物畢成，舍入室也。**羣神頻行**。頻，並也。並行〔三〇〕，欲求食也。○賈逵：頻，近也（《新譯大方廣佛華嚴經音義》卷下經卷第五十八）。**國於是乎烝嘗**〔三一〕，**家於是乎嘗祀**，烝，冬祭也。嘗，嘗百物也。《月令》：「孟冬，大飲烝。」《傳》曰：「閉蟄而烝。」**百姓夫婦擇其令辰**，辰，十二辰也。○千葉玄之：太宰德夫曰：「辰，時也，豈拘十二辰乎？」○《增注》：令辰，吉日也。**奉其犧牲，敬其齍盛**〔三二〕，**潔其糞除，慎其采服，禋其酒醴，帥其子姓**，禋，潔也。子，衆子。姓，同姓也〔三三〕。○《儀禮·特牲饋食禮》「子姓兄弟」鄭注：「所祭者之子孫。言子姓者，子之所生，小宗祭，而兄弟皆來與焉；宗子祭，則族人皆侍。」 ○《備考》：下文有「兄弟、親戚」，則此「子姓」非同姓，蓋子姓猶子息也。**從其時享，虔其宗祝**〔三四〕。 宗，主祭祀。祝，主祝祈也。 ◎志慧按：時享，四時之祭。**道其順辭，** ○秦鼎：順辭，孝順辭也。**以昭祀其先祖**〔三五〕，**肅肅濟濟，如或臨之。** ○《增注》：肅肅，心之慎也。濟濟，容之整也。如神之照臨焉爾。 ◎志慧按：《中庸》：「使天下之人齊明盛服，以承祭祀，洋洋乎如在其上，如在其左右。」與上文可互參。**於是乎合其州鄉、朋友、婚姻，比爾兄弟、親戚。** 合，會也。比，親也。**於是乎弭其百苛，妎其讒慝**〔三六〕，弭，止也。苛，虐也。妎，覆也。止、覆，謂解怨除恨之辭〔三七〕。 ○賈逵：苛，酷也（釋慧琳《一切經音義》卷八十九引）。 ○《舊音》：妎，械、系二音。 ○《補音》：妎，胡計反，又胡界反，又音害。按：此字出《説文》云：「妬也。」又出《爾雅》，《釋言》云：「苛，妎也。」釋者云：「煩苛者多嫉妎也。」今據韋注云：「妎，覆也。」殊與《説文》、《爾雅》不類。然先儒訓説各有師承，今難盡曉。本或作「妢」者誤。又有作「殄」者，此後人就注意妄改之耳，非是。 ○《補正》：殄，絶也。謂絶去讒慝，不訓覆。 ◎志慧按：釋妎爲覆，誠如《補音》所云，與《爾雅》《説文》皆有不合，《元龜》卷七八〇引作「於是乎弭其百苛，彌其讒慝」，相應的韋注作：「弭，止。苛，妎。彌，覆也。止、覆，謂解怨除恨。」承吳宗輝告知，高麗本《龍龕手鏡》「妎」或作「妢」，朝鮮增字本訛作「妢」，《補音》所云「本或作『妢』者」，當係「妎」的俗體訛變。「苛，妎」出《爾雅·釋言》，韋昭「以《爾雅》齊其訓」，則宜以韋注「苛，妎」爲重要的參照並重新審視今本《國語》。「彌，覆也」之訓見於《文選》司馬相如《子虛賦》「罘網彌山」李善注所存郭璞注，如此，則《元龜》所録者爲《國語》舊貌，《國語》正文當作「弭其百苛，彌其讒慝」，疑傳抄過程中將「彌」書作俗字「弥」，復因「弥」、「妎」形近，遂將正文及韋注之「彌（弥）」一並書作「妎」，又因注文中「妎」字重出，遂據「苛」之常訓補「虐」字，今傳《國語》遂失舊貌，幸有《元龜》所引可資考校。**合其嘉好，結其親暱，**合，結也〔三八〕。謂於此更申固之〔三九〕。**億其上下，**億，安也。○《翼解》：《左氏昭二十一年傳》「心億則樂」，又《三十年傳》「盍姑億吾鬼神」注俱云：「億，安也。」**以申固其姓。上所以教民虔也，下所以昭事上也。天子禘、郊之事，必自射其牲，**牲，牛也。○《補韋》：《周禮・夏官・射人》：「祭祀則贊射牲。」疏曰：若然，宗廟之祭，秋冬則射之，春夏否也。祭天則四時常射，天尊故也。是以司弓矢，共王射牲之弓矢，此射人，贊射牲也。射牲，則犢也。**王后必自舂其粢；**器實曰粢〔四〇〕。**諸侯宗廟之事，必自射其牛、刲羊、擊豕〔四一〕，**刲，刺也。擊，殺也。**夫人必自舂其盛。**在器曰盛。上言「粢」，下言「盛」〔四二〕，互其文也。○《正義》：《儀禮》言司馬、司士，而此言自擊刲，蓋國君親涖之，而司馬諸官終其事耳。**況其下之人，其誰敢不戰戰兢兢以事百神？天子親舂禘、郊之盛〔四三〕，**帥后舂之〔四四〕。**王后親繰其服，**服，祭服也。《祭義》云：「夫人繰，三盆。」則王后其一盆與〔四五〕？《周語》曰：「王耕一墢〔四六〕，班三之。」○《補音》：繰，蘇遭反。○秦鼎：一盆三盆，所謂班以三也。盆猶淹也，淹繭盆中，振緒出之。○《詳注》：繰，繹繭出絲也。○《集解》：謂自繰絲以成服也。繰音搔。○《校補》：繰，同繅。自公以下，至於庶人，其誰敢不齊肅恭敬致力于神？民所以攝固者也，若之何其舍之也？」攝，持也。舍，廢也。

【彙校】

〔一〕芻，《説文·牛部》「犓」下引《國語》作「犓」，文獻中二者並作。

〔二〕二「食」字，《元龜》卷七八〇引同，明道本、正統本作「養」。

〔三〕底，《非國語》作「厎」，可從。

〔四〕箸，静嘉堂本同，《補音》出「著」，明道本、正統本作「著」，義符更旁字。弘治本該字作空格處理，蓋因南監本不可識。

〔五〕遞修本、張一鯤本同，《正義》「不」作「則」，據義後者誤，疑擅改。「久」下，明道本、正統本有「而」字。弘治本、許宗魯本、李克家本、閔齊伋本四字作「滯則不震」，於義亦通，唯不見所本。震，《元龜》引同，明道本、《非國語》作「振」，注同，古通。

〔六〕畏，静嘉堂本、南監本同，弘治本作「易」，後者字訛。

〔七〕黄刊明道本無次「志」字，據先秦頂針用例，無者脱，正統本、《元龜》卷七八〇引此亦有，當據補。

〔八〕廢，正統本同，静嘉堂本、南監本漫漶不可識，黄刊明道本作「發」，但上文韋注「滯，廢也」各本同，李慈銘謂「發」字誤。蓋形訛也，且是明代以後傳抄之誤。弘治本作「齊」，亦誤。

〔九〕明道本、正統本重「生」字，《元龜》卷七八〇同公序本，疑明道本衍。人物，《考異》謂衍「人」字，據義可從。

〔一〇〕不長，《元龜》卷七八〇引同，明道本、正統本前有「生物」二字，似有者更勝。

〔一一〕是，正統本、《元龜》引同，黄刊明道本作「其」，疑明以後人不明「是用不集」、「是用不得于道」、「是用不潰于成」等句法而擅改。秦鼎謂「是用不從」四字當在「不震」下，蓋錯置也，然無據，如目前亦通。

〔一二〕封，《元龜》引同，明道本、正統本重「封」字，疑衍。

〔一三〕「以」前，明道本、正統本有「告」字，秦鼎從補，是。

〔一四〕於，明道本、遞修本、正統本、静嘉堂本、南監本、弘治本、許宗魯本作「及」，疑金李本經整齊，於義作「及」勝。祧，遞修本作「桃」，静嘉堂本、南監本、弘治本、許宗魯本作「社」，後二者皆形訛。

〔一五〕神，《書鈔》卷八八引、張一鯤本、《正義》作「臣」，《備考》謂當作「神」，《略説》從盧之頤本作「神」，據義可從。

〔一六〕猫，《補音》：「本或作『貓』，同。」

〔一七〕及，弘治本、許宗魯本作「反」，緣於對静嘉堂本、南監本辨之不審耳。土，《左傳·昭公十三年》正義、《玉海》卷一〇二郊祀引同，《春秋·僖公三十一年》正義、《爾雅·釋山》疏引作「土地」。户埼允明云：「天地、三辰非諸侯可祭祀也。當云：『天子徧祀天地、三辰及群神品物，諸侯祀其土之山川。』」於禮是。

〔一八〕三王，張一鯤本、孔氏詩禮堂本同，明道本、遞修本、正統本、静嘉堂本、南監本、弘治本、許宗魯本、李克家本及《元龜》俱作「二」，是。「後也」前，明道本有「之」字，下句同。

〔一九〕二王，葉邦榮本作「三王」，蓋因上「二王」誤作「三王」，遂將此「二王」亦誤改。詩禮堂本亦似作「三王」。

〔二〇〕星，《左傳·僖公三十一年》正義、《爾雅·釋山》疏引作「星辰」。

〔二一〕秦鼎：「太室云：『禮，恐「祀」字訛，即五祀也。』」然無據。

〔二二〕及，静嘉堂本、南監本不可識，弘治本作「反」，後者字訛。又，静嘉堂本、南監本「禮」作「礼」。

〔二三〕王父，正統本同，黄刊明道本作「至父」，上海師大本從公序本改，是，黄刊本字之誤也。

〔二四〕豨，静嘉堂本、南監本似作「隨」，弘治本徑作「隨」，實誤。

〔二五〕明道本、正統本無「曰」字。

〔二六〕土，静嘉堂本、南監本、弘治本作「九」，後者誤。

〔二七〕本注静嘉堂本、南監本脱爛不成句，但有「萬物」「類也」字樣，弘治本作「九氣含收，萬物成類也」，許宗魯本作「土氣收縮，萬物含類也」，疑皆因静嘉堂本、南監本脱爛不可讀。明道本無「也」字，遞修本作「含收收縮萬物□藏也」。

〔二八〕含，正統本、《册府元龜》卷七八〇引同，明道本作「舍」，後者訛；遞修本脱爛不可識。

〔二九〕天氣，明道本、遞修本同，静嘉堂本、南監本、弘治本作「九氣」，疑誤。

〔三〇〕「並行」前，明道本、正統本有「言」字，疑無者脱。

〔三一〕烝，正統本同，黄刊明道本作「蒸」，後者於韋注首尾二「烝」皆作「蒸」，而中間一「烝」字則與公序本同，用字不一致，係從俗後又修改未盡之跡。

〔三二〕齍，《補音》：「或作『粢』。」明道本、正統本作「粢」，李慈銘曰：「《周禮》皆作『齍盛』，《説文》：『齍，黍稷器，以祀者。』粢乃『粉餈』之或體字，經典誤沿用之。」

〔三三〕子衆子姓同姓也，《元龜》卷七八〇引同，明道本作「子姓，衆同姓也」，文淵閣《四庫》本同，據義似當從公序本。

〔三四〕宗祝，正統本同，黄刊明道本作「祝宗」，李慈銘指後者倒，據韋注語序及 ABAB 的押韻方式，其説是。

〔三五〕祀，明唐順之《右編》卷三十四、張一鯤本、穆文熙編纂本作「記」，《略説》依盧之頤本作「祀」，據義自當以作「祀」者爲是。

〔三六〕妎，正統本同，黄刊明道本作「殄」，《札記》、秦鼎謂作「妎」者誤，注同。

〔三七〕之辭，正統本作「之事」，黄刊明道本無之，是公序本增，正統本據公序本補，抑或明道本脱，俱不可知。

〔三八〕合結也，《禮書綱目》卷四十七引同，明道本、《元龜》卷七八〇引無「也」字，於義是也，蓋「合」字淺近，本不需出注，唯如此，本句韋注標點當斷作「合、結，謂於此更申固之」。

〔三九〕之，《元龜》卷七八〇引同，明道本作「也」，誤。

〔四〇〕此四字明道本、《元龜》作「粢，器實也」。

〔四一〕《儀禮·特牲饋食禮》賈疏引同，明道本、正統本無「其」字，《考異》據《御覽》禮儀部四引無「其」字斷有者衍，但前後作「自射其牲」、「自舂其粢」、「自舂其盛」等，當從補。

〔四二〕下，明道本作「此」。

〔四三〕舂，《略説》據韋注引《周語》謂疑當作「耕」，但《元龜》卷七八〇引同，「宗廟之事，夫人親舂」亦於禮有徵，似疑所不當疑。

〔四四〕帥，《詩·大雅·生民》正義引作「率」，古通。

〔四五〕明道本無「其」字，似有者更勝。

〔四六〕墢，明道本同，《舊音》出「墢」，並云：「鉢、發二音。」遞修本、静嘉堂本、南監本、弘治本、許宗魯本作「撥」，《玉篇·土部》：「墢，耕土也。」墢清音，墢濁音，疑爲義符更旁字。

王曰：「所謂一純、二精、七事者，何也？」對曰：「聖王正端冕，以其不違心，帥其羣臣，精物以臨監享祀，無有苛慝於神者，謂之一純。○秦鼎：不違心，不違禮義之心也。◎志慧按：端冕，朝服和大冠。端，玄端之服也。冕，大冠也。監，視也。不違心，謂心思端正，服則端冕〔一〕。玉、帛爲二精。明潔爲精。天、地、民及四時之務爲七事。」王曰：「三事者何也？」對曰：「天事武，乾稱剛健，故武。地事文，地質柔順，故文。《易》曰：「《坤》爲文。」○《白虎通義·三正篇》：天爲質，地受而化之，養而成之，故爲文。民事忠信。」以忠信爲行。王曰：「所謂百姓、千品、萬官、億醜、兆民、經入、畡數者，何也？」對曰：「民之徹官百，徹，達也。自以名達於上者，有百官也。○《補音》：徹，通也。《語》曰「合徹」〔二〕，漢改「徹侯」爲「通侯」，皆其義也。又敕列反。○《標注》：百姓者，凡有姓氏，與匹庶不同。百姓之仕，有禄位者各分別立家，或至十數，故稱千品，亦大概言之耳，百、千皆非定數。王公之子弟之質能言能聽徹其官者，質，有賢質也。能言，能言其官職也。○《增注》：能自言可否，能聽人之臧否。而物賜

之姓，以監其官，是爲百姓。物，事也，以功事賜之姓。官有世功，則有官族，若司馬、太史之屬是也〔三〕。○《略説》：蓋物，職事也。賜，若賜命之「賜」，又若後世拜官之「拜」也。姓，猶官也，後二「姓」字皆效此。宜曰「命之官」而變文者，豈以官有成功而賜之姓乎？言以其所長之職事命之於官以爲師長也，下文即是。○《增注》：物，即五物之「物」也。○秦鼎：而，訓則。**姓有徹品，十於王，謂之千品。**謂一官之職，其寮屬徹於王者有十品〔四〕，百官，故有千品也。**五物之官，陪屬萬，爲萬官。**五物，謂天、地、神、民、類物之官也。臣之臣爲陪屬。謂有寮屬轉陪貳相佐助〔五〕，復有十等，千品，故萬官也。○賈逵：陪，助也（《原本玉篇殘卷·阜部》引）。○《略説》：謂徒隸屬亦王之所食，非臣之臣。○《標注》：陪屬是僚佐，皆王官，故曰萬也。若臣之臣即是家私，不得稱官也。**官有十醜，爲億醜。**醜，類也。以十醜承萬爲十萬，十萬曰億，古數也。今人乃以萬萬爲億〔六〕。**天子之田九畡〔七〕，以食兆民，**九畡，九州之内有畡數也。食兆民，耕而食其中也〔八〕。天子曰兆民。**王取經入焉，以食萬官。」**經，常也。常入，征税也。○《集解》：經，即京，數名，韋注非。

【彙校】

〔一〕端冕，《元龜》卷七八〇引同，明道本「冕」作「正」，秦鼎謂：「疑有誤脱。或當改作『謂心思端正,則服亦端正也』。」説雖有理,然無據。

〔二〕合,文淵閣《四庫》本作「盍」。

〔三〕明道本、正統本「司馬、太(大)史」互乙,無「是也」二字。

〔四〕寮,南監本同,明道本、正統本、許宗魯本作「僚」,許宗魯本用《説文》篆體。

〔五〕寮,遞修本、南監本、文淵閣《四庫》本作「寮」,明道本、正統本、許宗魯本、張一鯤本作「僚」,金李本前文作「寮」,似當一律。

〔六〕今人乃,正統本、《漢制考·國語》引同,黄刊明道本無「人乃」二字,疑脱。

〔七〕《説文·土部》「垓」下引《國語》作「天子居九垓之田」,「晐」作「垓」,爲形符更旁字。

〔八〕本句正統本、《元龜》卷七八〇引同,黄刊明道本「耕」前有「民稱」二字,秦鼎從補「民」字;「稱」字疑涉「耕」字衍。

3 子常問蓄貨聚馬鬭且論其必亡

鬭且廷見令尹子常〔一〕,鬭且,楚大夫。子常,子囊之孫囊瓦也。○《舊音》:且,子余反。

◎志慧按:古人以王父之字爲氏,此亦其例。關於「瓦」與「常」的關係,張澍《養素堂文集》

卷三十二《楚大夫名字釋》云：「囊瓦字子常，瓦，甍也。《説文》：『大盆謂之甍。』常與甍通，党亦作甍。」然「常」與「甍」聲與調皆異，恐不可通。疑「瓦」係《左傳》等文獻的傳抄者出於對「恒」字之誤識，若楚文字「恒」作上下結構，其心部最下一筆構形恰與「瓦」字最下一筆同，而「恒」上部之「亙」適與「瓦」字之上部同，故致混淆，文獻不足徵，兹僅提出一種可能性，質諸高明。子常與之語，問蓄貨聚馬[二]。歸以語其弟，曰：「楚其亡乎！不然，令尹其不免乎！吾見令尹，令尹問蓄聚積實[三]，如餓豺狼焉，實，財也[四]。○《略説》：實，宜訓充也。◎志慧按：《左傳・文公十八年》：「聚斂積實，不知紀極。」杜注：「實，財也。」《淮南子・本經訓》：「實不聚而名不立。」高注：「實，財也。」「蓄聚積實」之「實」爲名詞，指上下文之貨、馬等，韋注是，《略説》非也。殆必亡者也。

【彙校】

〔一〕廷，《述聞》謂係「迋」之譌，迋，往也。其説是，《集解》改作「迋」。

〔二〕蓄，《周禮・酒正》賈疏、《群書治要》卷八引作「畜」，「蓄」本字，「畜」通假字，次同。

〔三〕《群書治要》卷子本、《太平御覽》卷六二七引不重「令尹」二字。

〔四〕財，静嘉堂本、南監本漫漶不可識，弘治本作「則」，後者字訛。

「夫古者聚貨不妨民衣食之利，聚馬不害民之財用，貨，珠玉之屬，自然物也。貨、馬多，則養求者衆，妨財力也。**國馬足以行軍**〔一〕，國馬，民馬也。十六井爲丘，有戎馬一疋、牛三頭〔二〕，足以行軍也。○《正義》：《昭四年傳》孔疏：「丘十六井，當出馬一匹，牛三頭。」《司馬法》文也。《周禮》有夫征、家征，謂出車徒、給徭役，此牛馬之屬則家征也。**公馬足以稱賦，**公馬，公之戎馬也。稱，舉也。賦，兵賦也〔三〕。○《正義》：公馬當兼祀、獵、給使言之，未必專指戎馬也。**不是過也。公貨足以賓獻，**賓，饗贈也〔四〕。獻，貢也。○《正義》：公貨，即《儀禮·聘禮》所言公幣，賈疏于君所得爲公幣。賓之公幣有八：郊勞幣，一也；禮賓幣，二也；致饔餼，三也；夫人歸禮幣，四也；侑食幣，五也；再饗幣，六也；夕幣，七也；贈賄幣，八也。此八者，皆主君禮賜使者，皆用束錦，故曰公幣。上介公幣則有五：致饔餼，一也；夫人致禮幣，二也；侑食幣，三也；饗酬，四也；郊贈幣，五也。足以賓獻，謂足共獻賓而無闕也。**家貨足以共用**〔五〕，家，大夫也。○《正義》：家貨，即《儀禮·聘禮》所言私幣。賓之私幣畧有十九：主國三卿五大夫皆一，食有侑幣，饗有酬幣，皆用束錦，則是十六。有三卿郊贈，則十九也。上介私幣有十一：主國三卿五大夫，或食或饗，不備，要有其一，則其幣八也。又三卿皆有郊贈，如其面幣，通前則十一也。共用，謂足共侑酬、郊贈、送往之用也。**不是過也。夫貨、馬郵則闕於民，**郵，過也。闕，缺也。**民多闕則有離畔之心**〔六〕，**將何以封矣？**封，封國也。○《略說》：封，厚也。言民已離畔，己何以自厚矣。

【彙校】

〔一〕行軍，《孟子·盡心下》趙岐《章句》引作「行闕」，不知何所據，《考異》疑爲記憶之誤。

〔二〕《增注》、秦鼎據義改「有」爲「出」，然未見所據。疋，明道本、正統本作「匹」，疋，古同「匹」，公序本多存古字。

〔三〕兵賦，《文章正宗》卷六引同，明道本無「賦」字，文淵閣《四庫》本同，疑脱，後者祖本孔氏詩禮堂本有之，上海師大本從補，是。

〔四〕饗贈也，正統本同，《妙絶古今》卷一引無「也」字，《元龜》卷七九五、《文章正宗》卷六引「饗」作「享」，二字古常通用，黄刊明道本只作「饗」一字，脱。

〔五〕共，許宗魯本作「恭」，當訛。

〔六〕畔，明道本、《元龜》引作「叛」。

「昔鬭子文三舍令尹〔一〕，子文，鬭伯比之子於菟也。舍，去也。○賈逵：子文，楚令尹鬭穀於菟（《書鈔》政術部十二引，汪遠孫輯）。無一日之積，恤民之故也。積，儲也。成王聞子文之朝不及夕也，成王，楚文王之子頵也〔二〕。於是乎每朝設脯一束、糗一筐，以羞子文〔三〕。糗，寒粥也。筐，器名也〔四〕。羞，進也。○《補音》：糗，羌九反，又昌紹反。○户埼允明：糗，乾飯屑也。注「寒」誤。○《正義》：糗，《説文》：「熬米麥也。又，乾飯屑也。」《哀十一年傳》杜注：「糗，乾飯。」按：宏嗣訓爲寒粥，諸儒所未言者，且僅筐爲竹器，亦未可盛粥也。○《翼解》：《説文》：「筐，飯器。」若與「筥」並言，則方屬筐，員屬筥。◎志慧按：户埼允明及董增齡説可從，唯以「乾飯屑」釋「糗」不出於《説文》，而見於《廣韻》上聲有韻。至于今令尹秩之〔五〕。秩，常也。○秦鼎：秩，猶常例也。成王每出子文之禄，必逃，王止而後復。禄，奉也〔六〕。復，反也。人謂子文曰：『人生求富，而子逃之，何也？』對曰：『夫從政者，以庇民也。庇，覆也。民多曠者〔七〕，而我取富焉，曠，空也〔八〕。○賈逵：曠，空也（《書鈔》政術部十二引，汪遠孫輯，並見於《御覽》卷四七二）。○户埼允明：無妻曰曠，《孟子》有曠夫。◎志慧按：此「曠」與「富」對文，賈、韋注是，户埼允明以「曠夫」釋之失卻針對性。是勤民以自封也〔九〕，勤，勞也。封，厚也。○《述聞》：勤，病也。病民以自封，猶言厲民以自養也。死無日矣。我逃死，非逃富也。』故莊王之世滅若敖氏，唯子文之後在，至于今處鄖，爲楚良臣。莊王，成王孫也。若敖氏，子文之族也。魯宣四年，子文之弟子鬭椒爲亂，莊王滅若敖氏之族，子文之孫箴尹克黄使於齊〔一〇〕，還而自拘於司敗〔一一〕。王思子文之治楚也，曰：「子文無後，何以勸善？」使復其所。其子孫當昭王時爲鄖公。○《釋地》：鄖，本故國，楚滅之爲邑，今安陸府天門縣西北有竟陵城，即鄖城。是不先恤民而後己之富乎？◎志慧按：關於楚令尹子文的傳奇敘述，又見於《左傳》《論語》《戰國策》《説苑》等早期文獻。在這個序列上，本則材料爲時較早，且有著明確的敘述者，尤需注意者二：一是材料來源，鬭且兄弟間談話是如何記録並傳播開來的，《晉語九·史黯諫趙簡子田於螻》韋注：「史黯，晉大夫史墨也，時爲簡子史。」同卷《士茁謂土木勝懼其不安人》中士茁謂「臣以秉筆事君」，以彼例此，疑楚大夫鬭且家族也有此類職司。二是敘述方式，作爲一個華麗家族的始祖級人物，與文獻所載商周等始祖的敘述方式大致雷同，所不同者，後二者升格爲國家敘事。凡此，皆有助於理解語類文獻的生成與傳播。

【彙校】

〔一〕舍，《群書治要》卷八引同，《後漢書·何敞傳》李賢注引作「登」。

〔二〕《舊音》出「王頵」，云：「一筠反。」《補音》：「成王，楚文王之子頵也，無『王頵』。」《考異》疑「王」乃「子」字之誤，《御覽》卷八百六十二飲食部引注作「成王，楚文王之子成王頵」，《校證》據以爲今本皆奪次「成王」二字，唯如此表述有嫌累贅。

〔三〕文，静嘉堂本、南監本、弘治本作「之」，後者字訛。

〔四〕明道本無「名」字，上海師大本徑從補。

〔五〕令尹，《考異》據《周禮·酒正》先鄭注謂涉上文「令尹」而衍，《集解》、上海師大本從删，唯《元龜》卷七九五與《文章正宗》卷六引俱有，疑其衍已久。

〔六〕奉，明道本、正統本作「俸」，古通。

〔七〕民多曠者，《群書治要》卷八、《書鈔》政術部十二、《册府元龜》卷七九五引同，明道本「者」作「也」，當據前者改。

〔八〕「空」前，明道本有「猶」字，傳注中幾乎都作「曠，空也」，而絶少於其間加「猶」字，有者疑衍。

〔九〕明道本、正統本無「也」字。

〔一〇〕蒧，明道本、正統本作「箴」，從艸之字每從竹。明道本、正統本無「於」字。

〔一一〕還而，明道本、正統本作「而還」，疑後者誤倒。

「今子常，先大夫之後也，先大夫，子囊也〔一〕。而相楚君〔二〕，無令名於四方。◎志慧按：《左傳·定公四年》：「史皇謂子常：『楚人惡子而好司馬。』」可參。復次，所見多家今人標點本於「楚君」下不斷，似據上海師大本。「相楚君」緊接「先大夫之後」，有憑祖蔭爲相之意。「無令名」，則主要不是特指爲相無令名，而是泛指子常無令名，故當斷，檢傳庚生《國語選》正於句下逗。民之羸餧，日日已甚〔三〕，羸，瘠也。言日日又甚。○《補音》：餧，奴罪反。四境盈壘，盈，滿也〔四〕。壘，壁也。言壘壁滿於四境之内〔五〕。◎志慧按：《禮記·曲禮》：「四郊多壘，此卿大夫之辱也。」鄭注：「辱其謀人之國不能安也。壘，軍壁也。數見侵伐，則多壘。」道殣相望，道冢曰殣〔六〕。《詩》

云：「行有死人，尚或殣之。」○《補正》：《左傳》「道殣相望」杜注：「餓死曰殣。」謂死於道路也，義較直。◎志慧按：殣，《毛詩·小雅·小弁》作「墐」，毛傳：「墐，路冢也。」韋取毛義。**盜賊司目，民無所放。**放，依也。○《補音》：放，方往反。○陶望齡：司目，韋無解，按《吴語》「以司吾閑」，鄭公《補音》：「司，音伺，古通用。」（盧之頤校訂《國語》）○《正義》：言子常以盜賊之人居君司目之任也。《檀弓》「梁木其壞，則吾將安放」注謂「梁木爲衆木所依」，是訓「放」爲依也。○《補正》：司與「伺」通，謂盜賊側目，相窺伺也。◎志慧按：「盜賊司目」句蓋由「民之羸餒」四句一貫而下，極言當時惡劣的社會狀況，而非特指子常之爲人，故「司」字之義當以通「伺」爲長。是**之不恤，而蓄聚不厭，其速怨於民多矣。**速，召也。**積貨滋多，蓄怨滋厚，不亡何待？**

【彙校】

〔一〕子囊，正統本同，《元龜》卷七九五、《文章正宗》卷六引同，黄刊明道本作「囊費」，《札記》云「費」是「貞」字之誤，上卷子囊議謚，韋解云「子貞」可證，「囊貞」不詞，蓋有脱文。指其有誤是，指其脱則不可必。

〔二〕秦鼎謂「君」疑「國」誤，然未見所據。

〔三〕餧，明道本作「餒」，《説文·食部》：「餧，飢也。」則是二字同義。「日日」，《册府元龜》卷七九五引同，明道本、正統本不重「日」字，四字作「日已甚矣」。

〔四〕明道本無此三字。

〔五〕滿於，明道本作「盈滿」。

〔六〕冢，《群書治要》卷八同，明道本作「塚」，「塚」爲「冢」之形符加旁字。

「夫民心之慍也〔一〕，慍，怒也。○《平議》：慍，當讀爲「薀」，民心之薀，承上文「蓄怨滋厚」而言。昭二十五年《左傳》曰：「衆怒不可蓄也，蓄而弗治，將蘊（薀）。」杜注曰：「薀，積也。」與此文語意相近。下云「若防大川，潰而所犯必多」，惟其薀積於心，故以防川爲喻也。「慍」、「薀」同聲，古字通用。◎志慧按：曲園之説於義是也，但「慍」作本字解亦通。若防大川焉，潰而所犯必大矣。犯，敗也。子常其能賢於成、靈乎？成不禮於穆，願食熊蹯，不獲而死。成，成王，穆王商臣之父也。欲黜商臣而立其弟職〔二〕，商臣圍成王，王請食熊蹯而死，不聽，遂自殺。蹯，掌也。靈王不顧於民〔三〕，一國棄之，如遺迹焉。靈王不君，罷獘楚國〔四〕，三軍叛之，如行人之遺棄其迹也。子常爲政，而無禮不顧，○《增注》：言不顧其無禮於民也。◎志慧按：《左傳》昭公二十三年，子常爲令尹，城郢，沈尹戌斷「子常必亡郢」；二十七年，受賄於費無極，枉殺郤宛，「國言未已，進胙者莫不謗令尹」；定公三年，先後向蔡昭侯索裘衣與玉佩，向唐成公索要寶馬，遭拒後，「三年止之」，引發一系列外交風波。凡此，皆「無禮不顧」者也。甚於成、靈，其獨何力以待之？」待，猶禦也〔五〕。

【彙校】

〔一〕此與下句「若」字前後不可比，據《周語上·召公諫厲王弭謗》「防民之口甚於防川」、《左傳·襄公三十一年》子産語「不聞作威以防怨，豈不遽止？然猶防川」，疑本句「民心」前脱一「防」字。

〔二〕職，弘治本作「造」，後者誤。

〔三〕靈王，《文選·古詩十九首·行行重行行》六臣注及《元龜》卷七九五引同，明道本無「王」字，但正文上文有「子常其能賢於成、靈乎」、「成不禮於穆」等表述，則無「王」者亦整齊，正統本則有之。

〔四〕獘，明道本作「弊」，正統本、許宗魯本作「敝」。

〔五〕正統本同，黄刊明道本無「猶」字，疑脱。

期年，乃有柏舉之戰，子常奔鄭，昭王奔隨。柏舉，楚地。隨，漢東國也〔一〕。初，蔡昭侯朝於楚，子常欲其佩〔二〕，唐成公亦朝焉，子常欲其驌驦馬〔三〕。二君不予〔四〕，而留之三年，後予之，乃得歸。歸，與吴伐楚，大敗之〔五〕。在魯定四年。奔隨，自郥奔隨也〔六〕。○《釋地》：柏舉，楚地，今黄州府黄岡縣西北有舉口。◎志慧按：唐李吉甫《元和郡縣志》卷二十八「麻城縣」條：「龜頭山，在縣東南八十里，舉水之所出也。《春秋》『吴楚戰於柏舉』，即此地也。」《春秋傳説彙纂》引《名勝志》云：「麻城縣東北三十里有柏子山，縣東南有舉水。柏舉之名，蓋合柏山、舉水而得之。」地在今麻城縣。復次，前文鬭且斷「楚其亡乎！不然，令尹其不免乎」，子常「殆必亡者也」「不亡何待」，三「亡」皆滅亡義。此以「子常奔鄭，昭王奔隨」作結，是編者的不經意之失，還是有意將「亡」置換成奔亡義，尚在不可知之數。但這第三段爲《楚語》或者《國語》編者基於編纂體例生硬指派，則當無疑義。

【彙校】

〔一〕國也，明道本作「之國」。

〔二〕佩，正統本同，黄刊明道本作「珮」，「珮」同「佩」，唯《國語》原本似皆作「佩」。

〔三〕驌驦，《左傳·定公三年》作「肅爽」，前者加形符耳。明道本「驦」作「驦」，《札記》據賈逵説謂當作「驦」，其實亦聲符更旁字耳。馬，張一鯤本作「焉」，後者形訛。

〔四〕予，明道本作「與」，次同。
〔五〕敗，静嘉堂本、南監本、弘治本、許宗魯本作「取」，後者形訛。
〔六〕奔，明道本作「之」。

4 藍尹亹避昭王而不載

吴人入楚，昭王出奔，濟於成臼〔一〕，吴人，闔閭也。出奔隨也。濟，渡也。成臼，津名。○《補正》：成臼，在今湖北漢陽府漢川縣，有臼水，亦名臼子河，西南與漢水合。◎志慧按：成臼，在今湖北鍾祥舊口鎮。見藍尹亹載其孥，藍尹亹〔二〕，楚大夫也。妻、子曰孥。○秦鼎：載，載舟也。《傳》云「不與王舟」。王曰：「載予〔三〕。」對曰：「自先王莫隊其國〔四〕，隊，失也。當君之世而亡之〔五〕，君之過也。」○《增注》：亡，奔亡也。遂去王。王歸，又求見王，王欲執之〔六〕，子西曰：「請聽其辭，夫其有故。」子西，平王之子、昭王之庶兄，令尹公子申也。故，猶意也。○《略説》：夫，指亹也。○《辨正》：此「故」猶今之緣故，《墨子·經上》「故，所得而後成也」，孫詒讓《閒詁》曰：「故之爲辭，凡事因得此而成彼之謂。」王使謂之曰：「成臼之役，而棄不穀，今而敢來，何也？」而，汝也〔七〕。對曰〔八〕：「昔瓦唯長舊怨，以敗於柏舉〔九〕，故君及此。瓦，子常名也。長，猶積也。◎志慧按：長舊怨，《左傳·定公五年》作「思舊怨」，於昭王與藍尹亹身上皆無不可。於子常，所指者蓋如下：《左傳》昭公廿三年城郢；昭公廿七年聽信費無極之讒，滅郤宛等三族；定公三年勒索蔡昭侯裘衣、唐成公驌驦馬，然如此比類似稍有不合。下文「不鑒而長之」之「長」同此。今又效之，無乃不可乎？臣避於成臼，以儆君也，庶悛而更乎？悛，改也。○《增注》：悛，改心也。更，革行事也。○《集解》：避於成臼，謂在成臼避而不載也。○《校補》：王煦引《小爾雅》：「悛，覺也。」韋訓改，則與「更」字犯複。今之敢見，觀君之德也，曰：庶懼而鑒前惡乎〔一〇〕？鑒，鏡也。君若不鑒而長之，君實有國而不愛，臣何有於死？何惜於死〔一一〕。○《增注》：何有，不難之辭。死在司敗矣！楚謂司寇爲司敗。唯君圖之〔一二〕。」子西曰：「使復其位〔一三〕，以無忘前敗。」言見亹則念前敗也。王乃見之。

【彙校】

〔一〕臼，所見各本唯遞修本、金李本作「曰」，當係形訛，此據其餘衆本改，韋注「臼」未訛。

〔二〕黄刊明道本無「亹」字，疑脱。

〔三〕予，静嘉堂本、南監本、弘治本作「子」，形訛，許宗魯本已回改。

〔四〕隊，《舊音》：「音墜，或爲『墜』。」明道本、正統本作「墜」，注同，墜爲「隊」的形符加旁字。

〔五〕明道本、正統本無「之世」二字。

〔六〕黄刊明道本不重「王」字，疑脱，玩味「遂去王」及以下共四個短句，似乎每句都有一「王」字方顯得文氣硬朗，擲地有聲，但文獻不足徵。

〔七〕汝，明道本、許宗魯本作「女」。《略説》謂當在「穀」下，「今而」之「而」語辭，其説無誤，唯觀韋昭於此下注，則是二「而」字皆作「汝」解，亦無不可，且語氣更爲凜厲。

〔八〕明道本無「對」字，李慈銘指其脱，可從。

〔九〕柏，明道本、正統本作「栢」。

〔一〇〕「懼」前，明道本有「憶」字，《資治通鑑外紀》卷八引亦有，正統本無之。

〔一一〕何惜於死，正統本句下有「也」字，黄刊明道本作空白處理，可據補。

〔一二〕唯，明道本作「惟」。

〔一三〕「其位」前，黄刊明道本有「在」字，李慈銘謂無者是，上海師大本從删，是。

5　鄖公辛與弟懷或禮於君或禮於父

吴人之入楚，楚昭王奔鄖〔一〕，鄖，楚邑也。鄖公之弟懷將殺王〔二〕，鄖公，令尹子文玄孫之孫、蔓成然之子鬭辛也。鄖公辛止之。懷曰：「平王殺吾父，平王，昭王考也。父，蔓成然也。成然立平王〔三〕，貪求無厭，平王殺之。在國則君，在外則讎也。見讎弗殺，非人也。」鄖公曰：「夫事君者，不爲外内行，不爲外内易行。不爲豐約舉，豐，盛也。約，衰也。舉，動也。○賈逵：豐，盛也（釋慧琳《一切經音義》卷四十引）。苟君之，尊卑一也〔四〕。且夫自敵以下則有讎，敵，敵體也〔五〕。◎志慧按：《爾雅·釋詁》：「敵，匹也。」此正用其義。非是不讎。○《略説》：是，謂敵體以下。下虐上爲殺〔六〕，上虐下爲討，而況君乎？君而討臣，何讎之爲？○《經傳釋詞》卷二：爲，猶「有」也。若皆讎君，則何上下之有乎？吾先人以善事君成名於諸侯，自鬭伯比以來未之失也。今爾以是殃之，不可。」殃，病害也。○梁玉繩《瞥記》：直稱先祖之名，恐是作傳者失檢。○秦鼎：以是，謂弒王之惡也。○《標注》：殃，敗也。○《補正》：謂弒君將被惡名，爲門户之辱，故曰殃。懷弗聽，曰：「吾思吾父〔七〕，不能顧矣。」○《略説》：不能顧，不能顧念鄖公之言。○秦鼎：不能顧，謂不能念弒王之惡也。◎志慧按：似以秦鼎説爲較勝。鄖公以王奔隨。避懷也。

【彙校】

〔一〕明道本、正統本無「之」，且不重「楚」字。

〔二〕殺，明道本、正統本作「弑」。

〔三〕平王，正統本同，黄刊明道本無「平」字，脱，上海師大本從補。

〔四〕尊卑，明道本作「卑尊」，斷句從《補韋》：「尊卑一者，駮其分別在國在野。」

〔五〕黄刊明道本不重「敵」字，脱。體，静嘉堂本、南監本、弘治本作「禮」，後者形訛，許宗魯本已回改。

〔六〕殺，南監本、張一鯤本、孔氏詩禮堂本同，明道本、遞修本、正統本作「弑」，目測遞修本似爲挖改。篇首「鄖公之弟懷將殺」《補音》云：「殺，申志反，後『虐上爲殺』，餘皆如字。」知南監本、金李本之可貴。

〔七〕明道本無次「吾」字。

王歸而賞及鄖、懷，子西諫曰：「君有二臣，或可賞也，或可戮也。君王均之，羣臣懼矣。」均，同也。賞罰無別〔一〕，故懼也。王曰：「夫子期之二子邪〔二〕？吾知之矣。子期，蔓成然字〔三〕。或禮於君，或禮於父，均之，不亦可乎？」◎志慧按：其事亦載《左傳·定公四年》，唯無「王歸而賞」以下情節。葉明元《抄評》謂：「此亦前日見藍尹之意，志己之怨而獎人之孝。」可謂探本之論。穆文熙《鈔評》亦肯定昭王「能爲君父之言，益復爲人情所惜」，其所謂「人情」，當係父子之情。鄖、懷兄弟離開「國」這個語境之後，在懷的觀念中，君臣約定淡出，父子關係凸顯，同態復仇因而具備了一定的正當性。昭王不戮反賞這一情節體現出編纂者對此類自然正義的敬畏。

【彙校】

〔一〕明道本句前有「言」字。

〔二〕邪，明道本作「耶」。

〔三〕明道本無「蔓」字。

6 藍尹亹論吴將斃

子西歎於朝，藍尹亹曰：「吾聞君子唯獨居思念前世之崇替〔一〕，崇，終也。替，廢也。《詩》云：「曾不崇朝。」○賈逵：崇，終也（《文選》陸士衡《門有車馬客行》李善注引，王、汪、黃、蔣輯）。○陶望齡：崇替，盛衰也（盧之頤校訂《國語》）。○户埼允明：太宰純曰：「崇替，猶言隆替也，謂盛衰也。」○《補正》：「崇」與「替」對文，猶言興替也，不訓終。◎志慧按：春臺、陶、吴説俱是，渡邊操、《增注》亦持此説。**與哀殯喪，**塗木曰殯。○《説文·歺部》：殯，死在棺，將遷葬柩，賓遇之。○《釋名·釋喪制》：於西壁下塗之曰殯，殯，賓也。賓客遇之，言稍遠也。塗曰欑，欑木於上而塗之也。○《詳注》：大斂而徙棺曰殯。於是有歎，其餘則不〔二〕。君子臨政思義，思公義也。飲食思禮，同宴思樂，在樂思善〔三〕，無有歎焉。今吾子臨政而歎，何也？」子西曰：「闔閭能敗吾師。柏舉之戰〔四〕。闔閭即世，吾聞其嗣又甚焉，嗣，嗣子夫差也。甚，謂政德過於父也。○户埼允明：又甚焉，謂兵勢猛於先世也，非謂政德也，故下文説闔閭云政德，文可見也，注非。吾是以歎。」

【彙校】

〔一〕「崇替」下，明道本有「者」字，《考異》、《集解》以爲衍，是。

〔二〕不，明道本、《元龜》卷七三五引作「否」。

〔三〕善，正統本同，明道本作「舊」，《補正》、《集解》謂宜依公序本作「善」，是。

〔四〕明道本、正統本作「柏舉戰也」。

對曰：「子患政德之不脩，無患吴矣。夫闔閭〔一〕，口不貪嘉味，耳不樂逸聲，逸，淫也。目不淫於色，身不懷於安，朝夕勤志，恤民之羸〔二〕，羸，病也。聞一善若驚〔三〕，得一士若賞，若受賞也。有過必悛，悛，改也。有不善必懼，是故得民以濟其志。濟，成也。志，戰克也。○《補正》：宜云「志在戰克」，方成文理。今吾聞夫差好罷民力，以成私好，縱過而翳諫，翳，鄣也〔四〕。一夕之宿，臺榭、陂池必成，六畜玩好必從。夫先自敗也已〔五〕，焉能敗人？子脩德以待吴，吴將斃矣。」◎志慧按：《左傳·哀公元年》類似這一段話出於子西之口，背景則是「吴師在陳」，《楚語》多結尾「吴將斃矣」句，「斃」字亦似可商。本則預言未給出第三段，蓋夫差之盛極而亡，在當時是路人皆知的重大事件，與晉國郤氏、智伯之亡一樣引起了廣泛討論與深入思考，故從省。又，同年《左傳》亦載伍子胥預言「二十年之外，吴其爲沼乎」，可合參。

【彙校】

〔一〕正統本同，《元龜》卷七三五、《文章正宗》卷五引同，黄刊明道本無「夫」字，《集解》指其脱，據句法，似當有。

〔二〕恤，明道本作「卹」。

〔三〕《述聞》據《後漢書·文苑傳》李賢注、《文選》《薦禰衡表》李善注、《楊荆州誄》李善注引此並作「聞一善言」，斷「今本無『言』字者，蓋後人以上句多一字，故删之以對下句耳」，其説或是也。

〔四〕陳樹華校云：「鄣，當作『障』。」古或同，《增注》、秦鼎本徑作「障」。

〔五〕明道本「夫」作「夫差」二字，《元龜》卷七三五引作「夫」，李慈銘、《補正》據《左傳·哀公元年》文，謂當從公序本，《集解》亦同其説，皆是也。

7　王孫圉論國之寶

王孫圉聘於晉〔一〕，王孫圉，楚大夫也。定公饗之，趙簡子鳴玉以相，定公，晉頃公之子午也。簡子，趙鞅也。鳴玉，鳴其佩玉以相禮。　○《古文析義》：以佩聲矜有寶。　◎志慧按：鳴玉，韋注以來皆以爲鳴其身上所佩之玉，然不可必。《左傳·成公六年》：「鄭伯如晉拜成，子游相，授玉于東楹之東。」以彼例此，趙簡子在饗禮上相定公，玉用作贄禮，則自非佩玉。又，同書《昭公十二年》：「晉侯以齊侯宴，中行穆子相。投壺，晉侯先，穆子曰：『有酒如淮，有肉如坻。寡君中此，爲諸侯師。』中之。」中行穆子相禮，投壺時爲晉昭公賦詩擊節，雖不知其是否鳴玉，以及如有鳴玉，究係身上之佩玉，還是旁邊懸掛之編磬，要亦有助於理解。問於王孫圉曰：「楚之白珩猶在乎？」珩，佩上之横者〔二〕。　○《補正》：《説文》作「珩，佩上玉也。」義更顯。對曰：「然。」簡子曰：「其爲寶也，幾何矣？」幾何世也。　○《古文析義》：言爲寶之貴所值幾何，舊注未妥。　○千葉玄之：太宰德夫曰：「幾何，問其寶之價貴賤幾何矣。」曰：「未嘗爲寶。楚之所寶者，曰觀射父，言以賢爲寶，不以寶爲寶〔三〕。能作訓辭，以行事於諸侯，言以訓辭交結諸侯。使無以寡君爲口實。口實，毁弄也。又有左史倚相，能道訓典，以敘百物，敘，次也。物，事也。以朝夕獻善敗于寡君，使寡君無忘先王之業；又能上下説乎鬼神〔四〕，順道其欲惡，説，媚也。○《增注》：言以順導鬼神之欲惡，適悦於神意也。使神無有怨痛于楚國。痛，疾也。◎志慧按：神，各本同，承上「鬼神」，則此似爲省文。又有藪曰雲連徒洲，金、木、竹箭之所生也。楚有雲夢。藪，澤也〔五〕。連，屬也。水中之可居曰洲〔六〕。徒，其名也。○段玉裁《古文尚書撰異》卷三：古「土」、「杜」通用，如《韓詩》「桑杜」，《毛詩》作「桑土」，《毛詩》「自土漆沮」，《齊詩》作「自杜」是也。本呼雲土，單呼之爲雲，此類甚多。又按《楚語》「雲連徒洲」，即雲土也，此如穀於菟之類，皆方俗語言，徒、土、杜一字也，雲土長言之爲雲連辻洲。○洪亮吉《曉讀書齋雜録·初録》卷下：連當係地名，與雲夢相近，故曰雲連，《左傳·成元年》連尹襄老，《昭二十七年》連尹奢，二人蓋皆連地尹，故以官稱之也。《漢書·地理志》長沙國連道縣（今故城在襄鄉縣西），連當以漣得名，古「連」字無水旁，與縣名連道同，《通典》連山郡、連州，春秋時楚地，秦屬長沙郡之南境，即其證也。○郝懿行《爾雅義疏》：《漢志》：「華容，雲夢澤在南，荆州藪。」司馬相如《子虛賦》云：「楚有七澤：一曰雲夢，雲夢者，方九百里。」是雲夢實一藪也。經傳或分言者，省文從便耳。左氏《昭三年傳》「王以田江南之夢」，杜預注：「楚之雲夢，跨江南北。」是則夢亦雲也。《定四年傳》「楚子涉睢、濟江，入于雲中」，杜注：「入雲夢澤中。」是則雲亦夢也。《楚辭・招魂篇》云：「與王趨夢兮，課後先。」王逸注：「夢，澤中也。楚人名澤爲夢中。」然則夢中猶雲中矣。《淮南・墬形篇》云：「南方曰大夢。」高誘注：「夢，雲夢也。」《地理志》「江夏郡有雲杜」，即《禹貢》之「雲土」，「土」、「杜」古字通，然則雲土亦夢土矣。「雲土夢作乂」，《史記・夏紀》及《漢志》並變作「雲夢土」，皆得《禹貢》之意，各順文從便耳。漢晉華容縣，今爲荆州府監利、石首二縣地。○魏源《古微堂集・釋雲夢》：雲土，澤名，即《地理志》江夏之雲杜，亦即《楚語》之雲連徒洲，單言之曰雲，長言之曰雲土，又長言之曰雲連徒洲，猶山之名醫無閭，名華不注，藪之名昭餘祁也。○《翼解》：「徒其名」者，「徒」即《禹貢》之「土作乂」也。「徒」本從辵土聲之字，隸變作「徒」，後儒不知「徒」之即「土」，而解《禹貢》之「土作乂」爲土見而可耕治也，疏矣。○《詳注》：雲連徒洲，即雲土也，亦作雲杜，《書》「雲土夢作乂」，《漢書・地理志》「江夏有雲杜縣」，蓋雲夢本二澤名，雲在江北，夢在江南，雲土之稱雲連徒洲，如穀於菟之類，皆方俗語言，雲土二字，長言之爲雲連徒洲也。◎志慧按：魏源、沈鎔從方俗土語入手，可正韋昭以還之失。春秋時期的雲夢澤主體大致在今荆州以東的江漢之間，南部以長江爲界。洪氏所指者離古雲夢有較遠距離，恐非。又，盠方尊之「土」，或從辵，如揚簋，隸變後作「徒」。

龜、珠、齒、角〔七〕**、皮、革、羽、毛，所以備賦用**〔八〕**，以戒不虞者也**，龜，所以備吉凶。珠，所以禦火灾。角，所以爲弓弩。齒，象齒〔九〕，所以爲弭〔一〇〕。皮，虎豹皮也，所以爲茵鞬。革，犀兕也，所以爲甲冑〔一一〕。羽，鳥羽也，所以爲旌[一二]。毛，旄牛尾[一三]，所以注竿首。賦，兵賦。虞，度也。◎志慧按：《説文·王部》：「珠，蚌之陰精，《春秋國語》曰『珠以禦火災』是也。」所以共幣帛，以賓享於諸侯者也。享，獻也。〇《正義》：《儀禮·聘禮》：「受享束帛加璧，受夫人之聘璋，享元纁，束帛加琮。」鄭注：「享，獻也。既聘又享，所以厚恩惠也。」《聘禮》又云：「賓裼，奉束帛加璧享。」是皆以幣帛也。《昭七年傳》「楚子享公于新臺，好以大屈」，《楚世家》集解引服虔《左傳注》：「大屈，寶金，可以爲劍。一曰大屈，弓名。」《魯連書》曰：「楚子享魯侯，與之大屈之弓，既而悔之。」是楚國賓享諸侯之事也。若諸侯之好幣具，而導之以訓辭，導，行也。有不虞之備，而皇神相之，能媚於神，故皇神相之。皇，大也。相，助也。〇《增注》：皇，明也。寡君其可以免罪於諸侯，而國民保焉。保，安也。此楚國之寶也。若夫白珩，先王之玩也，何寶焉[一四]？玩，玩弄之物。

【彙校】

〔一〕王孫圉，正統本同，黄刊明道本作「王孫圉」，《群書治要》、《非國語》、《通鑑外紀》卷八及《困學紀聞》卷六皆作「圉」，《左傳·定公五年》亦作「圉」，則作「圉」者字之訛也。董增齡、李慈銘更舉楚靈王名圍，臣下不應同之，斷此明是涉王子圍而誤。

〔二〕佩，正統本同，明道本作「珮」。上，《訂字》謂「恐『玉』字誤」，《增注》、秦鼎本徑作「玉」。

〔三〕不以實爲實，《玉海》卷八十六器用引同，明道本、《群書治要》卷八、《文章正宗》卷一辭命一引無之。

〔四〕乎，明道本作「于」。說乎，《群書治要》作「悦于」，注同。

〔五〕「澤」下，明道本有「名」字，秦鼎從補，是。若准此，斷句當如下：「楚有雲夢藪，澤名也。」

〔六〕之可居，明道本作「可居者」。

〔七〕齒角，明道本作「角齒」。

〔八〕明道本、《群書治要》卷八、《通鑒外紀》卷八無「用」字，上述《文章正宗》同條引則有之。

〔九〕明道本、《群書治要》無「象齒」二字，疑脱。

〔一〇〕弭，《文章正宗》卷一引同，明道本作「珥」，似後者形訛。

〔一一〕甲，張一鯤本作「申」，形訛。

〔一二〕旌，正統本同，《文章正宗》卷一引同，黄刊明道本作「旍」。

〔一三〕旄，明道本、正統本作「氂」。

〔一四〕「焉」前，明道本、正統本有「之」字，據義，有者較勝，《尚書・旅獒》正義引正有。《經傳釋詞》卷二謂「焉」係「爲」之訛，據古文句式可從。

「圉聞國之寶六而已〔一〕：聖能制議百物〔二〕，以輔相國家，則寶之；玉足以庇廕嘉穀〔三〕，使無水旱之災，則寶之；玉，祭祀之玉也〔四〕。○《正義》：《詩·雲漢》「圭璧既卒」，是禱水旱之祭用玉也。唐代宗即位，楚州獻定國寶十有二，其三曰穀璧，白玉也，如粟粒，無雕鐫之跡，王者得之，五穀豐。是玉能庇穀也。龜足以憲臧否〔五〕，則寶之；憲，法也，取善惡之法。○《删補》：臧不，疑與「臧否」同。○《述聞》：憲者，表也，表臧否以示人。○秦鼎：善惡，猶吉凶也。《易》以吉凶示人就避，順之者善，逆之者惡。珠足以禦火災〔六〕，則寶之；珠，水精，故以禦火災。○服虔：珠，水精，足以禁火（《周禮·天官·玉府》疏引，汪遠孫輯）。◎志慧按：珍珠的主要成份是碳酸鈣，並不具備防火滅火功能。珠可以禦火一説，疑爲上古巫術文化的殘留。載籍中，《楚語》發其端，經許慎、服虔、韋昭等經師反覆强調，至後世，竟至於固化成建築結構上的避火珠。金足以禦兵亂，則寶之；金，所以爲兵也。○《正義》：《僖十八年傳》「鄭伯朝楚，楚子賜之金。既而悔之，與之盟曰：『無以鑄兵。』」山林、藪澤足以備財用，則寶之。若夫譁囂之美〔七〕，譁囂，猶讙譊〔八〕，謂若鳴玉以相。楚雖蠻夷，不能寶也。」微刺簡子〔九〕。○葉明元《抄評》：楚亦未必真能寶仁賢而輕珠玉，王孫圉特因簡子之問而反其意言之，以張楚國耳。◎志慧按：古來評點家於王孫圉楚寶之説多所肯定，因其能「張楚國」，唯從張大楚國而言，似有更重要的用意：《左傳·昭公二十六年》：「召伯盈逐王子朝，王子朝及召氏之族、毛伯得、尹氏固、南宮嚚奉周之典籍以奔楚。」晋國支持的王子匄（周敬王）勝出，但支持王子朝的楚國因擁有周之典籍，獲得了文化上的正統地位，此後不久，王孫圉出使晉國，拿典籍和熟諳文化掌故的賢人説事，使楚國外交化被動爲主動。

【彙校】

〔一〕圉，所見各本唯金李本與張一鯤本作「圄」，形訛，兹據諸本改。

〔二〕聖，《玉海》卷八十六器用、《文章正宗》卷一引同，明道本作「明王聖人」，據句法似當從前者，此「聖」可指代觀射父、左史倚相。明王就不僅僅是「輔相」了，「明王聖人」的「聖」是「制議百物」的「聖」的升級版，在思孟五行中，「聖」處於仁、義、禮、智之後；《説文·耳部》：「聖，通也。」疑明道本據後世賦義改。

〔三〕廕，明道本同，張一鯤本作「蔭」。

〔四〕「祭祀」前，明道本有「王」字，疑衍，《尚書·湯誓》引韋注作「玉，禮神之玉也」，似別有所本。

〔五〕不，明道本作「否」。

〔六〕禦，《周禮·天官·玉府》賈疏、《玉海》卷八十六器用引同，《初學記》卷二十五器物部、《錦繡萬花谷續集》卷九引作「扞」。

〔七〕囂，明道本作「嚻」，注同。

〔八〕譊，正統本同，黄刊明道本作「譁」，義同。

〔九〕刺，明道本、遞修本、正統本、静嘉堂本、南監本、弘治本、許宗魯本、李克家本作「剌」，形訛。

8 魯陽文子辭惠王所與梁

惠王以梁與魯陽文子〔一〕，惠王，昭王子，越女之子章也。梁，楚北境也。文子，平王之孫司馬子期子魯陽公也。○賈逵：惠王，楚昭王子。梁，楚北境。魯陽文子，楚平王之孫司馬子期之子魯陽公（《文選》王仲寶《褚淵碑文》李善注引，王、汪、黄、蔣輯）。○《釋地》：梁，楚邑，故城在今汝州東南四十五里。魯陽，楚邑，故城在今汝州魯山縣西北。文子辭，曰：「梁險而在北境〔二〕，懼子孫之有貳者也。貳，二心也。夫事君無憾，憾則懼偪，憾，恨也。無恨，謂得志也。偪，偪上也。○《補正》：謂凡事君不宜有憾，憾則偪上。下「憾而不貳」，猶《内傳》「驕而能降」數語句法。偪則懼貳。偪則懼誅，故貳也。○《增注》：憾而偪於上，則懼卒生貳心。懼，皆文子懼之也。夫盈而不偪，盈，志滿也。憾而不貳者，臣能自壽也〔三〕，壽，保也。○《讀書囈語》：自壽，自終其壽也。○《增注》：壽，即下所謂「以其首領以没」也。◎志慧按：《讀書囈語》與《增注》之解較韋注爲密。復次，「憾而不貳者」下緊接「臣能自壽」，各本同，似語義有缺，如「不貳者」下接「鮮矣」

「有幾人歟」等，檢《册府元龜》卷七三三引已是目前形狀。不知其它。它，子孫也。縱臣而得以其首領以没〔四〕，懼子孫之以梁之險，而乏臣之祀也〔五〕。」恃險而貳，將見誅絶。王曰：「子之仁〔六〕，不忘子孫，施及楚國，敢不從子？」與之魯陽。○《補音》：施，以豉反。◎志慧按：施，延也。魯陽，今河南魯山一帶，時屬楚，目前魯山仍有若干以魯陽爲名的地名與單位，當地方志謂魯山「地介梁楚間」。賈、韋皆謂「梁，楚北境」，語焉不詳，《釋地》謂其「故城在今汝州東南四十五里」，不知何所據。《左傳·哀公四年》「夏，（楚人）爲一昔之期，襲梁及霍」杜注謂梁、霍「皆蠻子之邑也」，《史記·周本紀》張守節正義云：「梁亦古梁城也，在汝州梁縣西南十五里。」與陝西韓城之少梁相對，故文獻又稱南梁。地在今汝州市西楊樓鄉樊古城、王古城、楊古城村一帶。俱在春秋戰國楚長城之北，「梁險而在北境」或即此也。惠王以梁與魯陽文子，其事當發生在公元前四九一年夏之後一段時間内。楚肅王七年（前三七四年），魏伐楚，取魯陽，疑《國語》編者未見及此。復次，春秋時期多有恃險恃勢而驕並因此招致滅亡者，如鄭共叔段、鄶仲、虢公醜皆是也，魯陽文子戒懼惕厲，永終知敝，《文選》王仲寶《褚淵碑文》李善注將此篇與孫叔敖寢丘之志並提，可互參。後世俗語「醜妻薄田破棉襖」或源自此種語類文獻。

【彙校】

〔一〕與，《文選》王仲寶《褚淵碑文》李善注引作「予」，「予」初文，「與」後起字。

〔二〕北境，《元龜》卷七三三引同，明道本、《通鑒外紀》卷九、《諸子瓊林》前集卷二十四交接無「北」字，《考異》疑衍，《集解》疑無者脱，皆不可必。

〔三〕自壽也，《元龜》卷七三三引同，明道本、《諸子瓊林》無「也」字。

〔四〕以其首領，《元龜》卷七三三引同，《文選·褚淵碑文》李善注引作「全其首領」，秦鼎云：「以其，當作『保其』，『以』、『保』相似。」然無據，且「以」與「保」亦全不相似。

〔五〕明道本、《諸子瓊林》無「而」字，但正統本有，疑無者脱。

〔六〕子之仁，正統本同，明道本、《諸子瓊林》下有「人」字，上海師大本從删，然《通鑒外紀》卷九該三字只作「仁人」二字，則似各有所本，於義則似當從無。

9 葉公子高論白公勝必亂楚國

子西使人召王孫勝，王孫勝，故平王太子建之子白公勝也。初，費無極爲太子少師，無寵，太子取於秦而美〔一〕，譖王納之，遂譖太子曰：「建將叛。」太子奔鄭。又與晉謀鄭，鄭人殺之，勝奔吴。

在魯哀十六年。沈諸梁聞之，沈諸梁，楚左司馬沈尹戌之子葉公子高也。○《補音》：葉，始涉反。○《正義》：《宣三年傳》杜注：「葉，楚地，南陽葉縣。」案：今河南南陽府葉縣南三十里有古葉城。◎志慧按：子高父爲沈尹，因以爲氏；子高爲葉縣尹，楚縣尹具爵稱身份和封邑主地位，故又稱葉公。葉邑故城位於河南葉縣葉邑鎮舊縣村，曾爲應國屬地，後屬楚。前五七六年，楚公子申遷許於葉。前五二四年，楚子遷許於析，更以葉封沈諸梁，號葉公。見子西曰：「聞子召王孫勝，信乎？」曰：「然。」子高曰：「將焉用之？」曰：「吾聞之，勝直而剛，欲寘之境。」寘，置也。《傳》曰：「召之，使處吳境〔二〕，爲白公。」

【彙校】

〔一〕取，明道本作「娶」。

〔二〕處，正統本同，黄刊明道本作「與」，《補正》與上海師大本皆作「處」，可從。《述聞》謂「吳」字係後人依誤本《左傳》加，其説有理。

子高曰：「不可。其爲人也，展而不信〔一〕，展，誠也。誠，謂復言，非忠信之道〔二〕。○《增注》：展，觀於下文，猶諒，必不倍言之謂也。信，言行不違也。○《翼解》：《衛風》「展如之人兮」，《小雅》「展也大成」，皆謂誠也。《方言》：「荆、吴、淮、汭之間，謂信曰展。」正楚言也。◎志慧按：《逸周書·大匡》「昭信非展」孔晁注：「展似信而非。」可參證。**愛而不仁**，外愛人，内無仁心也。○《增注》：如婦人之愛，而無成功於人。**詐而不知**〔三〕，以詐行謀，而非知道也。知人不詐。**毅而不勇**，毅，果也。**直而不衷**，衷，中也。君子惡訐以爲直者〔四〕。**周而不淑**。周，密也〔五〕。淑，善也。○賈逵：周，備也〔六〕（《一切經音義》卷二十三並三十引，汪遠孫將此條置於《吴語》「周軍飭壘」下）。○《增注》：周，給也。**復言而不謀身，展也**；復言，言可復，不欺人也。不謀身，不計身害也。**愛而不謀長，不仁也**；外愛人，不計終身也。○《删補》：「愛而不謀長」者，蓋謂好行小惠而其所及物不長且遠也。○《增注》：姑息之愛而無終長之謀也。**以謀蓋人，詐也**〔七〕；蓋，掩也。**彊忍犯義**〔八〕，**毅也**〔九〕；彊，彊力也。忍，忍犯義也。**直而不顧，不衷也**；不顧隱諱。**周言棄德，不淑也**。取周其言，而不以德。○《增注》：周言，猶口給也。◎志慧按：《論語·學而》：「巧言令色，鮮矣仁。」義可與此互證。**是六德者，皆有其華而不實者**〔一〇〕，**將焉用之？**

【彙校】

〔一〕信，《書鈔》卷三〇引作「給」，本段「愛」與「仁」、「詐」與「知（智）」、「毅」與「勇」皆近義，而「給」與表誠信的「展」字於義不相關，當誤。

〔二〕非忠信之道，正統本同，黄刊明道本作「而非信之道」，與下文「而非知道」相對，似黄刊稍長。

〔三〕知，明道本、正統本作「智」，注同。

〔四〕黄刊明道本無「者」字，正統本有，《論語·陽貨》原文有「者」字，無者脱。

〔五〕密，正統本、《補正》同，黄刊明道本作「審」，疑爲「密」字之訛。

〔六〕前有《晉語五》「周以舉義」、《鄭語》「若更君而周訓之」，疑作爲「備」義於此更密合，故置於此。

〔七〕詐，文淵閣《四庫》本作「許」，作「許」者字之訛也，其祖本孔氏詩禮堂本不誤。

〔八〕犯義，《札記》引段玉裁説云：「二字當是注誤爲正文。」《集解》從删，有理。

〔九〕義也，顧廣圻於孔氏詩禮堂本校云：「毅，當作『不毅也』。」據韋注及上下文，可從。

〔一〇〕「者」下，明道本、正統本和《通志》卷九十二列傳第五有「也」字，《考異》謂當有，可從。

「彼其父爲戮於楚，其心又狷而不潔。狷者，直己之志，不從人也。不潔，非潔行也。○《增注》：不潔己行以改父之德也。○龜井昱：如其復父讐，是狷也，然爲亂臣賊子，是不潔耳。若其狷也，不忘舊怨，而不以潔悛德，悛，改也。思報怨而已。則其愛也足以得人，其展也足以復之，復，復其前言也。其詐也足以謀之，其直也足以帥之，帥，帥衆也。其周也足以蓋之。言其周密足以覆蓋其惡也。○《增注》：口給以蓋不淑也。◎志慧按：本節承上節

「展、愛、詐、毅、直、周」，爲使「復之」「謀之」「帥之」等用語整齊，故「其愛也」「其展也」二句與上節互易。似脱「其毅也」句，唯文獻不足徵。復次，所見今人整理本皆於此下逗，疑因下句「足以行之」與此「足以蓋之」並列，然下句「不潔」呼應段首「狷而不潔」，其後「不仁」「不義」又呼應「其愛也」以下一個句群，共同爲本段作結，特於此下句。**其不潔也足以行之，而加之以不仁，奉之以不義，蔑不克矣。**

「夫造勝之怨者皆不在矣。怨，謂譖太子費無極之徒〔一〕。**若來而無寵，速其怒也。**速，疾也。○《爾雅·釋詁》：速，疾也。○《增注》：速，招也。召之，是招其怒也。○《辨正》：王孫勝之怒已非一日，無所謂疾徐，故謂「速」爲「疾」不合文義，當以「速」的另一義項爲是：招致，如「不速之客」之「速」，正其義也。**若其寵之，毅貪而無猒**〔二〕，○《略説》：致果爲毅。毅貪，蓋謂果於貪惏。**既而得入**〔三〕，**而曜之以大利**〔四〕，曜，示也。**不仁以長之，**長其利欲〔五〕。**思舊怨以脩其心，**脩其報讎之心。○《平議》：脩者，勉也。**苟國有釁，必不居矣。**釁，隙也。○《略説》：居，安居也，言必作亂矣。○《補正》：居，安也。謂必不相安也。下文「夫乃其寧」，寧亦安也，語正與此相對。**非子職之，其誰乎？**職，主也，言子西將主此禍。**彼將思舊怨而欲大寵，**大寵，令尹、司馬也。**動而得人，**愛，故得人。**怨而有術，**父死而怨，故有術也。○《略説》：

其欲報怨而有術計。　○《辨正》：謂父死而怨誠是，謂父死而怨故有術則不必然，其實這「術」字在前文中已有鋪墊，即「其愛也足以得人，其展也足以復之，其詐也足以謀之，其直也足以帥之，其周也足以蓋之，其不絜也足以行之，而加之以不仁，奉之以不義，蔑不克矣」，清陳偉《愚慮録》已見及此，云：「術，謂展、詐、義、直、周也，觀上文自見。」若果用之，害可待也。余愛子與司馬，故不敢不言。」司馬，子西之弟子期也。

【彙校】

〔一〕「太子」下，明道本、正統本有「者」字，據義似有者稍勝。

〔二〕明道本、正統本無此「而」字。猒，明道本、正統本、弘治本、葉邦榮本作「厭」，古同。

〔三〕而，明道本、正統本作「能」，《述聞》謂當作「能」，其實「而」有「能」義，《莊子・逍遥遊》「知效一官，行比一鄉，德合一君，而徵一國者」，郭慶藩《集釋》：「『而』字當讀爲『能』，『能』、『而』古聲近通用也。」入，《略説》、《述聞》謂「人」字之訛，「能得人，即上文所謂『其愛也足以得人也』」，其説是，《集解》從後者改。

〔四〕曜，明道本、正統本作「耀」，注同，耀、曜、燿皆形符更旁字，義同。

〔五〕欲，明道本作「用」，上海師大本改從「欲」，是。

子西曰：「德其忘怨乎〔一〕？言綏之以德〔二〕，必忘怨也。余善之，夫乃其寧。」寧，安也。○《補正》：夫，讀如字，指白公。子高曰：「不然。吾聞之曰〔三〕：唯仁者可好也，可惡也，可高也，可下也。好之不偪，惡之不怨，高之不驕，下之不懼。不仁者則不然，人好之則偪，惡之則怨，高之則驕，下之則懼。驕有欲焉，欲專寵也。懼有惡焉，惡其上也。欲、惡、怨、偪，所以生詐謀也。子將若何？若召而下之，將戚而懼；爲之上者，將怒而怨。詐謀之心，無所靖矣。靖，安也。○秦鼎：之上，謂在勝之上者。○《補正》：謂使之居下，將戚而懼；使之居上，將怒而怨。處之無一可也。有一不義，猶敗國家，今壹五六，○《正義》：壹，訓專。○《補正》：五六，即指上「展而不信」六句。而必欲用之，不亦難乎？吾聞國家將敗，必用姦人，而嗜其疾味，其子之謂乎？嗜，貪也。疾味，味爲己生疾害，諭好不善也。◎志慧按：疾味之《説文・口部》：「嗜，嗜欲，喜之也。从口，耆聲。」這裏解作本義更爲平實，似不需求其引申義。「疾」，韋昭釋作疾害，這可能是受到下文「夫誰無疾眚？能者早除之。舊怨滅宗，國之疾眚也」的影響，但是，「疾眚」是一詞，跟「疾眚」同義的「疾」與「味」字組合則有嫌不倫，文獻中亦鮮見這樣的用法，故韋昭曲爲之説，云「味爲己生疾害，諭好不善也」。反觀當時各家尋求平和素樸的美學思想，如《老子》第二十九章：「聖人去甚、去奢、去泰。」《墨子・節用中》：「古者聖王制爲飲食之法，曰：『足以充虚繼氣、强股肱、耳目聰明則止，不極五味之調、芬香之和。』」《孟子・離婁下》：「仲尼不爲已甚者。」《禮記·禮器》：「有以素爲貴者，至敬無文，父黨無容，大圭不琢，大羹不和，大路素而越席。」《吕氏春秋·去私》：「黄帝言曰：『聲禁重，色禁重，衣禁重，香禁重，味禁重，（高注：「不欲厚味勝食氣，傷性也。」）室禁重。』」葉公述聞之語正體現了當時的時代共識，即反對疾味，「疾味」即《吕氏春秋》上文所説的「重味」。

【彙校】

〔一〕乎，正統本同，黄刊明道本無之，疑脱。

〔二〕綏，明道本、正統本作「誨」，弘治本作「安」，但遞修本、静嘉堂本、南監本、《補正》、上海師大本皆作「綏」，據義是，《左傳·僖公七年》管仲語「綏之以德，加之以訓辭」，是其例。

〔三〕明道本無「曰」字。

「夫誰無疾眚？眚，猶灾也。○《舊音》：眚，色杏反。能者蚤除之〔一〕。舊怨滅宗，國之疾眚也，爲之關籥、蕃籬而遠備閑之〔二〕，猶恐其至也，蕃籬，壁落也。閑，闌也。◎志慧按：閑，作動詞用，防閑也。是之爲日惕。惕，懼也。若召而近之，死無日矣！人有言曰：『狼子野心。』怨賊之人〔三〕，其又可善乎〔四〕？○秦鼎：豺狼之子，心在山野，不可馴服。養之，必害人。若子不我信，盍求若敖氏與子干、子晳之族而近之？若敖氏，莊王所滅鬭椒也。子干、子晳，恭王庶子公子比、公子黑肱也，平王所殺而代之，何獨不召而近也？安用勝也？其能幾何？言危不名〔五〕。

【彙校】

〔一〕蚤，明道本、正統本作「早」。

〔二〕蕃，正統本同，黃刊明道本作「藩」，《補正》謂當作「藩」，「藩」本字，「蕃」通假字，注同。閑，正統本同，黃刊明道本作「閉」，「閑」字之誤也，《集解》、上海師大本從改。

〔三〕明道本、正統本句末有「也」字，《通志》卷九二也有之。「怨賊」句，上海師大本、王樹民與沈長雲點校《國語集解》皆置於引號內，《左傳・宣公四年》引諺語只作四字，《昭廿八年》引同，「怨賊之人」兼承「舊怨」「疾眚」與諺語，故析出。

〔四〕可，明道本、正統本、《通志》卷九二作「何」，《補正》出校，於義俱通，惟「善」字宜或作「善良」或作「善待」解。

〔五〕名，明道本、遞修本、正統本、静嘉堂本、南監本、弘治本、許宗魯本、葉邦榮本、李克家本、張一鯤本、孔氏詩禮堂本作「久」，《訂字》謂「久」字誤，《增注》、秦鼎本徑從改，據義則作「久」勝。

「昔齊騶馬繻以胡公入於貝水〔一〕，騶馬繻，齊大夫也。胡公，齊太公玄孫之子胡公靖也〔二〕。貝水，水名〔三〕。胡公虐馬繻，馬繻殺胡公〔四〕，内之貝水。○《補音》：繻，脩于反。○孫詒讓《周禮正義》卷五十四：《後漢書·張讓傳》李善注云：「騶，養馬人。」《國語·楚語》説齊有騶馬繻，即趣馬官也。○《補正》：騶馬，官名，即趨馬，繻其名也，注誤。據《史記》，胡公是太公玄孫，「之子」二字衍。貝水，即具水之誤，即具洋水，出朱虚縣。○《詳注》：《史記》：哀公同母少弟山怨胡公，乃與其黨率營邱人襲攻殺胡公而自立。索隱引宋忠曰：「其黨周馬繻人將胡公於貝水，殺之。」邴歜、閻職戕懿公於囿竹，戕，殘也。歜、職皆齊臣。懿公，齊桓公之子商人也。爲公子時，與邴歜之父争田，弗勝。及即位，乃掘而刖之，而使歜僕納閻職之妻，而使職驂乘。魯文十八年，懿公游于申池，二人殺公而内之竹中〔五〕。○《舊音》：歜，音觸。晉長魚蟜殺三郤於榭〔六〕，長魚蟜，晉大夫也。殺三郤〔七〕，錡、犨、至也〔八〕。犨與蟜争田，執而梏之，與其父母、妻子同一轅。既，蟜嬖於厲公，譖而殺三郤於榭〔九〕。○《補音》：蟜，居表反。魯圉人犖殺子般於次〔一〇〕，圉人，養馬者。子般，魯莊公太子〔一一〕。次，舍也。雩，講于梁氏，女公子觀之，犖自墻外與之戲，子般鞭之。莊公薨，子般即位，次于黨氏。公子慶父通於夫人，夫人欲立之，慶父使犖賊子般於黨氏。在魯莊三十二年。夫是誰之故也，非唯舊怨乎？故，事也。○秦鼎：誰，何也。◎志慧按：故，當作緣故解。是皆子所聞也〔一二〕。人之求多聞善敗〔一三〕，以鑑戒也〔一四〕，今子聞而棄之，猶蒙耳也。蒙，覆也。吾語子何益，吾知逃而已〔一五〕。」逃勝之難也〔一六〕。

【彙校】

〔一〕具水，各本唯正統本作「具水」，《札記》、《補韋》、《考異》皆據《水經注》「巨洋水篇」下語「即《國語》所謂具水矣」，謂當作「具水」，《國語箋》：「《潛夫論·衰制篇》云：『齊騶馬繻所以沈胡公於具水。』文本《國語》，知漢時本『貝』作『具』。」俱是也，注同。

〔二〕《補正》據《史記》謂「之子」二字衍，是。

〔三〕明道本、正統本不重「水」字，據注例，疑重者衍。

〔四〕殺，明道本、正統本作「弑」，次「殺」同。

〔五〕本句正統本作「二人弑公而納諸竹中」，黄刊明道本作「二子弑公而納諸竹中」，「内」、「納」古今字，「人」作「子」者於情理不合。

〔六〕蟜，《舊音》：「或爲『矯』。」明道本、正統本作「矯」，注同。

〔七〕明道本、正統本無「殺」字，疑有者衍，秦鼎從明道本删，可從。

〔八〕犨、至，明道本作「至、犨」。

〔九〕譖，遞修本作「讚」，後者形訛。

〔一〇〕犖殺，明道本同，張一鯤本作「滎賊」，作「滎」者形訛，作「賊」者義近，唯不知其所出。

〔一一〕莊，正統本同，黄刊明道本作「嚴」。

〔一二〕「所聞」前，明道本、正統本有「之」字，《通志》卷九十五列傳第五引有之。

〔一三〕明道本、正統本無「之」字。

〔一四〕鑑，明道本、正統本作「監」，古通。

〔一五〕而已，明道本、正統本作「也已」。

〔一六〕明道本、正統本重「逃」字。

子西笑曰：「子之尚勝也。」言子論議好尚勝人也〔一〕。○陶望齡：尚是相尚之「尚」。○王鐸《手批》：注勝，白公名，猶云説得勝太能事也。笑而曰，所見輕勝意（盧之頤校訂《國語》）。○《删補》：勝，即公孫勝也。子西以爲王孫勝豈足尚論者邪，然子高以勝也爲非，勝，白公勝也。與騶馬繻、邴歜、閻職之徒同等之者，是尚王孫勝也，其意猶吴王曰「大夫隆於越」也。尚，孟子所謂尚論之「尚」也，如韋氏之注，乃與「子西笑曰」之語意恐似不相接。○《補正》：公序本「勝」下有「人」字，謂言論好勝人，非事實也。《考異》以勝爲白公名，文義不合。○《辨正》：依上海師大本以「勝」爲王孫勝爲優，相當於説葉公太高看王孫勝了，如《吴語》夫差笑伍子胥「大夫奚隆於越」。

其中的「之」乃主謂間之結構助詞，則「子之尚勝」一語不成句，疑本句有脱字。不從。遂使爲白公。子高以疾閒居于蔡。蔡，故蔡國，楚滅之，葉公兼而治焉。○秦鼎：初，楚滅蔡，至平王復封之。此時蔡尚在，但葉公所居者故蔡地也。○《集解》：以疾，猶言稱疾也。

【彙校】

〔一〕勝人，正統本同，黄刊明道本無「人」字，疑據義擅删。

及白公之亂，子西、子期死。白公請伐鄭以報父讎，子西既許之，未起師，晉伐鄭，楚又救之〔一〕，與之盟。白公怒，遂作亂，殺二子於朝。在魯哀十六年。葉公聞之，曰：「吾怨其棄吾言，而德其治楚國，楚國之能平均以復先王之業者，夫子也。夫子，子西也。以小怨寘大德，吾不義也〔二〕，將入殺之。」殺白公也。帥方城之外以入，殺白公而定王室〔三〕，定王室，謂兼令尹、司馬以平楚國也。既定，乃使子西之子寧爲令尹〔四〕，子期之子寬爲司馬，而老於葉。○《集解》：帥，循也。○《辨正》：「帥」字古有「循」義，然循方城之外不辭，當係「率」之通假字，如《楚語下》前文「帥其子姓」及「其直也足以帥之」，後者韋注曰：「帥，帥衆也。」又如《晉語六》「楚恭王帥東夷救鄭」之「帥」，義亦同此，本句當謂葉公率領方城之外的武裝攻入國都。葬二子之族。子西、子期之族多見害〔五〕，故皆爲葬之。　◎志慧按：王孫勝之不可召，在本篇皆葉公一面之辭，《左傳·哀公十六年》則詳載勝之行狀與言論，若只讀《國語》而不讀《左傳》，葉公的説服力有所不足，此《國語》言類之語詳於記言略於敘事的特點所致。同時也有編者對其讀者對象知識儲備的預設，蓋在編輯這些材料之時，白公勝之亂係士大夫們耳熟能詳的掌故，編者只是在「不聽老人言，吃虧在眼前」的框架之下突出嘉言善語，以證明葉公之料事如神。復次，穆文熙曰：「仁人可近，不仁可遠，未有若此明切者，何子西之不悟乎？愚哉！」陸西星等評點者也有類似評語，子西兩度拒絶接受傳位，在柏舉大敗之後收集殘餘成功復國，「楚國之能平均以復先王之業者，夫子也」，斥之爲愚，有失公允，「好善」（子常語）之子西更多的相信道德的力量：「德其忘怨乎？」而葉公的落脚點只是在成敗利害，故其説不售。聯繫子西以下以下談話：「舍諸邊竟，使衛藩焉」「楚國第，令尹、司馬非勝而誰」，顯然子西在重點培養，疑其受當時「繼絶世」觀念的影響，如晉文之殺冀芮而用冀缺，可惜王孫勝自作孽。

【彙校】

〔一〕楚，明道本、正統本作「楚人」。

〔二〕吾，明道本同，張一鯤本、《正義》作「憂」，後者似誤。

〔三〕白，張一鯤本作「曰」，形訛。

〔四〕乃，明道本作「而」。

〔五〕子西、子期，明道本同，張一鯤本、《正義》二者互乙。

《楚語下》卷第十八

國語卷第十九

吴語

《舊音》：吴，大伯之後也。周大王少子季歷賢，將立爲嗣。大伯，大王之長子也，乃讓季歷，而奔荆蠻，文身斷髮，示不可用，是爲句吴。宋忠曰：「句吴，大伯所居之地。」

《釋地》：吴國，姬姓，周太王之子泰伯、仲雍之後也。泰伯、仲雍讓其弟季歷而去之荆蠻，自號句吴，今無錫縣東南三十里泰伯城是也。泰伯無子而卒，仲雍嗣之。武王克殷，因封其曾孫周章於吴，爲吴子。又别封章弟虞仲於虞。自泰伯五世而得封，十二世而晉滅虞，虞滅而吴始大。至壽夢而稱王。壽夢以上世數可知而不紀其年。壽夢之元年，魯成公六年也。闔廬始居於今之蘇州府。夫差十五年，獲麟之歲也。二十三年，魯哀公之二十二年，而越滅吴。

1 越王句踐命諸稽郢行成於吴

吴王夫差起師伐越，越王句踐起師逆之江〔一〕。夫差，泰伯之後〔二〕、闔廬之子，姬姓也。

句踐，祝融之後、允常之子，芈姓也。《鄭語》曰：「芈姓夔越。」《世本》亦云：「越，芈姓也。」魯定十四年，吴伐越，越敗之于檇李，闔廬傷而死。後三年，夫差伐越，報檇李也。越逆之江〔三〕，至于五湖，吴人大敗之於夫椒，遂入越。越子以甲楯五千保于會稽，在魯哀元年。○《左傳·宣公八年》「盟吴越而還」正義：大伯、仲雍自號句吴，句或爲工，夷言發聲也。○《補音》：夫，音扶。差，初佳反。○《補正》：越，禹後，自是姒姓。注緣《鄭語》而誤。《鄭語》之越，乃熊渠立其子爲越章王，與此無涉。○《詳注》：檇李，今浙江嘉興縣西南四十五里。夫椒，即太湖中包山。◎志慧按：南楚方爲芈姓，據《史記》及紹興當地史志與口碑，於越爲姒姓，《補正》説是。**大夫種乃獻謀**種，越大夫也。獻，進也。◎志慧按：《吕氏春秋·當染》高注：「大夫種，姓文氏，字禽，楚之鄒人。」《史記·伍子胥列傳》正義引高誘云「楚郢人」，《文選》陸士衡《豪士賦》李善注引《吴越春秋》曰：「文種者，本楚南郢人也，姓文，字少禽。」《太平寰宇記》卷一四六亦謂其爲「楚南郢人」。**曰：「夫吴之與越，唯天所授，王其無庸戰。**庸，用也。**夫申胥、華登簡服吴國之士於甲兵**〔四〕**，而未嘗有所挫也。**申胥，楚大夫伍奢之子子胥也，名員〔五〕。魯昭二十年，奢誅于楚，員奔吴，吴子與之申地〔六〕，故曰申胥。華登，宋司馬華費遂之子也。華氏作亂於宋而敗，登奔吴，爲大夫。簡，習也。挫，毁折也。○賈逵：簡，習也（《文選》楊子雲《長楊賦》李善注引，汪、蔣輯）。折其鋒曰挫（《後漢書·馮異傳》李賢注引，王、汪、黄輯）。○户埼允明：簡，選也。○秦鼎：服，亦習也。○《補正》：

簡，謂挑選，不訓習。◎志慧按：《左傳・襄公二十六年》「簡兵蒐乘」杜注：「簡，擇也。」義與此同，户埼允明與吴曾祺説是。**夫一人善射，百夫決拾，**決，鉤弦也。拾[七]，捍也[八]。言申胥、華登善用兵[九]，衆必化之，猶一人善射，而百夫競箸決拾而放之[一〇]。○《詩・小雅・車攻》正義：決，著於右手大指，所以鉤弦開體。遂，著於左臂，所以遂弦。○《删補》：射用韜左臂以利弦者，以韋爲之，謂之捍，又謂之拾，又謂之遂，一物三名也。○秦鼎：善射決拾，蓋時諺也。《荀子》云：「君射則臣決。」○《補正》：決，以象骨爲之，著於右手大指，所以鉤弦。拾，一名遂，以皮爲之，著於左臂，所以遂弦。○《集解》：決，以象骨爲之，如今之班指。遂，以皮爲之，如今之袖套，其非射時，則謂之拾。拾，斂也，所以蔽膚斂衣也。決，亦作「抉」、「夬」。◎志慧按：《儀禮・鄉射禮》鄭注：「遂，射鞲也，以韋爲之，所以遂弦者也。其非射時，則謂之拾。拾，斂也，所以蔽膚斂衣也。」《禮記・内則》正義本鄭注，云：「拾，斂也。故鄉射、大射將射謂之斂，射罷謂之拾，拾是收斂之意也。」《集解》所據亦爲鄭注，「決拾」在句中名詞作動詞，鄭、韋各有所當。「君射則臣決」一語見《荀子・君道篇》。**勝未可成**[一一]。成，猶必也。**夫謀，必素見成事焉，而後履之，**素，猶豫也。履，行也。○賈逵：素，猶預也（《原本玉篇殘卷・素部》引）。素，預也（《文選》潘安仁《關中詩》李善注引，王、汪、黄、蔣輯）。**不可以授命。**授命，猶鬭命也。○《補正》：謂不可以三軍之命爲殉也。○《辨正》：此處「授命」語帶貶義，大夫文種猶如説此時若與夫差交戰，就猶如以卵擊石，白白送命而已，故與「授首」義近，如《戰國策·秦策四》「秦楚合而爲一以臨韓，韓必授首」。韋注「鬥命」一詞不足以達意。王不如設戎，約辭行成，以喜其民，戎，兵也。約，卑也。成，平也。言不如設兵自守，卑約其辭，以求平於吴，吴民必喜。　○《存校》：設戎，設而不用也。以廣侈吴王之心。侈，大也。　○《增注》：侈，奢泰也。吾以卜之於天，天若棄吴，必許吾成而不吾足也，言越不足畏也。　○葉明元《抄評》：不吾足，當謂吴王不特服越而遂休息不用兵也，起下句「伯諸侯之心」，昭解似未明。○孫鑛：似謂不以得越爲足（盧之頤校訂《國語》）。　○王鐸《手批》：不吾足，即得越國猶未滿其全吞海宇之心，注非。　○《集解》：足，疑讀爲「促」。《説文》：「促，迫也。」　◎志慧按：以，通「已」。結合下句，孫鑛、王鐸之説似較韋昭、徐元誥訓釋爲長，《詳注》從之。將必寬然有伯諸侯之心焉。寬，緩也。　○《辨正》：「緩」似更側重於時間，此處更重在摹寫夫差的心理狀態，如前文文種所希望的那樣：「以廣侈吴王之心。」亦如伍子胥評價夫差的「蓋畏以好勝」，又如《墨子·天志下》云：「今之爲大國之君寬然者曰：『吾處大國而不攻小國，吾何以爲大哉？』」就其詞義而言，此「寬」字似可釋爲從容。既罷弊其民，而天奪之食，安受其燼，奪之食〔一二〕，稻蟹之屬也。燼，餘也。○《古文析義》：食，禄也。民既罷弊，則天禄盡，故謂之奪。　○《增注》：燼，災餘也。　○秦鼎：安受，謂徐徐受其弊也。又按：稻蟹，蓋引譬以喻之，非指其實也。乃無有命矣。」吴無復有天命矣。　○《存校》：言其必克，不必問之天命也。

【彙校】

〔一〕句，明道本、正統本作「勾」，戰國文字中從口、從厶常通作，下文「鉤」明道本作「鈎」亦其例也。明道本、正統本無「江」字，《考異》謂「或涉注而衍」，是。

〔二〕泰伯，明道本、正統本作「太伯」。

〔三〕「江」前，明道本、正統本有「自」字，《非國語》引無之，而《元龜》卷七三六引則有，於義兩通。

〔四〕遞修本、静嘉堂本、南監本、弘治本「夫」作「天」，字之譌也。服，正統本同，明道本作「報」，《考異》、《集解》斷「服」字是，上海師大本徑改作「服」，「服」有訓習義，作「報」者形譌。

〔五〕員，遞修本、静嘉堂本、南監本、弘治本作「負」，後者形譌。

〔六〕明道本無「子」字，《考異》以爲「子」字衍，不可必。

〔七〕明道本重「拾」字，《考異》以爲衍，是。

〔八〕捍，弘治本、許宗魯本作「擇」，後者形訛。

〔九〕兵，明道本同，遞修本、静嘉堂本、南監本、弘治本字作「白」下「八」，實無其字，形訛，許宗魯本已從改。

〔一〇〕箸，明道本、遞修本、正統本、静嘉堂本、南監本、弘治本作「著」，《舊音》出「箸」。放，明道本、正統本作「效」，「放」古有「效」義，疑明道本依後世語用習慣改。明道本、正統本無首「而」字。

〔一一〕明道本、正統本句末有「也」字。

〔一二〕明道本無「之」字，依正文疑脫。

越王許諾，乃命諸稽郢行成於吴，諸稽郢，越大夫。◎志慧按：諸稽，《史記·越王句踐世家》作「柘稽」，《古本竹書紀年》載繼句踐而立者爲「鹿郢」，傳世有十三柄越王劍銘作「者旨於賜」，《越世家》記此人作「鼫與」（司馬遷並没認爲與柘稽郢爲同一人），《越絶書》又作「與夷」，綜此數則合觀，上述各種稱謂實指向同一人，「者旨」爲其氏，又作「諸稽」「柘稽」，疾言之則曰「適」（《左傳·哀公二十四年》）、曰「鼫」，作「鼯」者（《路史》卷二十三）係「鼫」字之訛，作「鹿」者係對「嫡」字的標注（李方桂擬嫡爲[trjik]）；「於賜」爲其名，又作「與夷」，疾言之則曰「郢」、曰「與」，作「與」者「與」字之訛。此諸稽郢即鼫與，韋注和太史公稱之爲越大夫皆不確，他也不在下文越國五大夫之列，應爲句踐世子。**曰：「寡君句踐使下臣郢不敢顯然布幣行禮，**布，陳也。幣，玉帛也。顯，猶公露也。**敢私告於下執事曰：昔者越國見禍，得罪於天王。**見禍於天。得罪，謂傷闔廬也。言天王，尊之以名。○《正義》：《逸周書·王子晉解》：「善至于四海曰天子，達於四荒曰天王。」是天王更上於天子，故知尊之以名也。**天王親趨玉趾，以心孤句踐，**趾，足也。孤，棄也。○陶望齡：心孤之「孤」，猶孤雛腐鼠之「孤」（盧之頤校訂《國語》）。○《增注》：孤，孤獨之「孤」耳，言以爲無所倚賴也。○《補校》：《禮記·曲禮下》疏：「孤者，特立無德能者也。」謂吴王憫己之特立無人，又無德能，乃宥赦之也。○《發正》：孤，猶弱也。○《平議》：孤之言顧也。《釋名·釋親屬》曰：「孤，顧也。」是孤有顧義。《詩·那篇》「顧予烝嘗」鄭箋曰：「顧，念也。」以心孤句踐，而又宥赦之，言天王親趨玉趾，本將治越之罪，因顧念句踐，而又宥赦之也。◎志慧按：此「孤」字難解，本人研究生葛永輝以爲通「辜」，怪罪之意，與李陵《答蘇武書》「功大罪小，不蒙明察，孤負陵心區區之意」之「孤」同一用例，並以爲「而又宥赦之」之「而」表轉折，指由罪越轉爲宥赦越，這對於越國而言是「起死人而肉白骨」的恩情，似可備一説。**而又宥赦之。**宥，寬也[一]。**君王之於越也，繄起死人而肉白骨也。**繄，是也。使白骨生肉[二]，德至厚也。○《補正》：此數句皆説闔廬事。「親趨玉趾」句，即指闔廬伐越，闔廬敗歸，此不敢言，故衹言宥赦之。下「今句踐」云云，始説夫差伐越。◎志慧按：「天王」、「君王」並稱，只是「尊之以名」的具體表現，或出於敘述者避重的需要，尤其是「今天王既封殖越國」及以下三「天王」，顯然指代夫差，故而《補正》之説不可必。繄不作「是」解，而係語助詞，詳《周語下·大子晉諫靈王壅穀水》「一王四伯，豈繄多寵」按語。**孤不敢忘天灾，其敢忘君王之大賜乎？今句踐申禍無良，**申，重也。良，善也。○《存校》：

申，重也，謂重遇禍，國無有良臣也。或云：無良，謂不善也。**草鄙之人，敢忘天王之大德，而思邊垂之小怨，**遠邑稱鄙。言吴侵越之邊垂，心懷怨恨也。○賈逵：鄙，陋也（釋慧琳《一切經音義》卷二十九引）。○秦鼎：「句踐申禍」句，「無良草鄙之人」句，言重見禍於天，不祥之人也。◎志慧按：所見多部標點本《國語》於「無良」處斷句，今從之。**以重得罪於下執事？**重得罪，謂報見侵也〔三〕。○《補正》：不降伏，便爲重得罪，注非。◎志慧按：吴説是。**句踐用帥二三之老，**家臣稱老，言此，謙也。○《國語箋》：此老指上大夫之卿言，老，爲國君上大夫稱於他國君之辭，言國之老臣云爾。**親委重罪，頓顙於邊。**委，猶歸也。邊，邊境也。○《正義》：僖六年楚子克許，許男面縛，銜璧，大夫衰絰，士輿櫬，以見楚子。蓋古者歸命乞降多以喪禮自處，故不用平敵之頓首，而用三年喪之頓顙也。○《集解》：頓顙，猶稽顙也。

【彙校】

〔一〕明道本無此韋注，脱。

〔二〕「使」前，明道本、正統本有「是」字，如此則「德至厚」的主語變成了「使白骨生肉」，可知該「是」字涉上而衍。

〔三〕報，明道本作「其」，《考異》以爲當從公序本，是。

「今君王不察，盛怒屬兵，將殘伐越國。察，理也。屬，會也。殘伐，謂隳會稽也〔一〕。○《增注》：殘伐，泛言耳。◎志慧按：隳會稽，此韋昭據《魯語下》爲説，然會稽未聞被毁，韋注不確，《增注》所言是也。越國固貢獻之邑也，君王不以鞭箠使之，而辱軍士，使寇令焉。若禦寇之號令。○《平議》：《爾雅·釋詁》曰：「使，從也。」《廣雅·釋詁》曰：「從，使也。」是「從」與「使」義通，使寇令焉，即從寇令焉，謂從禦寇之令也。句踐請盟：一介嫡女〔二〕，執箕箒以晐姓於王宮〔三〕；一介〔四〕，一人〔五〕。晐，備也。姓，庶姓也。《曲禮》曰：「納女於天子曰備百姓。」○《補音》：晐，古來反，《説文》：「兼晐也。」○惠棟《九經古義》：時越以王禮尊吳，故云「晐姓」。○《標注》：設言天子後宮應具百姓，故《禮》有「備百」之文，此「晐姓」即備百之謂，注庶姓未允。◎志慧按：《標注》重點討論「晐」字，韋注兼釋「姓」，二説適可互足。所引之文見《禮記·曲禮下》：「納女於天子曰備百姓，於國君曰備酒漿，於大夫曰備埽灑。」越國當敗亡之時，極盡卑辭厚禮，故以天子譬況夫差。一介嫡男，奉槃匜以隨諸御；槃，承盥器也〔六〕。《晉語》曰：「奉匜沃盥。」御，近臣宦豎之屬〔七〕。○舊注：匜，沃盥器也（《御覽》人事部九十七引，汪遠孫輯）。◎志慧按：槃，「盤」之形符更旁字。春秋貢獻，不解於王府。大王豈辱裁之〔八〕！豈能辱意裁制之。○賈逵：裁，制也（《文選》張平子《東京賦》李善注引，王、汪、黄、蔣輯）。◎志慧按：王念孫《讀書雜志·漢書第十二·魏相丙吉傳》引此條證「豈」義同「其」，其説是，蓋作强調性的助詞。解，通「懈」，如《黄帝書·道原》「不爲治勸，不爲亂解」，後者「解」與「勸」相對，亦通「懈」。本句意在懇請夫差放過越國。亦征諸侯之禮也。征，税也。此亦天子征税諸侯之禮。○《古文析義》：征諸侯，即征不享、讓不貢之禮。既服則舍之，不過責也。○《增注》：征，征討也。天子之征諸侯，正其不道而已，不敢殘伐其國也。◎志慧按：韋解非，林、關等駁正可從。

【彙校】

〔一〕隳，明道本作「隨」，《魯語》作「墮」，墮、隳形符更旁字，作「隨」者字之誤也。

〔二〕介，《補音》：「一介，本或作『一个』。」明道本、正統本作「个」，古同，注同。嫡，《文選》王景玄《雜詩》李善注引作「適」，古通。

〔三〕晐，《國語》各本同，《文選》王景玄《雜詩》李善注引作「備」，義同；《原本玉篇殘卷》引作「該」，疑後者取其同音通假。宫，遞修本、静嘉堂本、南監本、弘治本、許宗魯本作「官」，後者形訛。

〔四〕一，遞修本、静嘉堂本、南監本、弘治本作「二」，後四者誤。

〔五〕一人，静嘉堂本、南監本「人」前空一格，弘治本作「二人」，亦誤，疑因上句之誤而誤。

〔六〕承，明道本作「盛」，疑後者音近而誤。

〔七〕宦，静嘉堂本、南監本、弘治本作「官」，後者形訛。

〔八〕大王，明道本、正統本、《元龜》卷七三六引作「天王」，上下文俱作「天王」，王鑠《手批》云：「大王，或天王耶？」依例可從。

「夫諺曰：『狐埋之而狐搰之。』是以無成功。埋，藏也。搰，發也。　○《舊音》：搰，音鶻，又户骨反。　○《正義》：《哀二十五年傳》「掘褚師定子之墓」，《玉篇》引作「搰」，云：「掘也。」　◎志慧按：上海師大本、王樹民與沈長雲點校《國語集解》俱將「是以無成功」置於引號之內，觀此係對諺語「狐埋之而狐搰之」的解釋，特予析出。**今天王既封殖越國〔一〕，以明聞於天下，**封殖，以草木諭也〔二〕。壅本曰封〔三〕。殖，立也。明，顯也。聞於天下，言天下備聞也〔四〕。**而又刈亡之〔五〕，是天王之無成勞也。**芟草曰刈。勞，功也。　○舊注：刈，斬（《御覽》人事部九十七引，汪遠孫輯）。**雖四方之諸侯，則何實以事吴？**實，實事也。　○《古文析義》：實，實心也。　○《略説》：上文狐埋、封殖，喻吴赦越也；狐搰、刈亡，喻吴滅越也。言既成之，又敗之，則前功盡棄，故謂無成功勞也。今吴既赦越，若又滅越，則諸侯惡其無常，必不實心事吴矣。**敢使下臣盡辭，唯天王秉利度義焉。」**秉，執也。義，宜也。

【彙校】

〔一〕殖，明道本作「植」，二字古通，注同。

〔二〕諭，明道本、正統本作「自喻」二字，似有「自」者更優，從口之字亦或從言。

〔三〕本，道春點本作「土」，雖於義無礙，唯不知所本，其祖本穆文熙編纂本作「本」。

〔四〕明道本、正統本無「聞於天下言天下備聞也」十字，疑脱。

〔五〕刈亡之，《元龜》卷七三六、《妙絶古今》卷一引同，《補音》出「刈亡」，《御覽》人事部九十七引無「亡」字，《集解》據删，疑《御覽》約引。

2 吴王夫差與越荒成不盟

吴王夫差乃告諸大夫曰：「孤將有大志於齊，欲伐齊也〔一〕。吾將許越成，而無拂吾慮。拂，絶也。○《備考》：「拂」、「咈」通，違也，韋注恐非。○户埼允明：拂，逆也，注迂遠。○《平議》：《説文》：「咈，違也。」字通作「拂」。而無拂吾慮者，而，即「爾」字。蓋吴王欲許越成，而懼大夫之不從，故先戒之曰「爾無拂吾之計慮也」。○《補正》：拂，逆也，欲使諸大夫無逆己之意。○《辨正》：韋注固非，曲園之説亦未爲有得。蓋「拂」本有違義，不煩破讀作「咈」，如

《周易·頤》六二爻辭「顛頤，拂經于丘」王弼注：「拂，違也。」《逸周書·柔武》「四方無拂，奄有天下」孔晁注：「拂，違也。」在周秦漢文獻中，「拂」字還有特定的意義，如《荀子·臣道》云：「有能抗君之命，竊君之重，反君之事，以安國之危，除君之辱，功伐足以成國之大利，謂之拂。」楊倞注釋爲輔弼之「弼」，《大戴禮記·保傅》同樣内容正作「弼者，拂天子之過者也」，其實，褒義的「違」正與「弼」義相通。**若越既改，吾又何求**[二]？**若其不改，反行，吾振旅焉。**」伐齊反，振旅而討之。○《略説》：後章亦曰「三軍皆譁釦以振旅」，謂加兵也，蓋取振起師旅矣。

【彙校】

〔一〕明道本、正統本前有「言」字，《西山文集》卷十四引亦有「言」字，可從。

〔二〕求，金李本原作「未」，形訛，兹徑據衆本改。

申胥諫曰：○舊注：申胥，楚臣伍胥（《太平御覽》人事部九十七引，汪遠孫輯）。**不可許也。夫越，非實忠心好吴也**[一]，**又非懾畏吾甲兵之彊也**[二]。○賈逵：懾，服也（釋慧琳《一切經音義》卷六十二引）。畏，憚也（《周易·坤卦》釋文引，蔣曰豫輯）。○秦鼎：忠心，「忠」、「中」通。◎志慧按：忠心，即中心，猶《詩·王風·黍離》「中心如醉」、《小雅·彤弓》「中心好之」之「中心」，爲當時常用詞，「中心」之結構形式與先秦文獻中之「中原」、「中流」、「中國」、「中野」、「中河」同。**大夫種勇而善謀，將還玩吴國於股掌之上**〔三〕**，以得其志。**還，轉也。玩，弄也。脛本曰股〔四〕。**夫固知君王之蓋威以好勝也，**蓋，猶尚也。○《增注》：蓋，掩也，以威掩蓋人也。**故婉約其辭以從逸王志，**婉，順也。約，卑也〔五〕。從，隨也〔六〕。○《補音》：從，才用反，注意然也。○《古文析義》：從，縱也。○《述聞》：從，讀爲「縱」，縱逸，猶放逸也。韋以「從」爲順隨，則誤分從、逸爲二義。◎志慧按：「從」與「逸」同義複詞，當讀如足用反，林雲銘、王引之所言是矣。《越絶書·越絶內經九術》載第二術「重財幣以遺其君」，第四術「遺之好美，以爲勞其志」，俱可參。**使淫樂於諸夏之國，以自傷也。使吾甲兵鈍弊，民人離落，而日以憔悴**〔七〕**，**離，畔也〔八〕。落，殞也。憔悴，瘦病也。◎志慧按：離落，雙聲連綿詞，意爲離散，不宜分釋，文獻中又書作「籬落」。**然後安受吾燼。夫越王好信以愛民，四方歸之，年穀時孰，日長炎炎。**炎炎，進皃。○《略説》：炎炎，熾也。言句踐既得天意人心，故興發之象日長以熾。○龜井昱：言國勢日張也。**及吾猶可以戰也，爲虺弗摧，爲蛇將若何？」**虺小蛇大也。《傳》曰：「封豕長蛇。」○舊注：虺短蛇長（《御覽》人事部九十七引，汪遠孫輯）。◎志慧按：《略説》云：「今吾未罷弊，及此時猶可以與越一戰也。」秦鼎引或説云：「今越雖敗，猶能與吾一戰。若夫後時完脩，將無若之何。」並謂似是。二説互相抵牾，秦鼎雖傾向於後説，但若依准其説，則不是在「炎炎」下句，而當在「戰也」下句，這還不是主要問題；關鍵是文意如何從「猶能與吾一戰」轉到下文「爲虺弗摧，爲蛇將若何」。若從後往前看，則是前文當是有關於「爲虺」，也就是越國尚在弱小之勢的文字，但前文偏偏在説「越王好信以愛民，四方歸之，年穀時孰」，可見其説之難從。從文意上看當從前説，但「及此時猶可以與越一戰也」如何轉到「爲虺弗摧」二句，亦是一個問題，頗疑「及吾猶可以戰也」下有脱文，如「而除之」、「而夷滅之」、「而翦滅之」之類，然後纔是「爲虺弗摧」二句，這樣纔文完意足，文獻不足徵，姑且存疑。

【彙校】

〔一〕忠，《文章辨體彙選》卷五十三、《經濟類編》武功類十一引作「中」，疑易通假字爲本字。

〔二〕吾，《正義》作「我」，未見所據，疑擅改。甲兵，明道本作「兵甲」，正統本作「甲兵」，後文各本俱作「甲兵」，疑平前仄後者係依後世詞序改。之彊，正統本作「彊之」，後者誤倒。

〔三〕吴，《御覽》兵部三十四、人事部九十七、《元龜》卷七四二引同，明道本、正統本作「吾」，於義兩可。

〔四〕脛本曰股，明道本「脛」作「膝」，《詩·小雅·采菽》「赤芾在股」鄭箋作「脛」，正統本亦作「脛」，疑明道本擅改，上海師大本從作「脛」，是。

〔五〕卑，静嘉堂本、南監本同，弘治本、許宗魯本作「少」，未見所據。

〔六〕隨，明道本、正統本作「順隨」，依注例皆單字，疑明道本涉上「順」字而衍。

〔七〕憔悴，明道本同，《補音》作「顦顇」，形符更旁字也。《説文·頁部》：「顇，顦顇也。」段注：「今人多用『憔悴』字。許書無『憔』篆，『悴』則訓憂也。」

〔八〕畔，明道本、正統本作「叛」，出本字也。

吴王曰：「大夫奚隆於越？奚，何也。隆，盛也。○《集解》：謂子大夫何高視乎越也。卑之之詞，故下言「不足爲大虞」。越曾足以爲大虞乎？虞，度也。○《述聞》：虞，憂也。◎志慧按：《爾雅·釋言》：「虞，度也。」韋解本此，唯此處當從其另一常訓「憂」，王説是，《補正》從之。若無越，則吾何以春秋曜吾軍士？」◎志慧按：曜，字或從光，或從火，俱義符更旁字。「春秋曜吾軍士」一語，於人性容或有之，於情理則非所宜言，頗疑其爲敘述者刻意矮化夫差之筆。同理，前文所謂「越王好信以愛民，四方歸之」，既非事實，亦非伍子胥所宜言、所能言，此類主題先行、史從論出的言説與敘事，在吴越争霸敘事中非一，讀者察之。乃許之成。

將盟，越王又使諸稽郢辭曰：「以盟爲有益乎？前盟口血未乾，未乾，喻近也。○《正義》：《史記·平原君傳》：「毛遂曰：『從定乎？』楚王曰：『定矣。』毛遂謂楚王之左右曰：

『取鷄、狗、馬之血來。』毛遂奉銅盤而跪進之楚王，曰：『王當歃血而定從，次者吾君，次者遂。』遂定從於殿上。」是染指于血盤而塗口也。　○《詳注》：盟必歃血。**足以結信矣。以盟爲無益乎？君王舍甲兵之威以臨使之，而胡重於鬼神而自輕也？」**○秦鼎：臨使，猶鞭使也，言君王不爲以兵威鞭使之，而徒以盟爲事，此是重鬼神而自輕也。　○龜井昱：句踐恐有不虞，故不來。既曰請盟，又造是辭，真玩之股掌者也。**吴王乃許之。荒成不盟。**荒，空也。　○賈逵：荒，空也（《書鈔》禮儀部二引，汪遠孫輯）。　◎志慧按：清華簡《越公其事》載其事云：「使者反命，越王乃盟，男女服，（吴）師乃還。」與此文所載正相反對。下文夫差謂「越爲不道，背其齊盟」，則是《吴語》自相抵牾，究其原因，《吴語》敘述者需要塑造夫差的負面形象：剛愎自用，不聽伍員忠言直諫；蓋威好勝，偏聽越國婉約之辭。被句踐君臣玩弄於股掌之上，可恨、可笑，最後是可悲。本人研究生竇守鑫認爲，在這個當口，句踐君臣既無實力也無膽量玩弄夫差於股掌之上，有見地。夫差剛愎自用是實，但在與越平成這一問題上，伯嚭所謂「古之伐國者，服之而已。今已服矣，又何求焉」（《越語上》），未見其不可；在「誅降殺服，禍及三世」觀念盛行的時代，反而是敘述者借伍子胥之口提出的將對手趕盡殺絶的建議顯得很另類，更何況越國尚有五千（《越公其事》謂八千）死士，對於一個勞師遠征的指揮官，「吴之善士將中半死矣」，這是一股不能輕忽的力量，更何況「吴之善士將中半死矣」。若此，《越公其事》中伍子胥「懼，許諾」似更接近歷史真實。

3 夫差伐齊不聽申胥之諫

吴王夫差既許越成，乃大戒師徒，將以伐齊。申胥進諫曰：「昔天以越賜吴，而王弗受。夫天命有反，反，謂盛者更衰，禍者有福。今越王句踐恐懼而改其謀，舍其愆令，舍，廢也。愆，過也。輕其征賦，施民所善，去民所惡，身自約也，裕其衆庶。裕，饒也。◎志慧按：「輕其征賦、施民所善」等，蓋如「十年不收於國」之類也，句踐之善政詳見《越語上》及清華簡《越公其事》。其民殷衆，殷，盛也。以多甲兵。譬越之在吴也[一]，猶人之有腹心之疾也。夫越王之不忘敗吴，於其心也戚然[二]，服士以司吾閒[三]。戚，猶惕也。閒，隙也。○《補校》：服士，謂簡習兵士。○《補正》：謂使士卒服習以伺吾閒。今王非越是圖，而齊、魯以爲憂。夫齊、魯，譬諸疾，疥癬也，疥癬在外，爲害微也[五]。○賈逵：癬，疥也（釋慧琳《一切經音義》卷三十七引）。豈能涉江、淮而與我争此地哉？將必越實有吴土。壤地接而越脩德也。○《略説》：《傳》曰：「壤地同而有欲於我。」言不同齊魯也，不必説修德。○龜井昱：所謂天命有反者。

【彙校】

〔一〕明道本、正統本、《御覽》疾病部五、《元龜》卷七四二引無「譬」字，《文章正宗》卷四引則有之，《斠證》以爲無「譬」字於文爲順，公序本疑涉下文「譬諸疾」而誤，可備一説。明道本、正統本無句末之「也」字。

〔二〕戚，《補校》、《述聞》、《考異》、《詳注》均據《説文・亻部》「佌」下引文謂當作「佌」，《集解》徑據改，《説文》：「佌，愓也。」韋訓爲愓，則其所見本不誤，可從。

〔三〕司，明道本、正統本、弘治本、許宗魯本、葉邦榮本作「伺」，《説文》無「伺」字，「司」、「伺」古今字。

〔五〕害，《元龜》卷七四二引同，明道本作「疾」，義近。

「王盍亦鑑於人〔一〕，無鑑於水。鑑，鏡也。以人爲鏡，見成敗；以水爲鏡，見形而已。《書》曰：「人無于水鑑，當于民鑑。」昔楚靈王不君，不得爲君之道〔二〕。其臣箴諫以不入〔三〕。入，受也。乃築臺於章華之上，章華，地名。闕爲石郭，陂漢，以象帝舜。闕，穿也。陂，壅也。舜葬九嶷〔四〕，其山體水旋其丘下〔五〕，故壅漢水，使旋石郭，以象之。○黿井昱：闕爲石槨，蓋穿山石以爲槨也。○《正義》：《水經・沔水注》：「子胥瀆，水東入離湖，湖在縣東七十五里。《國語》所謂

『楚靈王闕爲石郭，陂漢以象舜』者也，湖側有章華臺，高十丈，基廣十五丈。」**罷弊楚國，以閒陳、蔡。**閒，候也，候其隙而取之。魯昭八年，楚滅陳；十一年，滅蔡。○《略説》：《傳》筑臺在昭七年時，楚未有陳、蔡也，蓋子胥泛言以爲屬國耳。◎志慧按：楚起章華臺在靈王即位（前五四一年）之後，成臺時間，《左傳》載在魯昭七年（前五三五年），陳、蔡之被滅又在其後，《吴語》無誤。《標注》疑「閒」當作「縣」，袁金平更《利用清華簡〈繫年〉校正〈國語〉韋注一例》讀「閒」作「縣」，於古文字與史實都甚相切合，似較韋注爲勝。**不脩方城之内，**方城，楚北山。**踰諸夏而圖東國，**諸夏，陳、蔡也。東國，徐、夷、吴、越也。◎志慧按：時賢標點本有將「徐、夷」合一的，據下文韋注將徐、夷分釋，云：「徐，今大徐。夷，淮夷也。」則仍當點斷。**三歲於沮、汾以服吴、越。**沮、汾，水名，楚東鄙沮、汾之閒乾谿也。魯昭六年，楚令尹子蕩帥師伐吴，師于豫章，次于乾谿。○《釋地》：沮，當作睢水。汾，或作泓，在歸德府柘城縣北。睢水、泓水並在柘城縣北。○《標注》：次於乾谿者，靈王也。○《補正》：沮水出漢中房陵，東入江。汾水在襄城東北。◎志慧按：楚國在靈公時期長期用兵於陳、蔡、吴、徐諸國，所謂「三歲」，即指此也。同時，既然「以服吴、越」，文中沮、汾之地就不當在楚國的腹地，則是《補正》之説未允，韋注、《釋地》是也。又，令尹子蕩「次于乾谿」在昭六年，《標注》靈王「次於乾谿」，在昭十二年和十三年，各有所指。**其民不忍飢勞之殃**〔六〕**，三軍叛王於乾谿。**殃，害也。民罷國亂，中外叛潰。事在魯昭十三年。**王親獨行，屏營傍偟於山林之中**〔七〕**，**

○舊注：屏營，猶彷徨也〔八〕（《玉篇・尸部》引，汪遠孫輯）。○《廣雅疏證・釋訓》：屏營，征伀也，皆驚遑失據之貌。○《辨正》：《廣雅・釋訓》云：「屏營，征伀也。」《釋詁》：「征伀，懼也。」其實，「屏營」一詞在文獻中常見，屬疊韻連綿詞，義同「彷徨」，《後漢書・清河孝王慶傳》「憂心煢煢，夙夜屏營，未知所立」，李賢注即云：「屏營，仿偟也。」仿偟，今書作「彷徨」。據此推斷，「仿偟」係因「屏營」之注文而衍入，「屏營」在前且不常見，「仿偟」在後且常見，注者以常見者釋不常見者，故知其如此。然所見各本皆同，知其誤已久。**三日，乃見其涓人疇。**涓人，今中涓也。疇，名也。○《發正》：涓人，即中涓，爲守衛之官。◎志慧按：《史記・曹參傳》「參以中涓從」，裴駰《集解》引《漢書音義》：「中涓，如中謁者。」涓人，疑即此類。**王呼之曰：『余不食三日矣。』疇趨而進，王枕其股以寢於地。王寐，疇枕王以墣而去之**〔九〕。墣，塊也。○賈逵：墣，塊也（《御覽》卷三七引）〔一〇〕**王覺而無見也，乃匍匐將入棘闈**〔一一〕，**棘闈不納，**棘，楚邑。闈，門也。○孔晁：棘，楚邑。闈，巷門（《左傳・昭公十三年》釋文引，汪、黃輯）。○《正義》：《左傳・襄公二十六年》杜注：「棘，楚邑，譙國酇縣東北有棘亭。」今在河南歸德府永城縣内。○《發正》：棘闈，蓋二字地名，韋以闈爲門，非也。○《補正》：棘，在今河南歸德府永城縣内。○《詳注》：今河南永城縣南有棘亭。◎志慧按：今河南省永城縣柘樹集有一條呈西北東南向的大澗溝，溝西側有一片高出周邊約一米的高地，面積與足球場相彷彿，考古專家認爲該高地即棘亭遺址。**乃入芋尹**

申亥氏焉。申亥，楚大夫，芋尹無宇之子也。《傳》曰：「王沿夏將入鄢，芋尹無宇之子申亥曰：『吾父再奸王命〔一二〕，而弗誅〔一三〕，惠孰大焉。』乃求王，遇諸棘闈。」王縊，申亥負王以歸，而土埋之其室〔一四〕。《傳》曰：「王縊，申亥以其二女殉而葬之。」此志也，豈遽忘於諸侯之耳乎？志，記也。言此事皆見記於諸侯之耳而未忘也。○《補正》：志爲記事之書，如《春秋》之類，不必訓記憶。

【彙校】

〔一〕盍，明道本、《諸子瓊林》前集卷二十一外修門作「其盍」二字，《册府元龜》、《文章正宗》引則無「其」字。

〔二〕爲君之道，明道本、正統本及《元龜》引作「君道」二字。

〔三〕《考正》據《左傳·昭公十三年》正義、《爾雅疏》引皆無「以」字，斷「以」字衍，可從，《通鑒外紀》卷七引亦無之，《集解》據刪。此疑寫本時代以虚詞補空之例也。

〔四〕嶷，明道本、正統本及《元龜》引作「疑」。

〔五〕明道本、正統本、《元龜》卷七四二引無「下」字。本句於句法似有不穩，唯各本同作。

〔六〕飢，明道本、正統本作「饑」，兩字古常通用。

〔七〕《左傳·昭公十三年》正義引無「親」字,「傍偟」作「徬徨」,古同。明道本、正統本及《元龜》引「傍」作「仿」,亦連綿詞之聲符更旁字也。

〔八〕原文謂「《國語》云」,疑「云」前脱「注」字。

〔九〕枕王以墣,《爾雅·釋言》郭注於「塊,堛也」下云:「《外傳》曰:『枕凷以堛。』」邢疏云:「『枕凷』者,字之誤也,凷當作『王』。又《外傳》作『墣』,郭云『以堛』者,蓋亦理同,或所見本異也。」邢説是。

〔一〇〕《御覽》作賈逵,字訛,疑「墣」亦「墣」之訛。

〔一一〕「棘闈」前,明道本、《左傳·昭公十三年》正義、《爾雅疏》卷三引有「於」字,龜井昱謂無者脱,可從。

〔一二〕奸,静嘉堂本、南監本、弘治本作「好」,後者形訛。

〔一三〕而,明道本、《左傳·昭公十三年》作「王」,秦鼎從改。

〔一四〕而,明道本作「以」。

「今王既變鮌、禹之功,王,夫差也。變〔一〕,易也。《魯語》曰:「禹能以德脩鮌之功〔二〕。」而高高下下,以罷民於姑蘇。高高,起臺榭。下下,深汙池也。姑蘇,臺名,在吴西,近湖。○《詳注》：《越絶書》：「闔廬（疑夫差之誤）起姑蘇台，三年聚材，五年乃成，高見三百里。」○《集解》：據《墨子》云：「夫差築姑蘇之臺，七年不成。」是其疲民可知。**天奪吾食，都鄙荐饑。**天奪吾食，稻蟹也。都，國也。鄙，邊邑也〔三〕。荐，重也。○《略説》：稻蟹，在申胥既死之後，舊注失考。◎志慧按：「高高下下」似指修筑姑蘇臺，《越絶書·越絶内經九術》中第五術「遺之巧匠，使起宫室高臺，盡其材，疲其力」可爲旁證；下文「闕爲深溝於商魯之間」則在殺伍員之後，疑不在「下下」之内；「天奪吾食」之事亦疑在伍員身死之後，或係《吴語》作者誤將後來之事前置，《略説》所言有理。

今王將很天而伐齊〔四〕。很，違也。○龜井昱：歲饑而遠出師，是不畏天殃也。又，蓋謂天賜越而不受，反伐齊，是違天也。**夫吴民離矣，**有離畔也〔五〕。**體有所傾，譬如羣獸然，一个負矢，將百羣皆奔，**傾，傷也。言衆獸羣聚其中，一个被矢〔六〕，則百羣皆走。以言吴民臨陳就戰，或小有傾傷〔七〕，亦復然也。○《略説》：蓋謂國民離畔，故國體傾敗。文承「吴民離矣」後，則以獸奔喻衆民散走也。**王其無方收也。**方，道也。收，還也。○《標注》：收，猶言善終也，是收斂軍士而無敗失之義，不必訓還。**越人必來襲我，王雖悔之，其猶有及乎？」**

【彙校】

〔一〕變，静嘉堂本作「褁」，南監本脱爛不可識，弘治本作「褁」，誤，許宗魯本仍作「變」，許宗魯本據南監本刻，據弘治本、閩本校，疑所據閩本尚未脱爛。

〔二〕鯀，明道本、遞修本作「鮌」，但遞修本相應的《魯語上》原文作「鯀」，則無論遞修本、金李本都有經注用字不一致之處。

〔三〕都國也鄙邊邑也，明道本作「都鄙，國邊邑」，後者疑因「鄙」與「國」二字之互乙而誤。

〔四〕很，明道本、遞修本、南監本同，張一鯤本、《增注》作「狠」，亦張一鯤擅改，注同。

〔五〕畔，明道本作「叛」，出本字，下同。《元龜》引「也」作「心」。

〔六〕个，《册府元龜》引作「介」，「个」係「介」之隸省。

〔七〕明道本無「或」字。傾，《元龜》卷七四二引同，明道本作「很」，疑訛，上海師大本從公序本，是。

王弗聽。十二年，遂伐齊。夫差十二年，魯哀十一年。齊人與戰於艾陵，艾陵，齊地。

○《釋地》：艾陵，齊地，泰安府萊蕪縣東北有艾陵亭。○《史記會注考證·吴世家》：艾陵，在今山東泰安府泰安縣博縣故城南。◎志慧按：《春秋·哀公十一年》：「五月，公會吴伐齊。甲戌，齊國書帥師及吴戰于艾陵，齊師敗績，獲齊國書。」同年《左傳》：「爲郊戰故，公會吴子伐齊。五月，克博。壬申，至于嬴。」壬申，在公曆當年五月十七日，甲戌是五月十九日。嬴城遺址在今山東濟南萊蕪區羊里街道城子縣村，東鄰汶河（因地近嬴城，又稱嬴汶河）。嬴，係嬴秦祖里，春秋爲嬴邑，秦置嬴縣於此。艾陵，即今山東省濟南市鋼城區艾山，距嬴城近五十千米。《吴語》謂「遵汶伐博，簦笠相望於艾陵」，則是吴軍在克博之後，從嬴邑出發，冒雨急行軍，第三天就在艾山周圍與齊軍遭遇，並取得了決定性勝利，雪了前一年瑯琊海戰失敗之恥，也堅定了夫差繼續北略的意志。鋼城區艾山公園展示著「艾陵之戰」大型地雕，唯援用了《東周列國志》的創作成分。

齊師敗績，吴人有功。《傳》曰：「獲齊國書，革車八伯乘，甲首三千〔一〕。」

【彙校】

〔一〕八，遞修本、静嘉堂本、南監本、金李本、弘治本、詩禮堂本都有不同程度的變形，更似「入」字，至許宗魯本、葉邦榮本、李克家本始正。明道本、正統本「伯」作「百」，疑依《左傳》。「甲首」作「甲盾」，《札記》謂當係「甲盾」之誤字，唯《左傳·哀公十一年》亦作「甲首」，許宗魯本作「甲冑」，亦未見所據。

4 夫差勝於艾陵使奚斯釋言於齊

吳王夫差既勝齊人於艾陵，乃使行人奚斯釋言於齊，奚斯，吳大夫。釋，解也〔一〕，以言辭自解，歸非於齊。　○錢大昕《十駕齋養新録·餘録》卷二「吳行人儀」：即《檀弓》之行人儀也，奚斯疊韻，並言之則成「儀」字。　○《集解》：言，謂間隙也。　◎志慧按：《爾雅·釋詁》：「言，間也。」疑《集解》之説本此，唯《釋詁》所指向者爲語辭，邵晉涵《爾雅正義》云：「言者，《有客》云：『薄言追之。』皆謂詞之間也。」《詩·葛覃》「言告師氏」馬瑞辰《通釋》亦云：「謂間廁言辭之中，猶今人云語助也。」韋解《國語》「以《爾雅》齊其訓」，不取此義，而謂「以言辭自解」，見其有所別擇，《集解》説非也。　復次，奚斯疊韻，然並言之似不能成「儀」字，「儀」古音屬疑母，奚爲匣母，斯爲心母。《黄氏日抄》卷十五引洪邁之説云：「大宰嚭乃吳夫差之宰，陳遣使者正用行人，則行人儀乃陳臣也，記禮者簡策差互，故更錯其名，當云『陳行人儀使於師，夫差使大宰嚭問之』，乃善。」曰：「寡人帥不腆吳國之役〔二〕，遵汶之上，役，兵也。汶，齊水名。　○《補音》：腆，它典反。　◎志慧按：不腆，不豐厚，指禮幣、田賦、兵馬、器物、伎樂等，謙辭，多用於外交辭令，《左傳》九見，《國語》五見。此作不多解。不敢左右，唯好之故。不敢左右暴掠齊民，唯有恩好之故也〔三〕。　○《述聞》：《廣雅》：「敢，犯也。」言不犯君之左右，唯有恩好之故也。　○《平議》：此「左右」二字，即承上句「遵」字而言，謂遵循汶水而行，不敢左右迆衺，以犯獵齊地也。**今大夫國子興其衆庶，以犯獵吴國之師徒，**國子，齊卿國書也。犯，陵也。獵，震也〔四〕。○賈逵：獵，取也（《文選》楊子雲《羽獵賦》李善注引，王、汪、黄、蔣輯）。○孫鑛：獵，如獵獸之「獵」，解云「震也」恐非（盧之頤校訂《國語》）。○《增注》：獵，驅逐也。○秦鼎：獵獵，風動物貌。一説：獵，踐履也，《齊風·南山詩傳》「衡獵之，縱獵之」是也。◎志慧按：《增注》説較長。**天若不知有辠，則何以使下國勝**〔五〕**？」**下國，吴自謂也。言天若不知有辠，何以使吴國勝齊也〔六〕。◎志慧按：《左傳·襄公十年》：「諸侯之師久於偪陽，荀偃、士匄請於荀罃曰：『水潦將降，懼不能歸，請班師。』」知北方士兵畏懼雨天作戰，習慣於陰雨天氣的吴軍則「簦笠相望於艾陵」，最後在客場取勝，「天若不知有辠」二句，在當時或指向天氣。

【彙校】

〔一〕解，明道本作「辭」，「釋」無「辭」義，《札記》謂當作「解」，《補正》與上海師大本徑作「解」，據義是。

〔二〕帥，明道本作「帥師」二字，李慈銘斷有「師」者衍，蓋涉「帥」字衍。役，明道本、正統本作「役」，秦鼎本、《正義》等亦作「役」，注同，「役」、「伇」古同，形符更旁字耳，《説文·殳部》：

「役，古文『役』从人。」

〔三〕唯，明道本、正統本作「惟」。恩，明道本作「私」，上海師大本從作「恩」。

〔四〕震，各本同，《述聞》據《爾雅》「獵，虐也」，以爲當係「虐」之訛，「犯獵」連文，故訓「獵」爲虐，可備一説。

〔五〕《正義》無「則」字，脱。

〔六〕吴國，明道本、正統本無「國」字。

5 申胥自殺

吴王還自伐齊〔一〕，乃訊申胥〔二〕，訊，告讓也。曰：「昔吾先王體德聖明〔三〕，達於上帝，先王，闔廬也。上帝，天也。○《標注》：體，謂天資也。譬如農夫作耦，以刈殺四方之蓬蒿，二耜爲耦。言子胥佐先王，其猶耕者之有耦〔四〕，以成其事也。以立名於荆，此則大夫之力也。立名於荆，謂敗楚於柏舉，昭王奔隨時也。今大夫老，而又不自安恬逸，恬，猶静也。逸，樂也。而處以念惡，處，居也。居則念爲惡於吴國。出則罪吾衆，罪吾衆，謂「吴民離矣，體有所傾」之屬。撓亂百度，撓，擾也。度，法也〔五〕。以妖孽吴國〔六〕。妄爲妖言（越當襲吴也）。◎志慧按：謂越當襲吳，似當不得「妖孽」二字，前述「安受吾燼」、「將必越實有吳土」、「天奪吾食」等預言庶幾近之。《漢書·藝文志》載《范蠡》二篇、《大夫種》二篇於兵權謀下，載《伍子胥》八篇於雜家之下，另《伍子胥》十篇（圖一卷）於兵技巧之下，但文種、范蠡與伍子胥的思想、方略每有交集，如持盈救傾、天命有反、因時而動等，故伍子胥能洞燭前二者之微，在讀者看來料事如神，在夫差則爲妖言惑衆。**今天降衷于吳，**衷，善也。○《標注》：衷，中心也，不當訓作善。◎志慧按：下文「天舍其衷」韋注亦訓衷爲善。《左傳·哀公十一年》「天若不識不衷」杜注訓作善，疑本韋注。《左傳》五見「天誘其衷」，杜注：「衷，中也。」上博簡《吳命》「昔上天不中，降禍於我」，清華簡《越公其事》「天賜中於吳，右我先王」，與杜注合。衷、中同音，可通。杜注貌似兩歧，實則周人人格意義之天所舍所賜者莫非善也，所誘導所獎掖人之內心者亦莫非善也，故中（心）其體，善其用。《標注》未作匯通，不取。**齊師受服。孤豈敢自多？先王之鍾鼓寔式靈之。**式，用也。靈，神也。**敢告於大夫。」**

【彙校】

〔一〕此下明道本、許宗魯本屬上，遞修本、金李本恰好到上行末，分章與否未明，穆文熙《鈔評》、張一鯤本、李克家本、傅庚生選本、上海師大本俱另起，觀上文言主爲行人奚斯，下文言主爲申胥，故依穆氏等分疏，標題則依上海師大本。

〔二〕訊，各本同，《考異》據《説文·言部》「誶」下及《御覽》資産部三所引，以爲係「誶」之訛，《札記》引段玉裁説，謂下「訊讓」亦當作「誶」，《詳注》、《集解》、《校證》從之。徐鼒《讀書雜釋》卷八謂經典「誶」字多作「訊」，「豈盡傳寫之譌乎」，並認爲「訊」乃「誶」之通假字，誶音碎，訊音信，不具通假條件。「卒」俗作「卆」，故「誶」、「訊」易訛。韋「以《爾雅》齊其訓」，而《爾雅·釋詁》正有「誶（訊），告也」一條，在《爾雅》，該字爲誶爲訊尚在未定之天，然訊有「問」義、「告」義而無「讓」義，故仍以《札記》與《考異》等説爲是。

〔三〕聖明，《御覽》資産部三、《文章正宗》卷五議論三引同，明道本、正統本作「明聖」，「聖明」古多用作形容詞，而「明聖」則是動詞短語，若屬上句，與「體德」組合，似作「明聖」爲長；若屬下句，則作「聖明」更勝，《校補》以爲屬下句。

〔四〕明道本、正統本無「其」字，「耕」作「耜」，上海師大本從公序本，於義是。

〔五〕法，明道本、正統本作「法度」二字，上文皆用單字釋義，則是明道本不整齊，《集解》從公序本，是。

〔六〕孽，明道本、正統本作「孼」，係「孽」之俗字。

申胥釋劍而對釋，解也〔一〕。◎志慧按：帶劍於君王面前，似與當時禮制相違，疑此爲説部筆法，《左傳・哀公十七年》：「不釋劍而食」孔疏：「劍是害物之器，不得近至尊，故近君則解劍。」曰：「昔吾先王世有輔弼之臣，言闔廬以前。以能遂疑計惡〔二〕，遂，決也。計，慮也。以不陷於大難〔三〕。今王播棄黎老，播，放也。黎，凍梨，壽徵也〔四〕。○《正義》：孫炎《爾雅注》：「面凍梨色，似浮垢也。」郭璞《爾雅注》：「梨，面色似梨也。」而孩童焉比謀〔五〕，孩，幼也。比，合也。○《經傳釋詞》卷二：焉，猶「是」也，言孩童是比謀也。◎志慧按：此「孩童」與上句「黎老」對文極易與今之「孩童」相混淆。「童」是「僮」的初文，義爲僮仆；「孩」有幼義，復有小義，與「僮」組合，實含貶義，猶云卑賤的下人，特予揭出。前五二二年，伍子胥自楚奔吳，是年（前四八四年），已垂垂老矣，故「黎老」係自稱。孩僮，不知何所指，其時王孫雄尚未上位，伯嚭則似當不得「孩僮」。曰：『余令而不違。』不違，言莫違也。夫不違，乃違也。乃違道也。夫不違，亡之階也。夫天之所棄，必驟近其小喜，小喜，勝敵之喜，謂有所克定也〔六〕。而遠其大憂。大憂在後，故遠也。○《略説》：近，猶狃也。小喜，謂勝越及齊也。遠，猶忘也。大憂，謂赦越之禍也。二者，天之所棄。王若不得志於齊，而以覺寤王心，吳國猶世〔七〕。世，繼世也。吾先君之得之也〔八〕，必有以取之；得，謂克楚也。《傳》曰：「闔廬食不二味，勤卹其民。」取之，謂此也。○龜井昱：玩「必」字，斷非斥克楚一事也。凡事得之必有取，失之必有棄，則可以知其所自來，而改其失、保其得也。其亡之也，亦有以棄之。亡之，謂不正其師，以班處宮，復爲楚所敗也。○《左傳・定公四年》：「吳入郢，以班處宮。」杜注：「以尊卑班次處楚王宮室。」用能援持盈以没〔九〕，盈，滿也。没，終也。而驟救傾以時〔一〇〕。以時，不失時也〔一一〕。○賈逵：驟，疾也（釋慧琳《一切經音義》卷一、卷三十八引，汪、蔣輯）。今王無以取之，言無政德。而天禄亟至，亟，數也。是吳命之短也。◎志慧按：《晉語九・趙襄子勝翟而不怡》趙襄子謂「德不純而福禄並至謂之幸，而幸非福」，爲同一觀念，可互參。員不忍稱疾辟易，以見王之親爲越之禽也〔一二〕。員請先死。」辟易，狂疾。○《黄氏日抄》卷五十二：闔閭親見殺於越，夫差忘不共戴天之讎，而甘其子女、土木之啗，此豈足與謀國？而子胥依之不去，復强諫取禍，意者進專諸以弑君僚，進要離以戕慶忌，進孫武教兵禍楚，以鞭親嘗北面平王之尸，胥之禍結，在吳有不容逭者歟。○《發正》：易，讀爲「瘍」，《廣雅・釋詁》：「瘍，癡也。」王氏疏證云：「《說文》：瘍，脈瘍也。」脈瘍，猶辟易也。《韓非子・内儲說》「公惑易也」，《漢書・王子侯表》「樂平侯訢病狂易」，易，與「瘍」通。○《補正》：辟易，猶狂易也。◎志慧按：古本有「辟易」一詞，故不需破讀即能得其究竟，如《史記・項羽本紀》曰：「是時，赤泉侯爲騎將，追項王，項王瞋目而叱之，赤泉侯人馬俱驚，辟易數里。」顯然，此「辟（通「避」）易」絶非狂疾或者癡呆，張守節正義云：「言人馬俱驚，開張易舊處，乃至數里。」今人更傾向於將「辟易」視作聯綿詞，義爲退避、避開。將死，曰：「而縣吾目於東門〔一三〕，○《發正》：即今之胥門，吳闔閭建姑蘇臺，在胥門。蓋胥門，古之東門也，張守節以今之葑門爲吳東門，恐非是。○《詳注》：

東門，即今吴縣城葑門。以見越之入〔一四〕，吴國之亡也〔一五〕。」遂自殺〔一六〕。王愠曰：「孤不使大夫得有見也〔一七〕。」乃使取申胥之尸，盛以鴟夷〔一八〕，而投之於江。鴟夷，革囊。○賈逵：鴟夷，革囊也（《左傳·哀公十一年》正義引，汪、蔣輯）。○《古文析義》：鴟夷投江，非殘其尸，乃欲祓除，厭勝妖孽，以爲不使大夫有見，則越必不入，吴國必不亡矣，與《吴越春秋》所載殺公孫聖同意。○《札記》：鴟鴺者，取其多容，謂如鴟之腹，如鴺之胡也。

【彙校】

〔一〕明道本無此韋注，上文已有解，此疑衍。

〔二〕《國語箋》：「遂疑計爲決疑慮，下不容有『惡』字，《吴越春秋·夫差内傳》采此文亦無『惡』字，知是衍文。」該書中夾有紙條，其中有評語云：「遂疑計惡，猶言決疑慮患，『惡』字不衍。」説各有理，唯從詞法而言，「遂疑計」不詞，倒是《吴越春秋》或有脱文。

〔三〕大，静嘉堂本、南監本、弘治本、許宗魯本作「太」，疑因承前文多處將「大」改易作「太」，此處於義不當改而改。

〔四〕此注明道本、正統本作「鮐背之耇稱黎老。播，放也」，《札記》云：「韋蓋直訓『黎』爲黑，而以『鮐背之耇』解之。」則是從明道本，但據正文，明道本「播，放也」三字當前置。

〔五〕明道本、正統本「孩童」上有「近」字，《文章正宗》卷五引無之，李慈銘據《補音》出「而孩」二字，斷有者衍，既有「比謀」，則「近」字當衍，《集解》亦持此說。明道本因有「近」字，故將「比謀」屬下句。

〔六〕謂有所克定也，許宗魯本、張一鯤本、孔氏詩禮堂本同，遞修本作「『紂有百克』是也」，明道本、正統本作「『紂之百克』是也」，秦鼎從後者，「紂之百克」，《左傳·宣公十二年》欒武子語，南監本唯見「□有□克□也」，據遞修本與南監本，則秦鼎所從者亦非公序本原貌。

〔七〕「吴國」前，明道本有「而」字。

〔八〕明道本無首「之」字，於句法疑脱。

〔九〕《略説》：「援持，語複，恐有羨文。」秦鼎云：「『援』下，或脱『賢』字，言用能者、援賢人，善終其事也。」龜井昱則謂「賢能突出，文亦滅裂，不足具一説」，似後説稍長，驟救傾無誤，則援持盈之「援」，在此位置當作副詞，「持盈」與「救傾」相對，係伍子胥、范蠡哲學思想之常用詞，無誤。「援」字疑訛，檢《經濟類編》卷二二、《八編類纂》卷一九四引作「緩」，與「驟」（急）正相對，「緩持盈」，即平穩保持旺盛的勢頭，上引二類書未必有所本，但歪打正著，適可視爲正字。

〔一〇〕傾，釋玄應《一切經音義》卷九、釋慧琳《一切經音義》卷四十六引俱作「傾危」二字，《越語下》

范蠡亦有持盈、定傾之説，似無「危」字更勝，亦疑「危」字因注文闌入。

〔一一〕明道本、正統本韋注不出「以時」二字，「不失時」前有「言」字。

〔一二〕弘治本、許宗魯本無次「之」字，疑脱。禽，明道本、正統本作「擒」，「擒」爲「禽」之後起加旁字。

〔一三〕而，明道本作「以」，作「而」較作「以」於義稍長，《史記・伍子胥列傳》作「而抉吾眼縣吴東門之上」，而，爾汝也。縣，明道本、正統本作「懸」。「縣」初文，「懸」後起字。

〔一四〕越，《左傳・哀公十一年》正義引作「越人」，下句作「吴國」，則此作雙音節「越人」較勝。

〔一五〕《史記・吴太伯世家》載：「抉吾眼置之吴東門，以觀越之滅吴也。」索隱：「此《國語》文，彼以『抉』爲『辟』，又云『以手抉之』。」與今本《國語》異。

〔一六〕「遂自殺」三字，《左傳・哀公十一年》正義、《文章正宗》卷五引同，明道本、正統本置於「請先死」後，據行文，似各有當。

〔一七〕「見」前，弘治本、許宗魯本有「目」字，疑因南監本脱爛而以意補。

〔一八〕夷，正統本、《史記・伍子胥列傳》、《藝文類聚》卷九、《左傳・哀公十一年》正義引同，明道本作「鴺」，注同，段玉裁謂「鴺」爲本字。疑本作「夷」，因「鴟」字類化，添形符爲「鴺」，檢慈利楚簡之《吴語》殘簡正作「夷」。

6 夫差北征句踐襲吴

吴王夫差既殺申胥，不稔於歲，稔，孰也。謂後年不至於孰而北征也〔一〕。夫差以哀十一年殺子胥〔二〕，十二年會魯于橐皋。○賈逵：稔，熟也（釋慧琳《一切經音義》卷二十九引）。○《左傳·僖公二年》釋文：稔，入甚反。○《辨正》：「不稔於歲」二句並非如韋注云吴王「不至於孰（熟）而北征」，以言其孟浪；而是「於歲」「不稔」之後北征，或許是爲了輸毒於鄰國，轉嫁内部矛盾。下文王孫雄爲吴王謀劃，其中有「以歲之不穫也，無有誅焉」之語；再下文，争長之後，吴王使王孫苟告勞于周，後者曰：「歸不稔於歲。」歸自伐齊在前，殺伍子胥在後，北征會晉公午又在殺子胥之後，知北征時「不稔於歲」已成事實。結合《越語下》越王句踐與范蠡君臣問對，談到子胥因諫而被殺之後，「又一年」，越王説到「今其（吴）稻蟹不遺種」，指的也是這一年吴國遭遇了重大饑荒，其實這也是「不稔於歲」的另一種表達，是皆可證此中「不稔於歲」乃「於歲不稔」的倒裝。**乃起師北征。闕爲深溝於商魯之閒**〔三〕，闕，穿也。商，宋也。○《正義》：夫差于魯哀九年既通江淮，以爲餫糧之道，至哀十三年，乃由廣陵東北出山陽白馬湖，逕山陽城西，又東而入淮口，由淮而入泗，入沂，復穿宋魯之境，連屬水道，有不能容戰艦者，闢而廣之，浚而深之，以達于封丘之濟。此因天然之水道而加功，以其徒役衆盛，故云闕也。**北屬之沂**〔四〕，沂，水名，出泰山蓋〔五〕，南至下邳入泗〔六〕。○《補音》：

屬，之欲反。　◎志慧按：韋注之「泰山」乃泰山郡，東漢時屬兖州，治奉高縣（今泰安岱嶽區范鎮），《後漢書・郡國志》「泰山郡」條云：「蓋，沂水出。」《水經・沂水》：「沂水，出泰山蓋縣艾山。」《太平寰宇記》「沂水縣」條云：「漢蓋縣城在城西北八十里。」漢代兖州泰山郡蓋邑核心區域大致在舊沂水縣西部，一九五二年劃入沂源縣。沂水古於下邳（今江蘇省睢寧縣北偏西）西南入泗，與今天的走向稍異。**西屬之濟**，濟，宋水也。　○《詳注》：濟，水名，源出河南濟源縣西王屋山，東南流爲豬龍河，入黄河。其故道本過黄河而南，東流經開封縣，分南北二支。今惟河北發源處尚存。　◎志慧按：《尚書・禹貢》：「導沇水，東流爲濟，入于河，溢爲滎。東出于陶丘北，又東至于菏，又東北會于汶，又北東入于海。」此宋境之濟，當在今山東定陶境内，《左傳・僖公三十一年》：「取濟西田，分曹地也。」魯哀公八年，宋滅曹，故韋注曰「宋水也」。這一條溝通古代泗水與濟水的運河，文獻中稱黄溝，與邗溝、百尺瀆同爲古代運河系統中最早的運河，三者皆與夫差有關。**以會晉公午於黄池**。黄池，地名。晉公午，晉定公也〔七〕。黄池事在魯哀十三年〔八〕。　○《公羊傳・哀公十三年》何注：時吴彊而無道，敗齊臨菑，乘勝大會中國，齊晉前驅，魯衛驂乘，滕薛夾轂而趨。　○《正義》：《漢（書）・地理志》傅瓚注：「黄池，今陳留外黄有黄溝是也。」　○《集解》：黄池，在今河南封丘縣西南七里。◎志慧按：黄池在今河南省封丘縣荆隆宫鄉垻臺村，南鄰黄河。地方史志載此地曾有期城（諸侯相期於此，故名）、雲響城（吴晉會於黄池，諸侯莫不雲集響應，共筑此城，因以爲名），黄池之上有黄亭。歷史上黃河多次氾濫改道，地面建筑已無可尋，今僅存康熙間「古黃池」碑一通，立於古黃池遺址中。傳世有周敬王時銅器禺邗王壺二器，器銘記吳王與趙孟間事，可參。

【彙校】

〔一〕「而北征也」四字，靜嘉堂本作「而殺申胥」，南監本殘剩「□殺」，弘治本、許宗魯本作「也殺申胥」，疑因下行「殺申胥」而竄入。

〔二〕以，《正義》作「於」，於義無殊，唯與衆本異，疑擅改。

〔三〕深，《吳越春秋·夫差内傳》作「闌」，清周廣業《經史避名匯考》卷二十七謂闌溝即今邗溝，盧之頤本正作「邗」，「邗」從干得聲，疑因中古時分屬見母和來母的字在上古時往往是同一個複輔音，如從各、革得聲的一組字即是，故記音時或標以「邗」，或標以「闌」。《吳越春秋》同篇又云「開溝深水出於商魯之間」，《吳語》本句「於」前，南監本脱爛，明道本、正統本、靜嘉堂本、弘治本、許宗魯本有「通」字，《書鈔》卷八十一同，後二者之祖本南監本脱爛不可考見，據文義，當有，疑無「通」字之遞修本、金李本、葉邦榮本、張一鯤本、李克家本涉「溝」字而脱，下文兩本俱有「闕溝深水，出於商魯之間」一語可證，而弘治本、許宗魯本理校或據他書補。

〔四〕沂，《文選》左太沖《吳都賦》李善注、《初學記》卷六引作「濟」，據史實當作「沂」。

〔五〕泰，金李本、張一鯤本作「秦」，當係形訛，兹徑從衆本改。

〔六〕蓋南，静嘉堂本作「蓋□」，弘治本作「益陽」，無據，蓋因南監本脱爛而臆補。李克家本「南」前有「縣」字，蓋爲舊縣名，李克家據補，但舊本如明道本、遞修本皆同金李本，並無「縣」字。

〔七〕晉公午晉定公也，明道本作「晉公，定公午也」，《札記》依明道本，並據此認爲正文「午」字衍，但正文各本同作，《書鈔》禮部三及《困學紀聞》卷二引注文俱作「晉公午」，注文與正文相應，則是明道本誤。

〔八〕事，南監本脱爛，静嘉堂本、弘治本同，明道本、遞修本、正統本、許宗魯本作「會」，金李本襲弘治本臆補之誤，許宗魯本據他本改。

於是越王句踐乃命范蠡、舌庸〔一〕，二子〔二〕，越大夫。　○《史記·越世家》正義：《會稽典録》云：「范蠡，字少伯，越之上將軍也。本是楚宛三户人，佯狂，倜儻負俗。」○《删補》：蠡，名也，越大臣而君名之，不敬也。《禮》曰：「君不名卿老世婦。」恐記之者誤。◎志慧按：關於范蠡的名號並無更多記載，只能録以備考。春秋末期的越國，在文化上與中原上國有較大的區別，極言之如范蠡對王孫雄自謂：「雖靦然而人面哉，吾猶禽獸也。」故不能用中原禮樂文明的標準衡量越國君臣之間的禮數；《越語上》的撰述者也未必能以中原上國的一套行禮如儀。復次，越大夫舌庸，《左傳·哀公二年》載吳大夫洩庸（清華簡《繫年》作「緩用」）迎蔡昭侯於州來，與此當爲二人。清華簡《良臣》有句踐臣大同，《越公其事》復有太甬，荆州秦家嘴戰國楚簡《四王五霸》有王子庸，上古音喻四歸定，大同與太甬當屬一人，上古「世」、「太（大）」通作，「世」屬書母樂部，「舌」屬船母樂部，音近相通。疑彼大同、太甬、王子庸即此舌庸，《左傳・文十三年》「大室屋壞」，同年《公羊傳》「大室」作「世室」；《左傳・襄公十四年》及《襄公二十七年》衛「大叔儀」，《襄公二十九年》作「世叔儀」；《左傳・昭公七年》、《昭二十一年》宋大夫「樂大心」，《公羊傳》並作「樂世心」；《論語・憲問》「世叔討論之」之「世叔」，《左傳・襄公二十四年》作「大叔」，俱可證。**率師沿海泝淮以絶吳路**〔三〕。沿，順也。逆流而上曰泝。循海而逆入於淮，以絶吳王還歸之路〔四〕。◎志慧按：泝，《楚辭・九章・抽思》「長瀨湍流，泝江潭兮」同作，《毛詩・秦風・蒹葭》有「遡洄從之」、「遡游從之」，「泝」、「遡」、「溯」皆或體字。**敗王子友於姑熊夷**，姑熊夷，吳郊也。王子友，夫差太子也〔五〕。夫差未反，越子伐吳，吳距之〔六〕，獲大子友〔七〕。◎志慧按：敗王子友者非范蠡、舌庸，而係越王句踐，地點在吳郊姑熊夷，故此句錯簡，當置於下「以襲吳」下，《左傳・哀公十三年》：「乙酉，戰，（吳王孫）彌庸獲疇無餘，（吳王子）地獲謳陽。越子至，王子地守。丙戌，復戰，大敗吳師，獲大子友、王孫彌庸、壽於姚。丁亥，入吳。」可證。**越王句踐乃率中軍泝江**江，吳江也。或有「淮」字，誤耳〔八〕。〇《正義》：「江，吳江也」者，言吳國之江，非以吳爲江名，蓋江即婁江。句踐令二帥沿海泝淮，距夫差于吳之北境，而身率中軍航海而達婁江，自南及北，以擣吴之國都。蓋海口離國都止三百餘里，故乘虚而攻其不備也。今蘇州府吴江縣境，唐以前謂之松江，吴越王錢氏有國時始立爲縣，未可據以釋《傳》也。○《詳注》：吴江，在今江蘇吴江縣東門外，即長橋下分太湖之流而東出者，古名笠澤，亦曰松江。◎志慧按：其時從錢塘江到姑蘇已經有了内河水道，《越絶書·吴地記》載：「百尺瀆，奏江，吴以達糧。」這條糧道在越國境内，大致從今桐鄉石門到崇福，又從崇福到海寧長安（越水道），在長安鎮取道今上塘河水系的自然河道，往南到今杭州市錢塘區河莊街道、蕭山區南陽街道一帶入錢塘江，前者蜀山現存商周時期文化遺址，曾出土印紋陶、青銅矛、紡軸等文物。因爲這是越國臣服以後第一次對吴國的軍事行動，所以捨近就遠，改走海路。正文「泝江」係與「泝淮」相對而言，故「江」當指長江。長江近入海口水網密佈，支流衆多，古今水道變化較大，其所泝之具體水道已難以確考。董增齡之「江即婁江」説，疑因句踐泝江而來，距姑蘇最近處當在婁門，婁門外正是婁江。董又云「自南及北，以擣吴之國都」，則是就越國北上攻吴立説。可是，《左傳·哀公十三年》載：「越子伐吴，爲二隧，疇無餘、謳陽自南方，先及郊。」則是此次偷襲，句踐泝江以後並未正面强攻，《越絶書·吴地記》有載吴國東面守備：「婁門外力士者，闔廬所造以備外越。」而是繞道太湖，從姑蘇南邊發起進攻，經越來溪而胥江而胥門，《吴越春秋·句踐伐吴外傳》記載越軍進攻路線，唯後置到笠澤之戰之後，不密，董氏受其影響，亦誤。**以襲吴，入其郛，**郛，郭也。○《左傳音義·隱公》：郛，芳夫反，郭也。**焚其姑蘇**〔九〕，**徙其大舟。**

大舟，王舟。徙，取也。○《備考》：徙其大舟以入越國也，不必訓取也。○户埼允明：太宰純曰：「徙，遷也。徙其大舟，猶言遷九鼎於洛邑。」

【彙校】

〔一〕舌，正統本同，明道本作「后」，《左傳・哀公二十六年》亦作「后」，但唐石經《左傳》卻作「舌」，《漢書・董仲舒傳》作「泄」，《吴越春秋・夫差内傳》作「洩」，同書《勾踐入臣外傳》作「曳」，疑「后」係「舌」字之訛，「泄」、「舌」則聲近相通，「洩」則爲「泄」的異構，「曳」又係「洩」的省文，下同。弘治本「舌庸」作「任事」，無據，該本並韋注「二子」亦無，脱。

〔二〕二子，許宗魯本同，明道本作「后庸」，正統本作「舌庸」，遞修本作「二□」，於注例，似作「二子」稍勝。

〔三〕泝，正統本作「沂」，後者形訛。

〔四〕還歸之路，明道本、正統本作「之歸路」。

〔五〕太子，臺北「國家圖書館」藏金李本同，一九一九年《四部叢刊》初版作「大子」，疑係編輯描改，一九二六年重版回改。

〔六〕未反，明道本、正統本作「未及反」，於義有「及」者稍長。越子，明道本、正統本無「子」字。

距，明道本、正統本作「拒」，出本字也。

〔七〕大子，明道本、正統本、張一鯤本俱作「太子」，遞修本前作「太」，後作「大」，當一律。

〔八〕明道本、正統本「字」下有「者」字，明道本、正統本無「耳」字。

〔九〕姑蘇，《吴越春秋》作「姑胥」，「蘇」、「胥」同屬心母魚部，故得相通。

7 吴晉争長未成王孫雄獻計

吴晉争長未成〔一〕，長，先也。成，定也。○賈逵：長，先者也（《書鈔》禮儀部二引，汪遠孫輯）。**邊遽乃至**〔二〕，**以越亂告。**遽，傳也。**吴王懼，乃合大夫而謀曰：「越爲不道，背其齊盟。**齊，同也。○《標注》：齊，側皆切。盟者鬼神之事，故取齋戒之義以爲稱也。**今吾道路悠遠**〔三〕，悠，長也。○賈逵：悠，長也（釋玄應《一切經音義》卷九、釋慧琳《一切經音義》卷四十六並引，汪遠孫輯）。**無會而歸，與會而先晉，孰利？」**先晉，令晉先歃。**王孫雄曰**〔四〕：**「夫危事不齒，**王孫雄，吴大夫也。齒，年也，不以年次對〔五〕。○《補校》：《大戴禮・曾子事父母篇》「辱事不齒」，意與此同。○《正義》：《吕氏春秋・當染篇》：「夫差染於王孫雄、太宰嚭。」則雄亦嚭之流也。◎志慧按：「危事不齒」義與「當仁不讓於師」類似，蓋古之成語也。《正義》據《吕氏春秋》

推知王孫雄其人之不堪，或是也，《越絶書·越絶外傳記吴王占夢》載其與太宰嚭分别爲左右校司馬，其時當在黄池會盟之後。需要「危事不齒」一語獲得發言的合法性，知王孫雄在會盟時名位尚相對卑微，甫一開口，就對諸大夫語帶譏刺，似非長厚之人。會盟之後，「與勇獲帥徒師，以爲過賓於宋」，可以推斷是這次進言的紅利。九年以後在姑蘇被圍之時，受命行成於越，可見已位高權重，但他没有充分利用句踐的軟弱與猶豫，爲夫差赢得時間與空間；在范蠡面前，雖然放出重話，以「助天爲虐者不祥」震懾對手，此語顯然擊中了范蠡的痛處，但又没有把握時機，在范蠡顧左右而言他時，居然要「反辭於王」，給了對手一個臺階，局勢終於無可挽回，諸如此類，比當年諸稽郢之行成又如何？**雄敢先對，二者莫利。無會而歸，越聞章矣，**　○《增注》：章，顯著也。**民懼而走，遠無正就。**正，適也。**齊、宋、徐、夷曰：『吴既敗矣。』**宋，今睢陽。徐，今大徐。夷，淮夷也。　◎志慧按：徐，或曰「徐夷」，無論哪一種指稱都存在如下問題：《左傳·昭公三十年》：「冬十有二月，吴滅徐，徐子章羽奔楚。」可知徐國已於前五一二年亡於吴。其餘部疑奔亡於江西靖安與浙江紹興，前者於二〇〇六年出土大型徐國墓葬群，其中出土若干銘有徐王儀楚的青銅器；後者於一九八二年出土有青銅樂屋，今存浙江博物館。疑徐國故地不復有大股的徐人勢力，如果其中表述無誤，則只能理解爲故徐地活動的反對力量和夷族，或者故徐地的夷族。**將夾溝而㢋我**〔六〕，旁擊曰㢋。　○賈逵：從旁曰㢋（《原本玉篇殘卷·广部》引）。　○《舊音》：㢋，昌爾反。《説文》訓「廣」而引此文，非義也。或昌也反，注云「傍擊」，頗近之矣。又諸本多爲「痑」，士佐反，《説文》「馬病也」，亦會傍擊之義。○《補音》：諸本或爲「㢊」，或爲「痑」，然《説文》「㢊」字雖訓曰「廣」，然其注正引《春秋國語》曰「俠溝而㢊我」，則訓「廣」之外，先儒將别有所況，莫可究也。《説文》既引以解字，即所從來遠矣。文從「㢊」，音從昌爾，庸近古乎？又徧閲諸韻，無昌也之訓，《舊音》疑别有所據。今作壞裂之意者，爲此「撦」作擊意者，爲此「撦」並昌也反，《舊音》疑出此，未知孰是。**我無生命矣。會而先晉，晉既執諸侯之柄以臨我，將成其志以見天子。**以侯伯之禮見天子也。**吾須之不能，**不能待見天子。**去之不忍。若越聞俞章**〔七〕，俞，益也。**吾民恐畔**〔八〕。**必會而先之。」**先，使吴先歃也〔九〕。

【彙校】

〔一〕此下公序本、正統本、穆文熙《鈔評》屬上，明道本上行恰好刻完，分章與否未明，上海師大本將以下至「吴王許諾」與上文合作一處，但上文主要情節爲句踐襲吴，下文主要人物爲王孫雄（雒），兹予分梳，並各依内容另施標題。

〔二〕乃至，《左傳·哀公十三年》正義引作「仍至」，戴震從作「仍」，《考異》謂二字古通，《補正》並謂意爲相繼而至也，其説是。

〔三〕悠，明道本、正統本作「脩」，且無韋注「悠，長也」三字，《舊音》出「脩」，並云「或爲『悠』」，但下文「道路悠遠」，各本同作，則本當作「悠」，注文也當有，且本諸賈注。

〔四〕雄，正統本、《墨子·所染》、《呂氏春秋·當染》、《史記·越世家》同，《補音》謂本或作「雒」，明道本作「雒」，《吴越春秋》、《越絶書》則並作「駱」，錢大昕《天聖明道本國語序》、《札記》以「駱」證「雒」字爲正，唯先漢文獻皆作「雄」，故不敢必其是，下同。

〔五〕次，孔廣栻《訂譌》引作「齒」。

〔六〕夾，《説文·广部》「㢋」下引作「俠」，段注謂「夾」古書多作「俠」。

〔七〕俞，《補音》：「或爲『愈』，通。」明道本、正統本作「愈」，疑出本字，注同，但下文「越聞愈章」各本同作，或亦其修改未盡之跡。

〔八〕畔，《補音》：「或爲『叛』，字通。」明道本、正統本作「叛」，出本字也。

〔九〕明道本無「使」字，秦鼎以爲可從，正統本作「吾先歃」，於義皆是也。

王乃步就王孫雄曰：「先之，圖之將若何〔一〕？」◎志慧按：《詩·大雅·桑柔》「國步斯頻」毛傳：「步，行也。」義可移用於此，句狀夫差降尊紆貴、迫不及待之貌。王孫雄曰：「王其無疑，吾道路悠遠，必無有二命，焉可以濟事〔二〕。」欲決一計，求先晉也。濟，成也。王孫雄進，顧揖諸大夫曰：「危事不可以爲安，死事不可以爲生，則無爲貴知矣〔三〕。言人不能以危易安〔四〕，以死易生，則何貴於知矣〔五〕。民之惡死而欲貴富以長没也〔六〕，與我同。長，老也。没，終也。○《標注》：謂富貴長久以至于死也，注未允。雖然，彼近其國，有遷；我絶慮，無遷。遷，轉退也。絶慮，道遠也。○《補正》：謂去國既遠，無戀土之心，安心死戰，故曰無遷。彼豈能與我行此危事也哉？言晉不能以死與我争。事君勇謀，於此用之。勇而有謀，正謂今時。今夕必挑戰，以廣民心。挑晉求戰，以廣大民心，示不懼也。請王厲士〔七〕，以奮其朋勢。朋，羣也。勉厲士卒，以奮激其羣黨之勢，使有鬭心也。○《述聞》：朋，讀爲「馮」，馮勢，盛怒之勢也。作「朋」者通假字耳。勸之以高位重畜，重畜，寶財。◎志慧按：韋昭以寶財解「重畜」無大誤，結合同一時期句踐「生丈夫，二壺酒，一犬；生女子，二壺酒，一豚」的獎勵措施，疑此指牛馬之類大型家畜。備刑戮，以辱其不厲者，備，具也。○賈逵：備，具也（釋慧琳《一切經音義》卷六引）。令各輕其死。彼將不戰而先我，推先我也。○《集解》：謂推吳先歃也。我既執諸侯之柄〔八〕，爲盟主，故執柄。以歲之不穫也，無有誅焉，穫，收也。誅，責也。不責諸侯之貢賦。◎志慧按：歲之不穫，當指歉收，《吳越春秋·夫差内傳》云：「（夫差）十四年，夫差既殺子胥，連年不熟。」前文「既殺申胥，不稔於歲」一語亦可證，唯前文指吳國，此指黄淮流域諸國，疑當時有大范圍的天災，《春秋》與《左傳》載螽凡十三次，哀公十二年《春秋》及《左傳》皆記十二月有螽，哀公十三年九月、十二月《春秋》兩記螽，這是剛剛發生和正在發生的事，可證。而先罷之，罷遣諸侯，令先歸也。**諸侯必説。**説，喜也。**既而皆入其地，**入其國境。○户埼允明：太宰純曰：「入其地，言入地於吴也。」**王安挺志，**挺，寬也。○《禮記·月令》「挺重囚，益其食」鄭注：「挺，猶寬也。」○《經傳釋詞》卷二：安，猶于是也，乃也，則也。字或作「案」，或作「焉」，其義一也。**一日惕，一日留，**惕，疾也。留，徐也。○賈逵：惕，疾也（《文選》楊子雲《長楊賦》李善注引，汪遠孫輯，蔣曰豫將此條置於《周語下》「夫見亂而不惕」下）。**以安步王志，**[九]步，行也。**必設以此民也封於江淮之間，乃能至於吴。**」設，許其勸勉者。以此民封之於江淮間[一〇]，以恐之[一一]，必速至也。○賈逵：設，許也（《原本玉篇殘卷·言部》引）。○《古文析義》：設，布置也。封，固塞也。時范蠡、舌庸泝淮，句踐泝江，江淮路上不能無虞，必將此從行軍士布置于江淮之間，封塞其兩路侵軼，方能至國。○《備考》：此言必張設此民，且築壘壁于江淮之間，方始能至于吴耳，不然不能入也。○《增注》：設，施設也。言以此從軍之民施設於江淮之間，以封固之，以塞越之要路，乃能至於吴。○《正義》：《水經·淮水注》：「吴將伐齊，自廣陵城東南築邗城，城下掘深溝，謂之韓江，亦曰邗溟溝，自江東北通射陽湖，西北至末口入淮，此所謂『江淮之間』也。」◎志慧按：江淮之間有越軍活動，上文所指齊、宋等不可不防，故林雲銘於「設」與「封」二字之訓詁似較韋注爲勝，孫鑛亦以爲係封疆之封。**吴王許諾。**

【彙校】

〔一〕若何，明道本、正統本作「若之何」，語言疾徐之别耳。

〔二〕「焉」字，《增注》、《集解》、上海師大本和張以仁《斠證》屬下讀，「焉」在此作表順承的連詞，當從之屬下。

〔三〕知，明道本、正統本作「智」，注同。

〔四〕明道本「人」下有「之」字，亦言之疾徐之别耳。

〔五〕明道本、正統本句末無「矣」字。

〔六〕之，明道本作「以」，李慈銘謂作「之」是，上海師大本徑從作「之」，是。

〔七〕厲，明道本、正統本作「勵」，釋慧琳《一切經音義》卷二十引同作「勵」，下同，《説文·厂部》「厲」下段注：「俗以義異異其形，凡砥厲字作『礪』，凡勸勉字作『勵』，惟嚴厲字作『厲』，而古引伸假借之法隱矣。」《小爾雅·廣詁》：「勵，勸也。」清宋翔鳳訓纂：「勵，經典通作『厲』。」《大戴禮記·朝事》「諸侯相厲以禮」，亦其例也。

〔八〕柄，慈利楚簡《吴語》殘簡作「秉」，後者當係「柄」之假字。

〔九〕各本韋注「步行也」三字皆置於「志」下，秦鼎謂「志」字恐衍，其説有理，頗疑並「王」字亦衍，故致韋注「步行也」三字與正文「安步」懸隔。唯上文有「王安挺志」句，則又似作並列狀，不敢必其一爲是，今斷句姑仍各家之舊。

〔一〇〕「閒」前，明道本、正統本有「之」字。

〔一一〕恐，《札記》引段玉裁説謂當作「誘」，可從。

8 吴布奇陣得爲盟主〔一〕

吴王昏乃戒，令秣馬食士。秣，粟也。　○《集解》：秣馬，謂飼馬粟也。　◎志慧按：《詩·小雅·鴛鴦》「乘馬在廄，摧之秣之」毛傳：「秣，粟也。」以名詞作動詞，疑韋注本此。**夜中，乃令服兵擐甲，**夜中，夜半也。服，執也。擐，貫也〔二〕。甲，鎧也。　○賈逵：擐甲，衣甲也（釋玄應《一切經音義》卷二十一引，汪、蔣輯）。　○《補音》：擐，胡慣反。**係馬舌，出火竈**〔三〕。係，縛也，縛馬舌，恐有聲也。出火於竈外以自燭〔四〕。　○賈逵：係，繫也（《文選》楊子雲《長楊賦》李善注，蔣曰豫輯）。　○舊注：出火，滅火，不欲令晉軍知之（《書鈔》武功部六引，汪遠孫輯）。　○《辨正》：既然爲免發出聲響要繫馬舌，自然也就不可以用火把照明，以免被敵方察覺。吴王爲在第二天大清早給晉軍製造一種突如其來的恐慌，所以需要在「夜中（夜半）」擺出奇陣，「係馬舌」是爲了避免晉軍聽到，「出火竈」是爲了避免晉軍看到，因此，「出火竈」是出火於竈外滅之，而非如韋注所説的「自燭（照明）」。《吴越春秋・夫差内傳》有與本段相關之文字，云：「夫差昏秣馬、食士，服兵被甲，勒馬銜枚，出火於造，闇行而進。」「暗行」即無火燭以照明，此條材料雖非同時，但内容相同，可爲旁證。**陳士卒百人**〔五〕，**以爲徹行，百行**〔六〕，徹，通也。以百人通爲一行，百行爲萬人，謂之方陳。**行頭皆官帥**〔七〕，**擁鐸拱稽**〔八〕，二君皆云〔九〕：「官帥，大夫也。」昭謂：下言「十行一嬖大夫」，此一行宜爲士。《周禮》：「百人爲卒，卒長皆上士。」擁，抱也〔一〇〕。拱，執也。抱鐸者，亦恐有聲也。唐尚書云：「稽，棨戟也。」鄭後司農以爲稽〔一一〕，計兵名籍也。《周禮》：「聽師田以簡稽。」○賈逵：百人爲一隊也。官師，隊大夫也〔一二〕（《史記・馮唐列傳》索隱引，汪遠孫輯）。○千葉玄之：《前漢・文帝紀》注：「棨者，刻木爲合符也。」○《正義》：《周官・小宰注》鄭司農云：「簡稽士卒兵器簿書。簡，猶閱也。稽，猶計也，合也。合計其士之卒伍，閱其兵器，爲之要簿也。」稽之爲戟，經傳無文，故韋用鄭義也。○《述聞》：行頭皆官師者，在平時則爲官師，在此時則爲一行之長。◎志慧按：行頭爲士。山東嘉祥武氏祠漢畫像石所見水陸攻戰圖有題作「主簿」者，則稽爲計兵名籍之説亦不爲無據。**建肥胡**〔一三〕，**奉文犀之渠**〔一四〕。肥胡，幡也〔一五〕。文犀之渠，謂楯也。文犀，犀之有文理者。○舊注：服姑，幡名。文犀之渠，謂盾、渠路書之者也〔一六〕（《書鈔》武功部六引，汪遠孫輯）。○《删補》：肥，舊注不釋名義，今按：肥，寬容也。胡，垂下之謂幡，以布帛制，而寬大且垂下，故謂肥胡乎。○《正義》：甲衣於身，故曰襲。若楯則當言建，況犀甲掌之函人，宏嗣以渠爲楯，以（與）諸家異義矣。　○《發正》：《説文》：「旛，幅胡也。」徐鉉曰：「胡，幅之下垂者也。」案：肥，古與「飛」通，蓋言其飛揚之意。　○《補正》：渠無楯義，宜訓甲，《淮南・氾論訓》「渠幨以守」注：「渠，甲名也。」　◎志慧按：肥胡，舊注作「服姑」，《文選》左思《吴都賦》作「祀姑」，劉達注引《國語》即作「祀姑」，並云「旛也」，四家皆未嘗分析二字以釋其名義，《刪補》《發正》僅據今本爲説，不敢必。疑「服」、「祀」、「肥」形近致訛，「胡」「姑」皆從「古」得聲。《楚辭・九歌・國殤》「操吴戈兮被犀甲」王逸《章句》：「或曰：操吾科，吾科，楯之名也。」「科」、「渠」聲轉，則韋解不誤。　**十行一嬖大夫，**十行，千人。嬖，下大夫也。子産謂子南曰：「子晳，上大夫。汝〔一七〕，嬖大夫。」　○《述聞》：在平時爲大夫，在此時則爲十行之長也。「十旌一將軍」，亦是平時爲卿，而此時爲將軍，故《周官》云「軍將皆命卿也」，又云「師帥皆中大夫，旅帥皆下大夫，卒長皆上士」，是大夫皆得稱帥，而士則但稱卒長，不得稱帥也。　**建旌提鼓，**析羽爲旌。提，挈也。　**挾經秉枹。**在掖曰挾。經，兵書也〔一八〕。秉，執也。　○《平議》：世無臨陣而讀兵書者，經，當讀爲「莖」，謂劍莖也。《考工記・桃氏》曰：「以其臘廣爲之莖圍。」注曰：「鄭司農云：莖，謂劍夾，人所握鐔以上也。玄謂莖在夾中者，莖長五寸。」此云「挾莖」，正謂此矣。作「經」者假字耳。　◎志慧按：清華簡《越公其事》中有類似文字，與「經」相對應者作「弳」，整理者認爲是弓箭類的兵器，與「枹」相對應者字從「橐」、「缶」，可參。　**十旌一將軍，**十旌，萬人也。將軍，命卿也。　◎志慧按：《周禮・夏官・敘官》：「凡制軍，萬有二千五百人爲軍。王六軍，大國三軍，次國二軍，小國一軍。軍將皆命卿。」韋昭以將軍爲命卿或本《周禮》此文，但吴國之將軍是否命卿，不可必。**載常建鼓，挾經秉枹。**日月爲常。鼓，晉鼓也。《周禮》：「將軍執晉鼓〔一九〕。」建，謂爲之楹而樹之〔二〇〕。○《删補》：《周禮·鼓人注》：「晉鼓，長六尺六寸，奏樂，則先擊鍾，次擊之。」操按：載，音注不音，《月令》釋文音戴，今從之，下同。○《詳注》：常，旂名，畫日月於其端。◎志慧按：《周禮·夏官·大司馬》：「辨鼓、鐸、鐲、鐃之用：王執路鼓，諸侯執賁鼓，軍將執晉鼓，師帥執提，旅帥執鼙，卒長執鐃，兩司馬執鐸，公司馬執鐲。」此「鼓」是否即爲晉鼓，可商。**爲萬人**〔二一〕，**以爲方陳**〔二二〕，百行，故曰萬人〔二三〕，正曰方也〔二四〕。◎志慧按：《左傳·襄公十一年》正義：「《吴語》：王孫雄設法，百人爲行，十行一旌，十旌一將軍。引《司馬法》云：十人之帥執鈴，百人之帥執鐸，千人之帥執鼓，萬人之將執大鼓。三者數人置帥，皆以什計之，異於周禮。」可互參。**皆白常**〔二五〕、**白旂、素甲、白羽之矰，望之如荼。**交龍爲旂。素甲，白甲也。矰，矢名，以白羽爲衛〔二六〕。荼，茅秀也〔二七〕。○賈逵：矢羽爲矰（《初學記》武部、《御覽》兵部八十引，王、黄將此條置於《吴語》「朱羽之矰」下，汪、蔣輯）。**王親秉鉞，載白旗以中陳而立。**熊虎爲旗。此王所帥中軍〔二八〕。○《正義》：《書·牧誓》「王左杖黄鉞」，《周禮》「巾車大白以即戎」，《隱五年傳》孔疏：「王若親軍，則建大白。」蓋吴以王禮自居也。**左軍亦如之，**亦如中軍「載常建鼓〔二九〕，挾經秉枹」之屬〔三〇〕。**皆赤常、赤旟、丹甲**〔三一〕、**朱羽之矰，**

望之如火。烏隼爲旟〔三二〕，尚赤。左，陽也〔三三〕。丹，彤也。朱羽，染爲朱也。○賈逵：赤羽，羽矰（《事類備要》外集卷五十六矢門）。○《補音》：旟，羊諸反。**右軍亦如之，皆玄常、玄旗、黑甲、烏羽之矰，望之如墨。**黑〔三四〕，漆甲也，尚黑。右，陰也。◎志慧按：《禮記·檀弓上》：「夏后氏尚黑：大事斂用昏，戎事乘驪（黑馬），牲用玄。殷人尚白：大事斂用日中，戎事乘翰（白馬），牲用白。周人尚赤：大事斂用日出，戎事乘騵（赤馬），牲用騂。」《越語下》「凡陳之道，設右以爲牝，益左以爲牡」，《淮南子·兵略訓》「所謂地利者，後生而前死，左牡而右牝。」高注：「高者爲生，下者爲死，丘陵爲牡，谿谷爲牝。」當時黄河尚在封丘之北。夫差的「昏乃戒」及如此這般的排兵布陣與上述各項記載有很大的相關性，恐非巧合。又，吴在東，晉在西，吴軍左赤右黑，復與南朱雀北玄武的方位觀念相合：《曲禮上》：「行前朱鳥而後玄武，左青龍而右白虎，招摇在上，急繕其怒。」**爲帶甲三萬，**帶甲，衿鎧〔三五〕。**以勢攻，**○户埼允明：示敵以勢，威懼之也。○《補正》：謂示以將攻之勢。**鷄鳴乃定。既陳，去晉軍一里。昧明，**○千葉玄之：昧明，即昧爽。○《正義》：昧明，將明也。《淮南·天文訓》：「日登于扶桑，爰始將行，是謂朏明。」高注：「朏明，將明也。」○陳奂：昧明，即昧旦，《毛詩傳》曰：「旦，明也。」**王乃秉枹，親就鳴鐘鼓、丁寧、錞于，振鐸，**丁寧，謂鉦也〔三六〕。唐尚書云：「錞于，鐲。」非也。錞于與鐲各異物，軍行鳴之，與鼓相應也。**勇怯盡應，三軍皆譁釦以振旅**〔三七〕，譁釦，讙呼也。○賈逵：呴，謼也（釋玄應《一切經音義》

卷十九引，汪、蔣輯）。　○《舊音》：釦，音口。　○《補音》：釦，苦后反。　○《述聞》：釦，當讀爲「㖃」，字或作「呴」，俗作「吼」。《説文》：「㖃，厚怒聲。」《玉篇》呼垢切。作「釦」者借字耳，當音呼垢反，不當音口。　○秦鼎：太室云：「釦，擊也，與從手同。」《吴越春秋》作「譁吟」，似非。○《經義叢鈔》：釦，當是叩字之譌，《説文》：「叩，驚呼也，从二口。」讀若讙，與韋注義近。**其聲動天地。**

【彙校】

〔一〕本部分上海師大本題作「吴欲與晉戰得爲盟主」，欲與晉戰只是擺出陣勢欲行恐喝，而如此戰陣獨具特色，故改作此題。

〔二〕貫，明道本、正統本作「具」，據音訓之例，疑當作「貫」，《左傳·成公二年》杜注即作「貫」，《補正》與上海師大本皆作「貫」，是。

〔三〕出火竈，《吴越春秋·夫差内傳》作「出火於造」，「造」爲「竈」之通假字。

〔四〕「燭」下，明道本、正統本有「之」字，「自燭」一詞義已完足，「之」字衍。

〔五〕士卒，《述聞》謂當爲「王卒」，字之誤也，是，《集解》據改。

〔六〕百行，《國語》各本同，《六書故》卷十六彳部「徹」下引作「陳士卒百人以爲徹行」，《標注》疑

「百行」當在下文「爲萬人」之上，有理，唯「百行」單獨成句亦無不可。

〔七〕帥，正統本同，明道本作「師」，《述聞》、《考異》據當時典章制度和《周禮·天官·小宰》鄭司農注、賈公彦疏等謂當作「師」，《正義》、《詳注》、《集解》從之，是，注同。

〔八〕攤，明道本、正統本作「擁」，《補音》作「擁」，《説文·手部》作「攤」，次同。

〔九〕二君，遞修本同，明道本、正統本作「三君」，依他處「二君」皆著姓氏之例，如「賈、唐二君」、「鄭、唐二君」，則此處當作「三君」，作「二」者字之殘也。

〔一〇〕「抱」前，明道本、正統本、《周禮·小宰》賈疏有「猶」字，可從。

〔一一〕後司農，明道本無「後」字，鄭衆之説見《周禮》鄭玄注引，「後」字當衍，秦鼎本從删。

〔一二〕《補音》引索隱「百人爲一」下有「卒即一」三字，「師」作「帥」，並云「若作『師』字，殊無意義」，是也。

〔一三〕肥胡，《輯存》：「左思《吴都賦》『建祀姑』，劉逵注引《國語》爲證，服、肥、祀形皆相近，《書鈔》作『姑』，與左《賦》劉注合，《唐類函》改從今本作『肥胡』。」檢《書鈔》卷一〇八、一一八兩引此文，均作「肥胡」，不知汪氏何所見。

〔一四〕文犀之渠，《淮南子·氾論訓》高注引作「文渠之甲」。

〔一五〕幡，弘治本作「幡」，形訛。

〔一六〕此句不可解，疑文字有訛誤。

〔一七〕汝，《正義》作「女」，疑擅改。

〔一八〕明道本重「挾」字，據義疑衍，正統本不重。

〔一九〕將軍，《白氏六帖事類集》卷十六、《初學記》卷十六樂部下、卷二十二武部引同，今本《周禮·夏官·大司馬》作「軍將」，「將軍」一詞遲至春秋中期纔出現，且與後世異義，此或當從作「軍將」。明道本重「晉鼓」二字，李慈銘斷其衍，是。

〔二〇〕明道本、正統本無「之」字。

〔二一〕明道本、正統本、《玉海》卷一百四十二兵制引無「爲」字。

〔二二〕陳，明道本、正統本作「陣」，後者係後起俗字。

〔二三〕明道本、正統本無「曰」字。

〔二四〕曰方，張一鯤本、《增注》、秦鼎本同，明道本、遞修本、正統本、静嘉堂本、南監本、弘治本、許宗魯本、葉邦榮本、李克家本作「四方」，作「曰方」者形訛，《增注》、秦鼎皆祖於張一鯤本之故也。

〔二五〕常，明道本、正統本作「裳」，下同，《説文·巾部》「常」下謂：「常，下帬也，从巾，或从衣。」疑作「裳」者依後世用字習慣改，次同。

〔二六〕衛，弘治本、許宗魯本作「之」，蓋因静嘉堂本漫漶不可識或南監本破損而臆補。

〔二七〕秀，弘治本、許宗魯本作「牙」，訛誤原因同上。

〔二八〕帥，静嘉堂本同，弘治本、許宗魯本作「御」，形訛。

〔二九〕亦，弘治本作「左」，後者涉正文而誤。建，弘治本作「甲」，後者誤。

〔三〇〕挾經，静嘉堂本、南監本漫漶不可識，弘治本作「鉞旗」，後者誤。

〔三一〕甲，弘治本作「中」，後者形訛。

〔三二〕隼，弘治本作「軍」，後者形訛。

〔三三〕「陽」前，明道本有「爲」字，但下文韋注「右，陰也」各本同，則以無者爲整齊，正統本無之。

〔三四〕黑，明道本、正統本作「墨」，後者誤。

〔三五〕衿，明道本作「旌」，《札記》引段玉裁説謂當作「衿」，即「紟」之通假字，「紟」以釋帶，李慈銘也持此説，《補正》與上海師大本皆從作「衿」，是。

〔三六〕明道本、正統本無「謂」字。《舊音》出「令丁」，並注：「音零。」《補音》：「力丁反。」正德本所附《國語補音》批校：「案傳注俱無『令丁』，宋音未詳。」段玉裁據此謂此注當作「丁寧，令丁，謂鉦也」，其説有理。

〔三七〕釦，釋玄應《一切經音義》卷三十九引作「响」，古同「吼」。

晉師大駭[一]，不出，周軍飭壘[二]，周，繞也。飭，治也。乃令董褐請事，董褐，晉大夫司馬演[三]。請，問也。○賈逵：董褐，司馬寅也（《左傳·哀公十三年》正義引，汪、蔣輯）。曰：「兩君偃兵接好，日中爲期。偃，匽也。接，合也。今大國越録[四]，録，第也。而造於弊邑之軍壘，敢請亂故[五]。」敢問先期亂次之故[六]。

【彙校】

〔一〕《文選》王仲宣《贈文叔良》李善注引此句前有「於是」二字。

〔二〕飭，明道本作「飾」，疑後者字之訛也，注同。

〔三〕司馬演，《左傳·哀公十三年》、《文選》王仲宣《贈文叔良》李善注「演」作「寅」，《考異》謂「演」字誤，是，蓋十二辰之寅與顔色之褐配對，雖然不像後世那麽整齊，但演與褐相對則無從索解，宜從《左傳》、賈逵、李善等作「寅」。

〔四〕録，《吴越春秋·夫差内傳》作「次」，《文選》王仲宣《贈文叔良》李善注引作「境」。

〔五〕亂，《吴越春秋·夫差内傳》、《文選》王仲宣《贈文叔良》李善注引並作「辭」，疑作「辭」者形訛。

〔六〕先，明道本作「失」，李慈銘謂作「先」者是，可從。

吴王親對之曰：「天子有命，周室卑約〔一〕，貢獻莫入，上帝、鬼神而不可以告，言無以告祭於天神、人鬼〔二〕。無姬姓之振也，振，救也。◎志慧按：今人注本有視振爲「賑」之通假字，《説文·手部》：「振，舉救也。」《貝部》：「賑，富也。」則此振自是本字。徒遽來告，孤日夜相繼〔三〕，徒，步也。遽，傳車也。匍匐就君。○《正義》：《詩·谷風》鄭箋：「匍匐，盡力也。」《玉篇》：「匍匐，伏也，手行盡力也。」◎志慧按：伏地而行，極言其謙卑之貌也。君今非王室不安平是憂〔四〕，億負晉衆庶，不式諸戎、翟、楚、秦，億，安也。負，恃也。安恃其衆，而不用征伐戎、翟、楚、秦卑周者〔五〕。◎志慧按：億不訓「安」，而係語助詞，如《周易·震》六二「震來厲，億喪貝，躋於九陵，勿逐，七日得」王弼注：「億，辭也。」將不長弟，以力征一二兄弟之國。弟，言幼也〔六〕。言晉不帥長幼之節，而征伐同姓兄弟之國，謂魯、衛之屬〔七〕。或云，謂晉滅虞、虢、韓、魏。然虞、虢、韓、魏皆在春秋之始〔八〕，非所以責定公也。○《讀書雜志·逸周書》：長弟者，仁愛之意。《齊語》曰：「不慈孝於父母，不長弟於鄉里。」《吴語》曰：「將不長弟，以力征一二兄弟之國。」韋注：「弟，猶幼也。言晉不帥長幼之節。」亦失之，是長弟爲仁愛之義，故曰「愛民長弟曰恭」，倒言之，則曰「弟長」。○《集解》：尋《傳》意，似訓長弟爲長幼先後之義爲是。◎志慧按：長、弟，皆當作動詞解，謂敬長愛弟也。觀下文晉君謂吴之先君曰「伯父」、「以見我一二兄弟之國以休君憂」、「孤敢不順從君命長弟」等可知，而於「孤敢不順從君命長弟」一句，韋注又云：「長，先也。弟，後也。」

則不唯於當句語義不順，即其前後釋義亦未能一致。復次，吴王責晉人「力征一二兄弟之國」，只可視作外交辭令，不便坐實，如《左傳・僖公四年》管仲責楚國「苞茅不入，王祭不共，無以縮酒」，借口已嫌勉强，接下來借三百多年前「昭王南征而不復」説事，更不能藏拙，以彼例此，則此「一二兄弟之國」多半是吴王信口雌黄，未必實指某時某國。**孤欲守吾先君之班爵，**爵次當爲盟主。◎志慧按：《左傳・哀公十三年》：「吴人曰：『於周室，我爲長。』」杜注：「吴爲太伯後，故爲長。」即此「班爵」之意。**進則不敢，**不敢過先君也。**退則不可。**亦不可不及也。○陶望齡：此進退似只謂當時會事（盧之頤校訂《國語》）。○《增注》：吴晉争長，故不敢進，守其班爵也，亦不可退失其爵次也。○《補正》：此二句注語殊不合，蓋言兵之進退，非蒙上「班爵」而言。**今會日薄矣，**薄，迫也。**恐事之不集，以爲諸侯笑。**集，成也。**孤之事君在今日，不得事君亦在今日。**言欲戰以決之。不勝，則服事君；若勝〔九〕，則爲盟主。○《校文》：言好則盟，惡則戰耳。恐喝之辭，注非。**爲使者之無遠也，孤用親聽命於藩離之外**〔一〇〕。」藩離，壁落也。○《略説》：《小雅・角弓》詩曰：「兄弟昏姻，無胥遠矣。」蓋謂兄弟相親，故曰無遠。◎志慧按：句猶謂爲免雙方使者旅途勞頓，本王親自來大營前討個説法了。

【彙校】

〔一〕卑約，《文選·贈文叔良》李善注作「既卑」，《吴越春秋·夫差内傳》作「卑弱」，義可互訓。

〔二〕明道本無「言」字。

〔三〕户埼允明謂「孤絶句」，《集解》同，唯「日夜相繼，匍匐就君」的主語只能是「孤」，故當於「告」下句，上海師大本即於「告」下句。

〔四〕明道本不重「君」字，正統本重。《正義》與《集解》「君今」作「今君」，後二者誤倒，疑《集解》承自《正義》，《集解敘例》云：「傳文以明道、《補音》二本爲據，擇其是者從之。其疑異脱衍，胥注句下。有依他説訂正者，仍列原文於《集解》，證以他説。」但全書中折衷於各本而失注的例子不在少數。明道本、正統本「安平」作「平安」，上古文獻中「安平」、「平安」兩作，但「安平」更常見。

〔五〕者，明道本作「故也」，上海師大本徑作「者」，據義是。

〔六〕言，明道本、正統本作「猶」。

〔七〕魯，上海師大本亦作「魯」，明道本、正統本作「曹」，晉伐魯，於史無徵，是韋注本誤，明道本據史實改正，抑或韋注本作「曹」，公序本據「魯、衛之政兄弟也」等習語誤改，皆不可考。

〔八〕「然」下，明道本、正統本有「滅」字，疑無者脱，孔廣栻批校補「滅」字，《四庫薈要》本從補。

〔九〕明道本、正統本韋注次「勝」下有「之」字，唯上句無，於義亦當無之。

〔一〇〕藩，正統本作「蕃」。離，明道本、正統本、《文選》王仲宣《贈文叔良》注並作「籬」，注同，「離」通假字，「籬」本字。

董褐將還，王稱左畸曰：「攝少司馬茲與王士五人，坐於王前。」賈、唐二君云：「稱，呼也。左畸，軍左部。攝，執也。少司馬茲與王士五人，皆罪人死士。」○秦鼎：畸，猶偏也。○《國語箋》：《吳越春秋·夫差内傳》載此事，「王稱左畸」作：「王躡左足，與（董）褐決矣。」則「畸」當作「踦」，踦者，一足也。稱者，舉也。王稱左踦，言王舉左足。躡有登義，登者必舉足，故舉足亦言躡。吳王此時蓋偏舉左足加於他物，示慢倨不爲董褐禮也。「攝少司馬茲與王士五人」句，注義亦非，攝是攝官，與猶以也，王命攝司馬之官名茲者以王士五人坐於王前，令其自剄也。◎志慧按：《吳越春秋》相應文字作：「童（董）褐將還，吳王躡左足，與褐決矣。」「躡左足」與「決」之邏輯聯繫不明，故鄭説不可必，疑《吳越春秋》文字有誤。左畸，即赤常赤旟之陣。依文法，少司馬茲確與王士五人俱自剄於王前，秦陵兵馬俑所見前三排的死士中也偶可見有戴官帽者，但少司馬畢竟是高階位的官員，故頗疑少司馬茲是否也在自剄之列。**乃皆進，自剄於客前以酬客**〔一〕。賈、唐二君云：「剄，剄也。酬，報也。將報客，使死士自剄，以示其威行〔二〕，軍士用命也。」昭謂：魯定十四年，吳伐越，越王使罪人自剄以誤吴〔三〕，故夫差劾之〔四〕。　◎志慧按：韋解所言之史事見載於《左傳·定公十四年》：「使罪人三行，屬劍於頸，而辭曰：『二君有治，臣奸旗鼓。不敏於君之行前，不敢逃刑，敢歸死。』遂自剄也。師屬之目，越子因而伐之，大敗之。」正文曰王士，賈、唐二君謂死士，《左傳》則謂罪人，或者王士中甘願獻身而又自貶爲罪人者耶。

【彙校】

〔一〕自，明道本、正統本作「曰」，《補音》出「自剄」二字，上海師大本從作「自」，是。

〔二〕其威行，遞修本、正統本作「王威行」，明道本作「王成行」，李慈銘曰：「公序本是也，此『威』、『成』字相似而誤。」《補正》改作「王威行」，上海師大本從作「其威行」，作「成」者字之訛也。於義遞修本、正統本最勝。

〔三〕剄，明道本作「剄」。

〔四〕劾，張一鯤本作「效」，明道本作「俲」，後者形符加旁字也。正統本作「傲」，當爲「俲」字之訛。

董褐既致命，致命於晉君。乃告諸趙鞅〔一〕趙鞅，晉正卿趙簡子也。曰：「臣觀吴王之色，類有大憂，類，似也。《傳》曰：「肉食者無墨，今吴王有墨。」墨，黑氣也〔二〕。小則嬖妾、嫡子死，不則國有大難〔三〕；大難，反畔〔四〕。大則越入吴。將毒，不可與戰。毒，猶暴也，言若猛獸被毒悖暴也〔五〕。○龜井昱：所謂棄疾於人也，言加毒於人。主其許之先，無以待危，主，趙鞅也。然而不可徒許也。」徒，空也。不空許〔六〕，宜有辭義。趙鞅許諾。

【彙校】

〔一〕明道本、正統本、《左傳·哀公十三年》正義及《文選》王仲宣《贈文叔良》李善注引無「諸」字。

〔二〕黑，明道本作「暴」，《札記》據下文韋解「毒，猶暴也」謂當從作「暴」者，然亦不可必，李慈銘則徑謂作「黑」者是，依後世相書所謂印堂發黑爲凶兆之説，或是也。

〔三〕《左傳正義》本句引作「不然則國有難」。

〔四〕畔，明道本、正統本作「叛」，出本字也。

〔五〕暴，明道本作「逆」，《札記》據《補音》出「悖暴」，謂當從作「暴」，有理。

〔六〕不空許，明道本、正統本作「言不可空許」，似後者義較完。

晉乃令董褐復命曰：「寡君未敢觀兵身見〔一〕，觀，示也。○《補正》：此語謂未敢以兵相見。使褐復命曰：『曩君之言，曩，向也。周室既卑，諸侯失禮於天子〔二〕，謂不朝貢也。

請貞於陽卜，收文、武之諸侯。貞，正也。龜曰卜，以火發兆〔三〕，故曰陽。言吳欲正陽卜〔四〕，收復文王、武王之諸侯，以奉天子。言吳以諸侯失禮於天子，當問於龜。言我當收文、武之諸侯矣〔五〕。○舊注：貞，正也。問卜，內曰陰，外曰陽。○《正義》：《春官·天府》賈疏：「問卜，內曰陰，外曰陽。」龜卜未有不以火發兆者，不得於此文獨言陽卜，蓋合諸侯、朝天子是外事，故曰「陽卜」也。◎志慧按：貞，問也。賈疏誠然，但「以火發兆故曰陽」似亦未見其誤，蓋與《易》占之以蓍草爲工具（《左傳·昭公十二年》又作「枚筮」，《哀公十七年》又叫「枚卜」）相對爲言。文獻不足徵，兩説並存，以廣異聞可也。**孤以下密邇於天子**〔六〕，**無所逃罪，**孤以下，晉辭也。密，比也〔七〕。邇，近也。**訊讓日至**〔八〕，訊，告也。○戶埼允明：《公羊傳》曰：「君嘗問臣。」注：「上問下曰訊，告上曰告，發下曰誥。」此也。讓，責也。**曰：昔吳伯父不失，春秋必率諸侯**〔九〕，**以顧在余一人。**此晉述天子告讓之言也〔一〇〕。同姓元侯曰伯父。吳伯父，吳先君也。不失，四時必率諸侯脩朝聘之禮，以顧在余一人〔一一〕。○《爾雅·釋詁》：在，存也。**今伯父有蠻荆之虞，禮世不續，**今，謂夫差也。虞，度也。言夫差有蠻荆之備，廢朝聘之禮〔一二〕，不得繼世續前人之職。◎志慧按：虞，憂也。蠻荆之虞，此暗指於越入吳。**用命孤禮佐周公，以見我一二兄弟之國，以休君憂。**休，息也。周公，周之太宰，諸侯之師也。君有蠻荆之虞，故命晉以禮佐助周公〔一三〕，與兄弟之國相見，令朝聘天子〔一四〕。息君憂，周之憂也〔一五〕。**今君掩王東海**〔一六〕，**以淫名聞**

於天子[一七]，掩，蓋也。淫，猶僭也[一八]。名，號也。○户埼允明：太宰純曰：「掩王，猶言奄有也。」○《補正》：掩，通作「奄」。**君有短垣，而自踰之，**垣者，喻禮防，雖短，不可踰也。王室雖卑[一九]，不可僭也。**況蠻、荆則何有於周室？**言吴姬姓，而自僭號，況於蠻荆，有何義於周室而不爲乎？○《增注》：何有，不難之辭，言無所憚也。○《補正》：《内傳》「雖戎狄，其何有余一人」，言猶如無有也，注近强。**夫命圭有命，固曰吴伯，不曰吴王。**命圭，受賜圭之策命[二〇]。《周禮》：「伯執躬圭。」吴本稱伯，故曰吴伯[二一]。○《補韋》：徐養源曰：伯者長也，天子命吴爲諸侯長，不命吴爲王也。**諸侯是以敢辭。**辭不事吴也。**夫諸侯無二君，而周無二王，君若無卑天子，以干其不祥，**干，犯也。○《增注》：不祥，僭也。◎志慧按：《易·繫辭》：「德薄而位尊，知小而謀大，力小而任重，鮮不及矣。」指僭越爲不祥，以此。**而曰吴公，孤敢不順從君命長弟？』」許諾**[二二]。長，先也。弟，後也。○《補正》：長弟，應上吴王責晉侯將不長弟語。**吴王許諾。**

【彙校】

〔一一〕見，静嘉堂本、南監本同，弘治本、許宗魯本作「光」，後者誤。

〔一二〕「諸侯」下，明道本、《通鑒外紀》卷九有「大夫」二字，《文選·贈文叔良》李善注、《周禮·地官·天府》賈疏引皆無之，李慈銘謂有者衍，《集解》從删，據《周禮·天府》賈疏引（見下注）

可從。

〔三〕兆，弘治本作「非」，後者形訛。

〔四〕吴，弘治本、許宗魯本作「今」，蓋因静嘉堂本、南監本脱爛不可識而臆補。

〔五〕《校證》疑此是賈注。

〔六〕户埼允明云：「此時姬姓諸侯皆從於晉，故曰『以下』。」另一日本學者葛西質（一七六四—一八二三，字休文，號因是）在其《國語序》中云：「『以下』二字宜删，蓋誤寫注文爛入正文。宋氏本亦如是，其誤寫在天聖明道以前者也。」（收入氏著《因是文稿》上，載日本竹中邦香編《天香樓叢書》第一卷，日本明治十五年刊本），似後説稍勝，龜井昱謂「『以』字存之爲穩」，可從。

〔七〕比，明道本、許宗魯本同，遞修本、静嘉堂本、南監本、弘治本作「此」，疑金李本、許宗魯本據義校正。

〔八〕《札記》、陳奂及王籛引段玉裁説謂此「訊」亦「誶」之誤，可從，《集解》改從作「誶」。

〔九〕所見上海師大本及鮑思陶點校的《國語》「春秋」二字屬下，他本皆屬上，韋注摘「不失」爲釋，並以「四時」釋「春秋」，上海師大本斷句似較合韋意，注同。

〔一〇〕述，遞修本作「迷」，後者字訛。告，静嘉堂本、南監本、弘治本、許宗魯本作「先」，當作「告」。

言，明道本、正統本作「辭」。

〔一一〕明道本、正統本韋注無「以顧在余一人」六字，有者疑涉正文而衍。明道本「脩」作「備」，疑作「備」者形訛。

〔一二〕廢，明道本作「度」，李慈銘謂作「廢」者是，作「度」者蓋形訛，可從。

〔一三〕明道本、正統本「君」前有「言」字，「晉」下有「侯」字。助，弘治本、許宗魯本作「於」，静嘉堂本、南監本破損，弘治本等臆寫致誤。

〔一四〕令，正統本同，明道本作「命」。

〔一五〕之憂，弘治本作「室安」，蓋因静嘉堂本、南監本破損不可識而臆補。

〔一六〕掩，《左傳・哀公十三年》正義、《文選》王仲宣《贈文叔良》李善注引並作「奄」，《説文・大部》：「奄，覆也。」《手部》：「掩，斂也。」則是「奄」爲本字，「掩」爲通假字。

〔一七〕天子，《永樂大典》卷三千五百八十五引同，《左傳・哀公十三年》正義、《文選》王仲宣《贈文叔良》李善注引並作「天下」，作「天子」者，《述聞》、《考異》謂涉下文「天子」而誤，當據以訂正，可從，《集解》據改。

〔一八〕明道本、正統本、《永樂大典》引無「猶」字，本篇《永樂大典》引大多同於明道本。

〔一九〕「王室」前，明道本、正統本有「言」字，秦鼎從補，是。

〔二〇〕賜，明道本、正統本作「鍚」，其初實爲形符更旁字。

〔二一〕吴伯，明道本、《諸子瓊林》前集卷二人倫門作「吴太伯」，上海師大本改從「吴伯」，是。

〔二二〕「許諾」二字，《文選·贈文叔良》李善注引及《永樂大典》皆無之，《述聞》、《考異》皆疑涉下「許諾」而衍，是，《集解》從删。

乃退就幕而會。幕，帳也。吴公先歃〔一〕，晉侯亞之。○《集解》：此夫差聞董褐言，改稱公。○《正義》：黄池之盟，《公羊傳》及《吴世家》並言先晉，與《國語》合。齡案：《吴世家》集解引賈逵曰：「《外傳》云：『吴先歃，晉亞之。』先敘晉，晉有信，又所以外吴。則先吴是實事。及孔子修《春秋》，尊晉抑吴，故先書晉，左氏《内傳》因之。

【彙校】

〔一〕從「吴王」到「吴公」，再到下文「吴王」，使用場合有別，故特予分段。

吴王既會，越聞愈章，恐齊、宋之爲己害也，乃命王孫雄先與勇獲帥徒師，以爲過賓於宋，以焚其北郛焉而過之〔二〕。勇獲，吴大夫也。徒師，步卒也。郛，郭也。託爲過賓而焚其郭，去其守備，使不敢出。○《札記》引段玉裁氏説：「爲」者，今之「僞」字。◎志慧按：勇獲無考，帥徒師之勇獲僅見於此。

【彙校】

〔一〕郛，弘治本作「邪」，後者形訛。

9 夫差退于黄池使王孫苟告勞于周〔一〕

吴王夫差既退于黄池，乃使王孫苟告勞于周，王孫苟，吴大夫。勞，功也。曰：「昔者楚人爲不道，不承共王事〔二〕，以遠我一二兄弟之國。遠，疏也。吾先君闔廬不貰不忍，貰，赦也。○《舊音》：貰，音賒。○《補音》：貰，又式制反，又時夜反，三音。《説文》云「貸也」，無賒、射兩音。今按：韋注：「貰，赦也。」與《説文》合，宜從式制，《漢書·高紀》顔監亦定從此音。被甲帶劍，挺鈹搢鐸，挺，拔也。搢，振也。○《説文·金部》「鈹」下段注云：實劍而用刀削裹之，是曰鈹。○《舊音》：鈹，音披。○《補音》：鈹，普皮反。○《正義》：《哀十一年傳》

「王賜之劍、甲、鈹」，既言劍，又言鈹，當爲二物。揚子《方言》：「錟，謂之鈹。」《説文》：「錟，長矛也。」此文既言帶劍，不應又言挺劍。矛長，故可言挺。《尚書》「立爾矛」，則鈹當爲長矛矣。○《集解》：《説文》：「鐸，大鈴也。」古者文事奮木鐸，武事奮金鐸。**以與楚昭王毒逐於中原柏舉。**○《集解》：柏舉之戰，在魯定四年。毒，暴也。中原，原中也〔三〕。**天舍其衷，**衷，善也，言天舍善於吴。○《增注》：舍，置也。○《補正》：舍，猶「與」也，謂天與其善也，下同。**楚師敗績，王去其國，**昭王奔隨。**遂至于郢。**郢，楚都也。○《正義》：《漢（書）·地理志》：「南郡江陵，故楚郢都也，楚文王丹陽徙此。後九世，平王城之；後十世，秦拔我郢，徙東。」○《集解》：郢，在今湖北江陵縣北，楚武王自丹陽（今秭歸縣）徙此。**王總其百執事，**賈侍中云：「王，往也。百執事，百官也。」昭謂：王，闔廬也。賈君以爲告天子不宜稱王〔四〕，故云「往」也。下言「夫概王」〔五〕，不避天子，故知上「王」爲闔廬也〔六〕。○《補正》：賈説自長，注語非。◎志慧按：總，統領意。賈逵釋「王」爲往，實漢人濫用聲訓之風有以致之，據下文，韋注無誤。**以奉其社稷之祭。**言脩楚祭祀也。**其父子、昆弟不相能，夫槩王作亂**〔七〕，**是以復歸于吴。**昆，兄也〔八〕。夫概王，闔廬之弟也。《傳》曰：「夫概王先歸，自立。」故不能定楚而歸。**今齊侯任不鑒于楚**〔九〕，任，齊景公孫、悼公之子簡公任也〔一〇〕。不鑒〔一一〕，不以楚敗爲鑒戒。**又不承共王命，以遠我一二兄弟之國。**説云：「謂齊納欒盈以伐晉。」昭謂：兄弟，魯也〔一二〕。哀十一年春，齊伐魯，故其年吴會魯以伐齊。◎志慧按：同姓爲兄弟，齊國對吴國「一二兄弟」的侵凌，包括但不限於最近的哀公十一年春伐魯，故雖不必然指向「納欒盈以伐晉」，然也不可謂誤。夫差不貰不忍，被甲帶劍，挺鈹搢鐸，遵汶伐博，博，齊別都〔一三〕。○《釋地》：博，齊汶上邑名，故城在泰安府泰安縣東南三十里。◎志慧按：古博城遺址，在今山東泰安市泰山區邱家店鎮後舊村北、桂林官莊村南，南臨汶河，與「遵汶伐博」之説吻合。在城址中曾發現大量春秋戰國時期器物。考古界認爲此處是春秋戰國的博邑，秦代博陽縣、漢代博平縣、隋代汶陽縣和博城縣、唐代乾封縣城，該古城長期是泰山地區的政治經濟中心。該地距吴魯聯軍下一目標嬴邑五十千米，沿著汶河行軍，路線稍長，但大抵在一天行程之内。簦笠相望於艾陵〔一四〕。唐尚書云：「簦〔一五〕，夫須也。」昭謂：簦笠，備雨笠器也。相望，言不避暑雨。艾陵之戰在上〔一六〕。《傳》曰「五月克博，至于嬴」是也〔一七〕。○賈逵：簦笠，備雨笠器也（釋慧琳《一切經音義》卷八十六引）。○户埼允明：相望，謂軍卒衆多。◎志慧按：《詩·小雅·都人士》「臺笠緇撮」鄭箋：「臺，夫須也。都人之士以臺皮爲笠。」陸璣《毛詩草木鳥獸蟲魚疏·南山有臺》：「舊説夫須，莎草也，可爲蓑笠。」《急就篇》顔注：「大而有把，手執以行，謂之簦。小而無把，首戴以行，謂之笠。」山東嘉祥五老洼漢畫像石可見一人頭戴斗笠肩扛農具〔一八〕。相望，指不絶於途，户埼允明説是也。復次，《左傳·哀公十一年》：「五月克博，壬申，至於嬴。」周曆五月壬申，公曆在是年五月十七日，當月十四日立夏，則韋解謂暑雨不當。天舍其衷，齊師還。言敗而還〔一九〕。夫差豈敢自多〔二〇〕？○《補正》：戰功曰多，言不敢自爲功也。文、武實舍其衷〔二一〕。文、武，二后也。歸不稔於歲，言伐齊之明年，不至於穀孰而復出師也〔二二〕。余沿江泝淮，闕溝深水，出於商魯之閒，以徹於兄弟之國。兄弟，諸姬也。夫差克有成事，敢使苟告於下執事。」克，能也。成事，成功也。

【彙校】

〔一〕穆文熙《鈔評》題作「夫差告勞於周」，上海師大本作「夫差退于黄池使王孫苟告于周」，「勞」字似不當省。

〔二〕承共，明道本、正統本作「共承」，《御覽》卷七六五、《元龜》卷七四五引作「供承」，《上海博物館藏戰國楚竹書·吴命》作「共丞（承）」，下文「承共」則各本同作，《吴越春秋·夫差内傳》作「承供」，《史記》、《漢書》見「共承」，上古其他文獻未見「承共」一詞，據義似作「共（恭）承」較長，次同。

〔三〕原中，明道本僅作「原」，疑脱。

〔四〕賈，静嘉堂本、南監本、弘治本作「國」，後者誤。

〔五〕夫概王，明道本、正統本作「夫槩稱王」，疑衍「稱」字。

〔六〕「夫概」下，弘治本作「作亂避天子故知稱王爲闔廬也」，許宗魯本作「王作亂不避天子故知稱王爲闔廬也」，皆因静嘉堂本、南監本破損而臆寫。

〔七〕夫槩王，明道本同，《舊音》出「概」。

〔八〕兄也，静嘉堂本、南監本、弘治本、許宗魯本作「兄弟」，不知何所據，疑因「兄」字連類而及。

〔九〕任，明道本、正統本、《史記》作「壬」，注同。

〔一〇〕明道本無「任(壬)」字，據韋注例似有者較勝。

〔一一〕「不鑒」下，明道本、正統本有「楚」字，據注當有。

〔一二〕魯也，静嘉堂本、南監本、弘治本作「伐我」，無據，許宗魯本改從衆本。

〔一三〕齊，静嘉堂本、南監本、弘治本、許宗魯本作「郱」，無據。

〔一四〕萱，遞修本同，明道本、静嘉堂本、南監本、正統本、弘治本、許宗魯本作「簦」，形符更旁字也，《齊語》韋注「茅蒲，簦笠也」，各本同。

〔一五〕萱，明道本作「簦笠」，《考異》據《小雅》鄭箋從單字，是。

〔一六〕陵，弘治本作「陸」，後者形訛。在上，穆文熙編纂本作「在十年」，他本唯《增注》及秦鼎本改作「在哀十一年」，疑後者承自《增注》。艾陵之戰在魯哀公十一年(前四八四)，黄池之會在前四八二年。

〔一七〕明道本、正統本無「是也」二字。

〔一八〕參見朱錫禄編著《嘉祥漢畫像石》，山東美術出版社，一九九二，圖：頁七一，文：頁一三〇。

〔一九〕而，明道本作「師」，《御覽》器物部十引同公序本。

〔二〇〕差，明道本「工」部作「匕」，形訛。

〔二一〕實，明道本、正統本作「寔」。

〔二二〕孰，明道本、静嘉堂本、南監本、正統本、弘治本作「熟」。

周王答曰：「苟，伯父命女來〔一〕**，明紹享余一人，若余嘉之。**周王，景王子敬王丐也〔二〕。紹，繼也。享，獻也。繼先王之禮，獻我一人，我心誠嘉之也。○《删補》：若，如「曰若」之「若」，助語辭。○《經傳釋詞》：若，詞之惟也，語詞之惟。説者或訓爲順，或訓爲汝，或訓爲如，皆于文義未協。○《備考》：若，順也。◎志慧按：于「若」字之解，王説是。又，賈旭東《國語·吴語〉「紹享」新釋》謂「紹」應爲「詔」之假借，當訓爲輔相之「相」，「享」亦當理解爲服事、奉事，並以清華簡《周公之琴舞》「享會余一人」爲語例，將「紹享」釋作佐助、服事，可參。**昔周室逢天之降禍，遭民之不祥，**説云：「謂民流厲王於彘也。」昭謂：子朝篡立〔三〕，敬王出奔。民，成周之民，助子朝者。**余心豈忘憂邮，不唯下土之不康靖。**不但憂四方，乃憂王室也〔四〕。**今伯父**

曰『戮力同德』，戮，并也〔五〕。伯父若能然，余一人兼受而介福。而，女也〔六〕。介，大也。伯父多歷年以没元身，元，善也。○《平議》：以没元身，甚爲無義，元，疑「亓」字之誤，亓，古文「其」字，蓋言伯父多歷年以没其身也。伯父秉德已侈大哉！」侈，猶廣也。○秦鼎：已，甚也。

【彙校】

〔一〕命，《舊音》出「令」，明道本、正統本作「令」。

〔二〕景王，明道本、正統本作「周景王」。丐，明道本、正統本作「丏」，敬王名又書作「匄」，則作「丏」者形訛。

〔三〕「子朝篡立」前，明道本、正統本有「禍謂」二字。

〔四〕乃，正統本同，明道本作「及」，疑後者形訛。

〔五〕并，静嘉堂本、南監本、弘治本、許宗魯本作「共」，不知所據。

〔六〕女，明道本、正統本作「汝」。

10 句踐滅吴夫差自殺

吴王夫差還自黄池，息民不戒。戒，儆也。 ○户埼允明：唯息民耳，不敢爲戒備。

◎志慧按：自此至《吴語》結束，敘述視角、立場皆爲越國，所陳事實除「吴王起師」至「（夫差）遂自殺」一段外，亦俱爲越國之事，穆文熙《鈔評》前後兩部分標題作「大夫種昌謀伐吴」、「越師入吴夫差自殺」，傅庚生《國語選》、上海師大本該部分標題俱作「句踐滅吴夫差自殺」，亦均以越國一方爲敘事主角，高木熊三郎《標注》曾見及此，云：「是一章宜在《越語》，而入于《吴語》，可怪也。」將本部分與《越語上》相關内容並觀，似有互文見義之效。 越大夫種乃倡謀〔一〕發始爲倡。曰：「吾謂吴王將遂涉吾地，今罷師而不戒以忘我，我不可以怠也。日臣嘗卜於天，日，昔日也。卜於天，「天若棄吴，必許吾成，既罷弊其民，天奪之食，安受其燼」之言者〔二〕。 ○户埼允明：不戒而忘我也，人事可見也。 今吴民既罷，罷，勞也。而大荒荐饑，市無赤米，赤米，米之姦者，今尚無有〔三〕。 ○千葉玄之：太宰德夫曰：「赤米，紅粟也，謂陳倉米也。」 ○户埼允明：此句謂無積畜也。 ○《標注》：赤米，秈也，穀之最下而易得者，其粒赤色，故稱赤米。 ○《補正》：米以白爲佳，赤米，非佳米也。 而囷鹿空虚〔四〕，員曰囷，方曰鹿。 ○賈逵：鹿，庾也（《廣韻》入聲屋韻引，汪遠孫輯）。 ○《發正》：《説文》：「圜謂之囷，方謂之京。」是方倉曰京，不曰鹿也。賈注曰：「鹿，庾也。」「鹿」俗字，露積曰庾，賈不以鹿爲方倉。**其民必移就蒲蠃於東海之濱。**蒲，深蒲也。蠃，蚌蛤之屬。濱，涯也。○《舊音》：蠃，音騾。○《述聞》：蒲蠃，即蒲盧，蛤屬也。韋注分爲二物，非也。◎志慧按：於「蒲蠃」，王説是，《補正》從之。**天占既兆，**兆，見也。○《略説》：言嘗卜於天，其占既見，爲大荒荐饑。**人事又見，**謂怨誹也。○《略説》：謂民既疲弊，就食蒲蠃屬。○《標注》：人事所該廣矣，軍敗、不戒、忘我等皆是，何特怨誹一項？**我蔑卜筮矣**[五]。○《補正》：謂越之勝，是無待卜筮也。

【彙校】

〔一〕倡，《舊音》出「昌」。正統本作「昌」，韋注同；遞修本、靜嘉堂本、南監本、弘治本正文作「昌」，注文則作「倡」，不一致；明道本作「唱」，形符更旁字也。「倡」「唱」俱爲「昌」的孳乳字。

〔二〕者，明道本、正統本無之，秦鼎從無，可從。

〔三〕《御覽》時序部二十引注作「米之惡也」，疑原作「米之惡者也」，《校證》疑是賈注。後者似較韋注爲長。

〔四〕《補正》：「鹿，當作『簏』。」《御覽》時序部二十引正作「簏」，《校證》謂「簏」「鹿」正假字，是。

〔五〕蔑，明道本作「篾」，從竹之字或亦從艸，如「第」、「答」字或從艸。

王若今起師以會，奪之利，無使失悛〔一〕。悛，改也。夫吴之邊鄙遠者，罷而未至，罷，歸也。◎志慧按：慈利楚簡中與本句相類似者作「吴止（之）既服遠者彼（疲）而未［至］」，則此「罷」字似宜釋作「疲」，「服遠」一詞義亦較《吴語》「邊鄙遠」爲豐。吴王將恥不戰，必不須至之會也，不待遠兵。○户埼允明：至之會，倒裝，謂至而會之也。◎志慧按：至之會，各本同，唯嫌不通，户埼允明雖注意及此，但倒裝之説亦不合語法，存疑。而以中國之師與我戰。中國，國都也。◎志慧按：中國，猶言國中。若事幸而從我〔二〕，言從我而戰。我遂踐其地〔三〕，其至者亦將不能之會也已，言吴邊鄙雖來，將不能會戰。吾用禦兒臨之〔四〕。禦兒，越北鄙，在今嘉興。言吴邊兵若至，吾以禦兒之民臨敵之〔五〕。○《略説》：用，猶由也。蓋謂吾由禦兒以臨吴境而討之。○《釋地》：禦兒，越地，在浙江嘉興府石門縣東南。○《詳注》：今浙江崇德縣東南一里有語溪，即禦兒鄉地也。◎志慧按：《越絶書·越絶外傳記地傳》：「語兒鄉，故越界，名曰就李，吴疆越地以爲戰地。至於柴辟亭、女陽亭者，句踐入官於吴，夫人從道産女此亭，養於李鄉。句踐勝吴，更名女陽，更就李爲語兒鄉。」北至桐鄉濮院、嘉興王店，南至海寧硤石，西至桐鄉崇福，東至海鹽、海寧交界地帶，都有被稱作檇李的記載，該區域盛産檇李，故名。句踐滅吴之後改稱語兒，桐鄉今尚有語溪，「語」、「禦」上古同屬疑母魚部，故得異寫，今吴方言依然同音。桐鄉崇福鎮語溪公園、禦兒橋目前仍兩作。本人實地考察，獲知槜李古戰場在海寧雙山鮑涇港往南到望吴壩及附近的一片平原地帶。**吴王若愠而又戰，**愠，怒也。**幸遂可出**〔六〕。使出奔。**若不戰而結成，**成，平也。**王安厚取名而去之。」**○皆川淇園：去之，猶言舍之也。◎志慧按：《讀書雜志·管子》訓「安」作「乃」，是。「焉」、「安」上古同屬影母元部，故常見通假。**越王曰：「善哉。」乃大戒師，將伐吴。**

【彙校】

〔一〕失，公序本系統同，明道本、正統本作「夫」，當從作「夫」，《補正》：「『夫』指吴王。」作「失」者形訛。

〔二〕幸，明道本作「夸」，李慈銘指後者誤，蓋形訛也。

〔三〕《平議》指二「我」字不當重，並謂前一「我」字衍，《集解》據删，然無據，且於句法上取頂真句式亦更鏗鏘有力。

〔四〕禦兒，《漢書·兩粵傳》作「語兒」，顔注引孟康曰：「越中地也。今吴南亭是。」又顔師古曰：「語字，或作『籞』，或作『禦』，其音同。」

〔五〕明道本無句末「之」字，《考異》謂脱，是。

〔六〕幸，明道本作「奔」，後者訛，或因注語「出奔」改，正統本作「幸」。

楚申包胥使於越，申包胥，楚大夫王孫包胥也。○朱亦棟《群書札記》：《楚策》「棼冒勃蘇」注：「定四年以爲申包胥。」《補》曰：「棼冒，即蚡冒，勃蘇、包胥聲近，豈蚡冒之裔與。」按：棼冒，乃包字之切音，勃蘇，乃胥字之切音，棼冒勃蘇即包胥也，與《左傳》之蚡冒同而異。◎志慧按：「楚申包胥使於越」這一情節，宜置於越國「結齊、親楚、附晉」（《史記・越句踐世家》載越大夫逢同語）的戰略之下觀照：句踐女嫁爲楚昭王夫人，楚惠王之母；《越絶書・越絶外傳記地傳》載齊人爲越人守麻地，楚國軍事專家陳音爲越人制弩並訓練越國士兵，其時的局部沖突已有國際戰爭的元素。在申包胥，借越以滅吴與借秦以救楚俱爲其人生的重要章節，《左傳・定公四年》載：「伍員與申包胥友。其亡也，謂申包胥曰：『我必復楚國。』申包胥曰：『勉之！子能復之，我必能興之。』」其時在公元前五二二年，十六年以後的魯定公四年，申包胥如秦乞師。又過了二十四年，魯哀公十三年，越國首次反水；魯哀公十七年，公元前四七八年，笠澤之戰。此篇與《吴越春秋・勾踐伐吴外傳》皆記申包胥於戰前充當越國軍事顧問，之後再未見相關記載。**越王句踐問焉，曰：「吴國爲不道，求殘我社稷、宗廟，以爲平原，弗使血食。吾欲與之徼天之衷，**徼，要也。◎志慧按：

賈逵注：「邀，求也（《文選》劉孝標《廣絶交論》李善注引）。」疑賈逵所見者作「邀」，二者字異義同。唯是車馬、兵甲、卒伍既具，無以行之。行，猶用也〔一〕。請問戰奚以而可？」以，用也。包胥辭曰：「不知。」謙也。王固問焉，乃對曰：「夫吴，良國也，良，善也。○《述聞》卷二十一：良亦彊也，良國，彊國也。○《平議》：良國者，大國也。凡有善義者，即有大義。能博取於諸侯。取貢賦也。敢問君王之所以與之戰者？」問政惠所行也。王曰：「在孤之側者，觴酒、豆肉、簞食未嘗敢不分也，觴，爵名。豆，肉器。簞，飯器。飲食不致味，致，極也，不極五味之調。聽樂不盡聲，不盡五聲之變。求以報吴。願以此戰。」包胥曰：「善則善矣，未可以戰也。」王曰：「越國之中，疾者吾問之，死者吾葬之，老其老，敬長老也。慈其幼，長其孤，問其病，求以報吴。願以此戰。」包胥曰：「善則善矣，未可以戰也。」此小惠，未徧，故未可用也。王曰：「越國之中，吾寬民以子之，忠惠以善之。吾脩令寬刑，施民所欲，去民所惡，稱其善，掩其惡，求以報吴。願以此戰。」包胥曰：「善則善矣，未可以戰也。」王曰：「越國之中，富者吾安之，不專取也。貧者吾予之〔二〕，救其不足，裁其有餘，裁，謂有餘則税之。使貧富皆利之，求以報吴。願以此戰。」包胥曰：「善則善矣，未可以戰也。」王曰：「越國南則楚，西則晉，北則齊，西、南、北，皆以中國言之。春秋皮幣、玉帛、子女以賓服焉，未嘗敢絶，求以報吴。願以此戰。」○穆文熙：越王所應於包胥者，一乃分其甘旨，次乃恤其疾痛，次乃同其好惡，次乃均其貧富，次乃睦其鄰國。五者既備，而後以仁、智、勇行之。仁、智、勇非有出於五者之外也（《鈔評》）。包胥曰：「善哉，蔑以加焉，然猶未可以戰也。夫戰，知爲始[三]，仁次之，勇次之。不知，則不知民之極，極，中也。無以銓度天下之衆寡；銓，稱也。不仁，則不能與三軍共饑勞之殃；不勇，則不能斷疑以發大計。」越王曰：「諾。」○何孟春：包胥之論歸重在「勇」字，蓋勸越王之決于斃吴也。若智、仁，則上數者已兼之矣，乃知智、仁特爲勇而發耳（《國語秇型》）。◎志慧按：孫鑛指本段「自曹沫問魯莊來」，並斥其「辭繁而未工」，對比《左傳·莊公十年》曹劌論戰，莊公談及衣食、祭祀、獄訟三個方面，本段如穆文熙所概括的擴展到了五個方面，且每個方面都顯著增加了篇幅。從提問者言，《左傳》曹劌集中在「勇」，本段申包胥擴展了「知（智）」與「仁」，且將「勇」置於最後。這都是「繁」，可視爲曹劌論戰的加强版。至於工拙，《左傳》重在敘述，簡潔；本段作爲語類文獻，爲了塑造句踐形象多一些對仗與鋪排，難分軒輊。下段五大夫答問同此。

【彙校】

〔二〕猶用也，明道本作「用之」二字。

〔三〕予，明道本、正統本作「與」，二字古常通作。

〔三〕知，明道本、正統本作「智」，出其本字也，次同。

越王句踐乃召五大夫，五大夫，舌庸〔一〕、苦成〔二〕、大夫種、范蠡、皋如之屬〔三〕。曰：「吳爲不道，求殘吾社稷、宗廟，以爲平原，不使血食。吾欲與之徼天之衷，唯是車馬、兵甲、卒伍既具，無以行之。吾問於王孫包胥，既命孤矣；命，告之〔四〕。敢訪諸大夫〔五〕，問戰奚以而可〔六〕？句踐願諸大夫言之，皆以情告，無阿孤，孤將以舉大事。」阿，曲從也。大夫舌庸乃進對曰：「審賞則可以戰乎？」王曰：「聖。」審賞，賞不失勞。聖，通也。大夫苦成進對曰：「審罰則可以戰乎？」王曰：「猛。」能罰則嚴猛也〔七〕。大夫種進對曰：「審物則可以戰乎？」王曰：「辯〔八〕。」説云：「别物善惡。」昭謂：物，旌旗、物色、徽幟之屬。辯，别也。○《校補》：辯，讀爲「辨」，《吳越春秋·勾踐伐吳外傳》正作「辨」。大夫蠡進對曰：「審備則可以戰乎？」王曰：「巧。」備，守禦之備。巧，審密，不可攻入也〔九〕。大夫皋如進對曰：「審聲則可以戰乎？」王曰：「可矣。」聲，謂鍾鼓進退之聲〔一〇〕，聲不審〔一一〕，則衆惑也。○《正義》：《史記·律書》正義引兵書云：「夫戰，太師吹律，合商則戰勝，軍事〈張〉强；角則軍擾，多變失志；宮則軍和，主卒同心；徵則將急，數怒，軍士勞；羽則兵弱，少威焉。」《文選》鍾士季《檄蜀文》李善注引《黄帝出軍決（訣）》曰：「始立牙之日，金鐸之聲揚以清，鼓鞞之聲婉而鳴，此大勝之徵也。」

是審音之事也。　◎志慧按：今紹興皋埠街道有社廟，古來相傳奉祀皋如，民國二十六年版《紹興縣志資料》第一輯《皋埠志》「老皋王祠」下謂「皋顯子八人，又繼子一，居高平，父子有德於鄉，卒後鄉人思之，各祀其一」，地名皋埠、皋平等皆因此得名，萬曆《會稽縣志》謂祀皋陶，其後志書遞相轉述，實謬。

【彙校】

〔一〕舌庸，明道本作「后庸」，後者誤，說見前，下同。

〔二〕苦成，《春秋繁露・身之養重於義》作「車成」，上古音苦字在溪母魚部，車在見母魚部，音近相通，中原文獻於吳越人名、地名等的標注多有出入，得其近似可也。

〔三〕之屬，各本同，秦鼎疑衍，其疑有理。

〔四〕之，明道本、正統本作「也」，秦鼎徑從改，是。

〔五〕訪的對象是諸大夫，「訪」與「諸大夫」間似當有一「諸」或「之」字，如《莊子・田子方》「卜之諸大夫」，疑傳抄時漏抄一重文號。唯各本無異文，姑揭出以俟考。

〔六〕《文選》陸士衡《從軍行》李善注引本句「訪」作「問」，無下「問」字。

〔七〕明道本重「嚴」字，衍。

〔八〕辯，明道本、正統本同，張一鯤本、《增注》作「辨」，疑張一鯤本擅改，《增注》承之，注同。

〔九〕「巧」下韋注，明道本作「巧，巧審，故不可攻入也」。

〔一〇〕鍾，遞修本同，正統本作「鉏」，明道本作「鉦」，《正義》作「鉦鐘」。《集解》校勘記云：「聲，謂鉦鼓進退之聲。『鉦』原從公序本作『鍾』，據明道本改。按古代戰争，鼓聲司進，鉦聲司退，故以明道本爲長。」可從，疑「鉏」係「鉦」之訛，「鉦鐘」爲「鉦鼓」之誤。

〔一一〕明道本、正統本不重「聲」字，疑脱。

王乃命有司大令於國曰：「苟任戎者〔一〕，皆造於國門之外。」國門，城門也。○《正義》：王肅《易注》：「造，就也，至也。」《般庚》「其有衆咸造」孔疏：「造爲至義。」王乃令於國曰〔二〕：「國人欲告者來告，三君云：「告不任兵事也。」昭謂：告者，謂有善計策及職事所當陳白者。不任兵事，則下所謂「眩瞀之疾」、「筋力不足以勝甲兵者告〔三〕」是也。告孤不審，將爲戮不利，不審，謂欺詐非實也。◎志慧按：爲戮不利，各本無異文，唯嫌表達不穩，文獻中多見「將爲戮」或「將戮不赦」，如畢沅校本《吕氏春秋·懷寵》：「民有逆天之道，衛（護）人之讎者，身死，家戮不赦。」頗疑「利」係「赦」字之誤，俟證。過及五日必審之〔四〕，使孰思計之也。過五日，道將不行。」道，術也。過五日則晚矣，軍當出也，故術將不行。○《增注》：道，言也。雖有陳言，將不行也。

【彙校】

〔一〕任，明道本作「在」，《札記》謂當從作「任」，《集解》、上海師大本改從「任」，據當時軍制可從，下文韋注「不任兵事」亦可證。

〔二〕令，明道本、正統本作「命」。

〔三〕明道本、正統本無「告」字，此句解釋「不任兵事者」，以無「告」者爲優。

〔四〕明道本、正統本無此「過」字，有者疑涉下衍，陳樹華校《補音》云：「此有『過』字，蓋當日參校未審擇耳。」

王乃入命夫人。王背屏而立，夫人向屏。屏，寢門内屏也。王北向，夫人南向。王曰：「自今日以後，内政無出，外政無入。内政，婦職。外政，國事。内有辱，是子也；外有辱，是我也。吾見子於此止矣。」王遂出，夫人送王，不出屏，婦人禮送迎不出門〔一〕。乃闔左闔，填之以土，閉陽開陰，示幽也。○賈逵：填，塞也，滿也（《孟子·梁惠王上》孫疏引，汪遠孫輯）。○《正義》：《爾雅·釋宫》：「闔，謂之扉。」《荀子·儒效篇》「外闔不閉」楊注：「闔，門扉也。」是闔即門扇也。○《辨正》：《儀禮·士喪禮》：「（卜葬日）闔東扉，主婦立于其内。」闔左闔，乃其時喪葬之禮儀規定，此係軍禮，《老子》云：「夫佳（唯）兵者不祥之器……殺人之衆，以哀悲泣之，戰勝以喪禮處之。」可見，至少在春秋時期，軍禮與喪禮有共通之處，韋注以陰陽説事，乃漢人習氣影響，春秋時尚未見此説。**去等側席而坐**〔二〕**，不埽。**笄，簪也。去笄，去飾也。側，猶特也。《禮》：「憂者側席而坐。」○《增注》：或云：「側席，謂偏設之，變於正席也。」是也。本注「側猶特也」，是依鄭氏，然不穩也。◎志慧按：《禮記·曲禮上》：「有憂者側席而坐，有喪者專席而坐。」韋蓋意引。

【彙校】

〔一〕婦人禮，明道本作「禮婦人」，疑公序本誤倒，若此，則本句當斷作：「禮，婦人送迎不出門。」可參《左傳·僖公二十二年》及《魯語下》「公父文伯之母不踰閾」韋注。

〔二〕等，遞修本作「并」，明道本、静嘉堂本、南監本、弘治本、許宗魯本、葉邦榮本、張一鯤本、李克家本作「笄」，金李本、遞修本韋注同作「笄」，是作「等」、作「并」者皆訛。

王背檐而立〔一〕**，大夫向檐。**説云：「檐，屋外邊壇也〔二〕。」唐尚書云：「屋名也〔三〕。」昭謂：檐，謂之樀〔四〕。樀，門户掩陽也。○《補正》：《爾雅·釋宫》「檐謂之樀」疏云：「屋之四垂也。」**王命大夫曰：「食土不均，地之不脩**〔五〕**，内有辱於國，是子也；**均，平也。脩，墾也。

○《增注》：大夫，留守之大夫。軍士不死，○《增注》：不死，不授命也。外有辱，是我也。自今日以後，内政無出，外政無入，内，國政。外，軍政也。吾見子於此止矣。」○《增注》：示必死之辭。王遂出，大夫送王不出檐，示當守備也。乃闔左闔，填之以土，側席而坐，不埽。示憂戚，無飾也。◎志慧按：上文韋注「去飾」針對正文「去笄」，而非「不埽」，此「無飾」不明針對。即使針對「不埽」，上文已有解釋，此處不必重出，不知何故。

【彙校】

〔一〕王，弘治本作「主」，後者形訛。

〔二〕外，正統本同，明道本作「水」，李慈銘謂作「外」是，作「水」者字之誤也，可從。

〔三〕名，《發正》謂當作「梠」，《説文·木部》：「楣，秦名屋櫋聯也，齊謂之檐，楚謂之梠。」

〔四〕明道本無「檐謂」二字，孔廣栻斷其脱，「檐謂之樀」出《爾雅·釋宫》，《札記》據此斷明道本誤，上海師大本據改，是。

〔五〕地，明道本、正統本作「土地」。《通鑒外紀》卷九「地之」作「土地」。

王乃之壇列，壇在野，所以講列士衆誓告之處。　○《國語箋》：《吴越春秋・句踐伐吴外傳》載此文，作：「句踐乃坐露壇之上，列鼓而鳴之，軍成陳行〔一〕。」趙氏讀「列」字下屬，於義爲順。　蓋越之三軍，王及軍帥以下各有鼓，同時鳴擊之以行軍，故云「列鼓而行之」也。　◎志慧按：鄭氏説有據，可從。　又，賈逵《國語注》云：「在郭曰壇，在野曰場。」（見釋慧琳《一切經音義》卷八十引）不知韋昭何所據而云然。　鼓而行之，至於軍，軍，所軍之地也。　斬有罪者以徇，◎志慧按：《史記・司馬穰苴傳》「以徇三軍」索隱：「徇，行示也。」正其義也。　曰：「莫如此以環瑱通相問也。」環，金玉之環。　瑱，塞耳。　問，遺也。　通，行賂以亂軍。　○秦鼎：此，此人也。　◎志慧按：聘問當用璧琮，環瑱之問，非禮也。　非禮而遭處斬，且赫然置於首罪，則似另有原因：環諧音「還」，不是一往無前，視死如歸，或有動摇軍心之嫌。《釋名・釋首飾》：「瑱，鎮也，懸當耳旁，不欲使人妄聽，自鎮重也。　或曰充耳，充，塞也。　塞耳亦所以止聽也。」亦非衝鋒陷陣所用之物。　明日徙舍〔二〕，斬有罪者以徇，曰：「莫如此不從其伍之令。」明日徙舍，斬有罪者以徇，曰：「莫如此不用王命。」明日徙舍，至於禦兒，斬有罪者以徇，曰：「莫如此淫逸不可禁也。」　◎志慧按：從越國首都今紹興市城區至桐鄉市崇福一帶，舊時水陸旅程皆約三日，文中三「明日」蓋實録也。

【彙校】

〔一〕《吴越春秋》原文「軍行成陣」，鄭氏誤引。

〔二〕徙，弘治本作「徒」，後者形訛，次二者不誤。

王乃命有司大徇於軍，曰：「有父母耆老而無昆弟者，以告。」六十曰耆，七十曰老。○《標注》：耆老，亦大概稱其衰弊而已，不必限年，若「七十曰老」，全無徵。王親命之曰：「我有大事，子有父母耆老，而子爲我死，子之父母將轉於溝壑，轉，入也。○《淮南子·主術訓》「生無乏用，死無轉尸」高注：轉，棄。◎志慧按：《孟子·公孫丑下》「老弱轉於溝壑」孫疏：「轉，轉尸於溝壑也。」轉於溝壑，蓋當時習語。子爲我禮已重矣。重矣，去父母而來也。子歸，没而父母之世〔一〕。没，終也。◎志慧按：而，古同「爾」，如《周語上·密康公母論小醜備物終必亡》「衆以美物歸女，而何德以堪之」「況爾小醜」，其中「女」「而」「爾」並用。後若有事，吾與子圖之。」明日徇於軍，曰：「有兄弟四五人皆在此者，以告。」王親命之曰：「我有大事，子有昆弟四五人皆在此，事若不捷，則是盡也。捷，勝也。擇子之所欲歸者一人。」明日徇於軍，曰：「有眩瞀之疾者告〔二〕。」○賈逵：眩，瞑，顛瞑也（釋玄應《一切經音義》卷一二引，汪遠孫輯）。王親命之曰：「我有大事，子有眩瞀之疾，其歸。若已，若，汝也。已，止也。　○《補韋》：其歸若已，猶云或歸于國，或止于此，不必從戎也。　○《經傳釋詞》卷七：其歸若已，言子其歸而止息也。　○秦鼎：歸若已，猶言汝其歸休，與上文「歸没而父母之世」之「歸」同。　○《補正》：已，猶「愈」也。　◎志慧按：若已，謂如若病愈。故於「歸」下句，此從龜井昱説。**後若有事，吾與子圖之。」明日徇於軍，曰：「筋力不足以勝甲兵、志行不足以聽命者，歸。」莫告**〔三〕。　◎志慧按：《史記·信陵君列傳》：「公子遂將晉鄙軍，勒兵，下令軍中曰：「父子俱在軍中，父歸；兄弟俱在軍中，兄歸；獨子無兄弟，歸養。』得選兵八萬人。」可與越王此軍政相參。**明日，遷軍接龢，**上下皆龢也。　○《述聞》：龢，軍門也。《周官·大司馬》「以旌爲左右和之門」鄭注：「軍門曰和。」一曰：接龢，地名，「明日遷軍接龢」猶上文言明日徙舍至於禦兒也。○《補韋》：陶望齡曰：「此『接和』恐是與吴地之守者交兵相接耳，作上下相和解，不應下復有志行不果者矣。」模案：此云接和，即相當相望之義也。　◎志慧按：王氏後説未見文獻依據，前説亦見於《經義叢鈔》，且此時大軍已到達禦兒，即兩軍交戰之地，故可從。**斬有罪者以徇，曰：「莫如此志行不果。」**果，勇決也。**於是人有致死之心。**

【彙校】

〔一〕没，明道本、正統本作「殁」，出本字也，注同。

〔二〕眘，《一切經音義》卷十二引賈逵注作「睸」，聲符更旁字。「告」前，明道本、正統本有「以」字，據前文整飭的表達式當有。

〔三〕所見今人各標點本如上海師大點校本及王樹民、沈長雲點校《國語集解》俱將「莫告」一語置於引號內，此當爲敘述人語，故置於引號外。

王乃命有司大徇於軍，曰：「謂二三子歸而不歸，處而不處，處，止也。進而不進，退而不退，左而不左，右而不右〔一〕，身斬，妻子鬻。」鬻，賣也。

【彙校】

〔一〕「不左」、「不右」，明道本作「不在左」、「不在右」，《集解》以爲各衍「在」字，《通鑑外紀》卷九引則有「在」而無之前的「而」字，於義皆無殊。

於是吴王起師，軍于江北，江，松江，去吴五十里。○虞翻：松江北去吴國五十里（《水經·沔水注》引，汪、黄輯）。○《補正》：松江，一名笠澤，在今吴江縣界。越王軍于江南。越王乃中分其師以爲左右軍，《傳》曰：「越子伐吴，吴子禦之笠澤，夾水而陳。」在魯哀十七年。以

其私卒君子六千人爲中軍。私卒君子，王所親近有志行者，猶吳所謂賢良、齊所謂士也。○虞翻：君子，言君養之如子(《史記·越王句踐世家》集解引，汪、黄輯)。○司馬貞：君子，謂君所子養有恩惠者(《史記·越王句踐世家》索隱)。○《正義》：《昭二十七年傳》：「沈尹戌帥都君子。」杜注：「都君子，在都邑之士，有復除者。」是杜説亦得爲一義也。○秦鼎：《越世家》「教士四萬人，君子六千」，虞翻云：「言君養之如子。」《内傳》「楚有都君子」，杜云：「諸都邑之士有復除者。」◎志慧按：於「私卒君子」之義，韋注似有游移，首云「王所親近有志行者」，復云「猶吳所謂賢良、齊所謂士也」，從制度安排上看，齊之所謂士，即來自於士鄉者，係在國野制度背景下的國中之士，在國野制度崩解後，那些本來不在徵兵之列者也加入到營伍中，其戰鬥力自然不及原來就熟悉營伍生活的國中之士，此間之「私卒君子」疑爲父祖輩都曾服過兵役的國中之士。**明日，將舟戰於江，及昏，乃令左軍銜枚泝江五里以須**[一]，須，須後命也。○《正義》：《周禮·大司馬》鄭注：「枚，如箸，銜之，有繣，結項中。」賈公彦曰：「繣兩頭繫也，以組爲之，兩頭交於項後結之。」◎志慧按：《周禮·秋官·銜枚氏》鄭注：「銜枚，止言語囂讙也。」軍士所銜之枚未必有《周禮》所載那樣講究，蓋取江邊蘆葦之類而爲之也。**亦令右軍銜枚踰江五里以須。**踰，度也。○賈逵：逆流而上曰泝，徑渡曰踰。須，待也(《御覽》兵部八十八引，汪遠孫輯)。○《辨正》：「踰」確有度義，然玩文義，此「踰江」與前句之「泝江」方向相反，即順流而下，故以度解此「踰」不夠熨貼，尤其是容易與下文混淆：「越王乃令其中軍銜枚潛涉。」韋注：「涉，度也。」顯然，「銜枚踰江」之「踰」不是涉水，涉水是「夜中」以後之事，這是順著江岸而下。**夜中，乃令左軍、右軍涉江**〔二〕**，鳴鼓中水以須。**夜中，夜半也。中水，水中央。◎志慧按：《孫子兵法·地形》：「善用兵者譬如率然，率然者，常山之蛇也，擊其首，則尾至；擊其尾，則首至；擊其中，則首尾俱至。」越軍此戰之陣有似兵法之長蛇陣。**吴師聞之，大駭，曰：「越人分爲二師，將以夾攻我師。」乃不待旦，亦中分其師**〔三〕**，將以禦越。**不知越復有中軍，故中分其師以禦之。**越王乃令其中軍銜枚潛涉，**潛，嘿也〔四〕。涉，度也〔五〕。○秦鼎：《越世家》云：「乃發習流二千。」陳霆引徐天祐《吴越春秋注》曰：「笠澤之勝，以三軍潛涉也。習流，即潛流之士。」**不鼓不譟，以襲攻之，吴師大北。**軍敗奔走曰北，北，古之「背」字。○賈逵：襲，還也〔六〕（《文選》潘安仁《哀永逝文》李善注引，汪遠孫輯）。○《標注》：北，音如字，未可作「背」字。**越之左軍、右軍乃遂涉而從之，又大敗之於没，**没，地名也。○《釋地》：没，地名，當在松江之北吴國之南。◎志慧按：没，地名，無考，譚其驤《中國歷史地圖集》所標位置與《釋地》説同，《吴越春秋·勾踐伐吴外傳》作「津」。在今蘇州城西南方一帶七子山、上方山和五峰山等山嶺上，遍布著百來個突出的高大土墩，沿太湖尤多，計有百數，考古界稱之爲「石室土墩」，又叫做「太湖烽燧墩」；常熟虞山自東嶺至西嶺也遍布這樣的土墩二百餘。當地方志稱作「藏軍洞」，認爲是吴國的軍事堡壘，前者正處在越國從太湖進攻吴國首都的行軍路線中，或可參。**又郊敗之，**郊，郭外也。**三戰三北，**三戰，笠澤也、没也、郊也。**乃至于吴。越師遂入吴國，圍王宫**[七]。王宫，姑蘇。◎志慧按：此「吴國」的「國」，非指吴國境，而係與野相對的國，即國都。清華簡《越公其事》載此戰事云：「(越)左軍、右軍乃遂涉，攻之。吴師乃大北，疋(旋)戰疋(旋)北，乃至於吴。越師乃因軍吴。吴人昆奴乃入越師，越師乃遂襲吴。」

【彙校】

〔一〕左，正統本作「在」，後者形訛。

〔二〕令，明道本作「命」，前二處及下一處各本皆作「令」，似當一律。

〔三〕「亦」前，明道本有「且」字，李慈銘斷其衍，疑涉「旦」字而衍，有理。

〔四〕嘿，明道本、正統本作「默」，形符更旁字也。

〔五〕度，正統本作「渡」，出本字也，明道本作「没」，誤，疑因所見本字從氵作「渡」，遂訛爲「没」。

〔六〕《輯存》：「還，蓋讀爲『環』，《左氏・襄十年傳》『還鄭而南』，釋文本亦作『環』。」可從。

〔七〕宫，正統本、《左傳・哀公二十二年》正義引同，《清華大學藏戰國竹簡(柒)・越公其事》亦同，明道本作「臺」，注同。

吴王懼，使人行成，曰：「昔不穀先委制於越君，不言越委制於吴，謙而反之也。◎志慧按：《越語下》三言「委制」，義皆同委質，義見《晉語九・鼓臣夙沙釐事君不二》韋注。此作「委制」於義睽違，檢清華簡《越公其事》作「秉利」，《吴語》上文即有「秉利度義」，韋注：「秉，執也。」此似作「秉利」較勝。君告孤請成，男女服從。孤無奈越之先君何，言越先君與吴有好。畏天之不祥，不敢絶祀，許君成，以至于今。今孤不道，得罪於君王，君王以親辱於孤之弊邑〔一〕，孤敢請成，男女服爲臣御。」越王曰：「昔天以越賜吴，而吴不受。今天以吴賜越，孤敢不聽天之命，而聽君之令乎？」乃不許成。因使人告于吴王曰：「天以吴賜越，孤不敢不受。以民生之不長，長，久也〔二〕。◎志慧按：民生，此「民」字乃泛指，猶人也，與楚辭「民生之多艱」、「民生之長勤」同，不與官、君相對。王其無死！民生於地上，寓也，寓，寄也。其與幾何？言幾何時。寡人其達王於甬句東，達，致也。甬句東，今句章東海口外洲也〔三〕。〇《補正》：甬東即舟山，在今寧波府定海縣。◎志慧按：《越語上》復有「達王甬句東」，韋注：「甬，甬江。句，句章也。」按韋昭的理解，此甬句爲兩地。唯句章似不宜簡稱句，《左傳・哀公二十二年》作「請使吴王居甬東」，《史記・吴太伯世家》作「句踐欲遷吴王夫差於甬東」，《集解》引賈逵曰：「甬東，越東鄙，甬江東也。」《吴越春秋・夫差内傳》作「吾請獻勾甬東之地」，《吴越春秋・句踐伐吴外傳》作「吾置君於甬東」，則似上文之「甬句」爲「句甬」之誤倒，句甬、勾甬即甬也，疾言緩言之別耳，人名、地名前加一前綴乃中國東部地區特別是吴越地區上古漢語的常例，如居庸、句容、居巢、姑蘇、姑蔑、於越、於潛、餘姚、餘杭、無錫等等，傳抄者不明此例，將「句甬」二字誤倒，並《越語上》下一處「句甬」亦誤倒，韋昭更以「句」屬之句章，亦誤。李吉甫《元和郡縣志》卷二十七云：「翁洲，入海二百里，即《春秋》所謂甬東地也。」今浙江省舟山市定海區城東街道有村名甬東，北靠山，南臨海，這一片開闊地上歷史積澱深厚。當地口傳，夫差自殺未遂，忍辱蟄居舟山島南部原徐偃王城一帶，當地至今仍有吴榭（小區）、吴家山等地名，晚近還置有吴洞鄉；一九八二年考古發掘中，甬東村東數千米的金鷄村徐家墩與城隍頭村毛家鳥墩均發現春秋戰國時期遺址，頗疑其餘部有流放至舟山者，故有此類史影。復次，清華簡《越公其事》亦作「甬句重（東）」，抑或《越語上》與《越公其事》同出一源乎？**夫婦三百，唯王所安，以没王年。」**夫婦各三百人以奉之。在所安〔四〕，可與居者〔五〕。○《國語箋》：《吴越春秋》「夫婦三百」作「夫婦三百餘家」，此「三百」當是計家數，非人數，韋氏誤。《史記·吴世家》作「百家」，亦是計家，「百」上或脱去「三」字。○《集解》：夫婦，謂男女侍役也。**夫差辭曰：「天既降禍於吴國，不在前後，當孤之身，實失宗廟、社稷**〔六〕。**凡吴土地人民，越既有之矣，孤何以視於天下？」**○龜井昱：長生久視之「視」。

【彙校】

〔一〕明道本、正統本無「孤之」二字，郭萬青《國語考校》以爲明道本「弊邑」九見，其他八見前皆無限定成份，此處恐亦當以無「孤之」二字爲是，可參。

〔二〕久，静嘉堂本、南監本、弘治本作「反」，後者形訛，許宗魯本已校正。

〔三〕海口，《通典》卷一八二引作「浹口」，王應麟《困學紀聞》卷十：「《國語》注：『甬句東，今句章東海口外洲。』當作『浹口』，蓋傳寫之誤。」段玉裁據《元和郡縣志》等引、《札記》據《補音》音注皆謂當作「浹口」，延祐《四明志》卷一《沿革考・辨證》：「《左傳》：『越滅吴，請使吴王居甬東。』注：『句章縣東海中洲也。』《吴語》云『甬句東』注：『今句章東海外洲也。』晉孫恩寇浹口，入餘姚，破上虞。《通典》云：『越徙夫差於甬東，韋昭曰即句章東浹口外洲。（余姚郡）東北到大海浹口七十里。』今按：甬東浹口即定海縣之浹港，《輿地廣記》定海有大浹江。浹口外洲，即翁洲也。」洲，《史記・吴世家》集解作「州」，洲爲「州」之後起字。大浹江，即甬江。

〔四〕在所安，正統本同，明道本、《增注》無「在」，此釋正文，似當從無。

〔五〕居，明道本、正統本作「俱」。

〔六〕實，明道本、正統本作「寔」。

夫差將死，使人説於子胥〔一〕，説，告也。○《增注》：蓋告之於江津也。○《辨正》：其時伍子胥已死，則此「説」當不是一般之告訴或者陳説，下文引號中的内容則係夫差自語，非夫差特地「使人説於子胥」的「説辭」，故而此「説」當另作解釋。《周禮·春官·大祝》有云：「掌六祈以同鬼、神、示（祇）：一曰類，二曰造，三曰禬，四曰禜，五曰攻，六曰説。」竊以爲「六祈」之六的「説」正是本條之「説」，《上海博物館藏〈戰國楚竹書（二）·魯邦大旱〉》記載魯邦大旱，哀公欲以圭璧幣帛祭祀以求雨，孔子説：「庶民知説之事。」《淮南子·泰族訓》「郊天望山川，禱祠而求福，雩兑而請雨」高誘注：「兑，説也。」這二處求雨之「説」正與本條之「説」類似。**曰：「使死者無知，則已矣；若其有知，吾何面目以見員也**〔二〕**？」遂自殺。**○《史記志疑》卷十七：《左傳》作縊，《越世家》云自殺，其義一也。而此言自剄。《越絶書》、《吴越春秋》作伏劍，《淮南·道應》、《説苑·正諫》與此同，《子胥傳》又言「越殺夫差」，並小異。

【彙校】

〔一〕説，《左傳·哀公二十二年》正義引作「告」。

〔二〕吾，《左傳正義》引作「吾其」二字，疑衍「其」字。

越滅吴，在魯哀二十二年冬十一月〔一〕。**上征上國，**上國，中國也。○《正義》：《越世家》説此事云：「句踐已平吴，乃以兵北渡淮，與齊、晉會於徐州，致貢於周。周元王使人賜句踐胙，命爲伯。句踐已去，渡淮南，以淮上地與楚，歸吴所侵宋地，與魯泗東地方百里。當是時，越兵横行於江淮東，諸侯畢賀，號稱霸王。」**宋、鄭、魯、衛、陳、蔡執玉之君皆入朝。**玉，珪璧也〔二〕。○《正義》：陳初亡在昭八年，陳後亡在哀十七年，説者謂《昭九年傳》鄭裨竈曰「封五十二年而遂亡」，則陳後亡之後，不復封矣。越滅吴在哀二十二年，斯時安得有陳君？或又謂，陳之初亡，楚使穿封戌爲陳公，則後亡後亦必有爲陳公者，即陳君也。案：陳公爲楚之邑令，不應外交于越，亦不應執玉，且戰國時列國之臣有稱君者，春秋時則無之。兩説義無明證，姑録其説以俟審定。○秦鼎：哀十七年，楚已滅陳，此有陳者，誤也，可削。○《史記會注考證·越世家》：中井積德曰：「命爲伯，恐夸張之言，非實然也。」◎志慧按：《國語》各篇所記每有與史事不合者，尤其齊、鄭、吴三《語》之末，頗多誇飾之辭，已開戰國策士之先河，要不視爲信史可也。然三篇之末俱言及霸諸侯事，則又爲統一編次之跡，未可輕忽。**夫唯能下其羣臣，以集其謀故也。**集，成也。言下其羣臣〔三〕，以明吴不用子胥之禍〔四〕。○《辨正》：「集」有成義，但若將「以……故也」聯繫起來考慮，則「集其謀」不是結果，而是原因，如此，第二個「其」字指代「群臣」，而非越王自己，「集其謀」乃兼聽群臣（如前文之五大夫）的謀劃，這一層意義似更接近「集」字的本義，與之相先後的文獻中此類語例不少，如：《尚書·多方》

「不集于享」、《逸周書・武順》「卿不仁，無以集衆」、《孟子・公孫丑上》「是集義所生者」等等。至於下句「以明吴不用子胥之禍」一語不知所從來，置於此明顯不妥。◎志慧按：作爲《吴語》，「（夫差）遂自殺」已經完整，之後越王的活動與他人給予的評價置於《吴語》結尾有雀巢鳩占之嫌，結合《齊語》、《鄭語》、《晉語四》結尾的高度相似性，疑此爲《國語》編者所加，並非《吴語》原始材料所固有。

【彙校】

〔一〕十一月，明道本作「十二月」，上海師大本改作「十一月」，《左傳・哀公二十二年》載：「冬，十一月丁卯，越滅吴。」

〔二〕珪，明道本、正統本作「圭」，前者形符加旁字也。

〔三〕明道本無此「羣」字，疑脱。

〔四〕明道本無「之禍」二字，疑脱。

吴語卷第十九

國語卷第二十

越語上 [一]

《史記·越世家》：越，夏禹之後，少康庶子也，封於會稽，以奉禹之祀。斷髮，披草萊而邑焉。

《舊音》：越，《史記·世家》：「越，夏禹之後，少康庶子也。封於會稽，以奉禹之祀。斷髮，披草萊而邑焉。」《周禮·職方氏》：「掌七閩，在海中。」郭璞云：「越即西甌，今建安郡是也。」亦曰蛇種。

《釋地》：越，姒姓，其先夏后少康之庶子也，封於會稽，自號於越。僻在海濱，不與中國通。至於允常，魯定公五年始伐吴。允常卒，子句踐立，是爲越王。其元年，魯定公十四年也。魯哀公二十二年，句踐滅吴，霸中國，卒春秋後。自句踐七世至無疆，爲楚所破，遂微弱矣。

《集解》：越自封後二十餘世至於允常，魯昭公五年偕楚伐吴，始見於《春秋》。允常與闔廬戰，至定公十四年卒。子句踐立，始爲越王而霸。句踐死，六傳至王無彊，爲楚所滅。

1 句踐滅吳〔一〕

越王句踐棲於會稽之上〔二〕，山處曰棲。會稽，山名，在今山陰南七里。吴敗越于夫椒，遂入越，越子保于會稽。在魯哀元年。　○賈逵：會稽，山名（《史記・吴世家》集解引，汪遠孫輯）。○《史記・越世家》「越王句踐乃以甲兵五千人保棲於會稽」，索隱：「鄒誕云：保山曰棲，猶鳥棲於木以避害也。故《六韜》曰：『軍處山之高者則曰棲。』」　◎志慧按：會稽，《補音》：「會，古外反。」到晚明張岱《夜航船・地理部・地名》，在「會稽」詞條下有云：「會音貴，邑名。」「古外反」中古屬見紐泰韻合口音，折合成現代讀音可讀爲 guì，於是「會」讀與「貴」同。越劇《梁祝》「草橋結拜」唱段中，男一號自我介紹稱「會稽梁山伯」，會亦音貴。一九八〇年版《辭源》，會稽之「會」注音作 kuài。一九八九年版的《辭海》，在「會稽」詞條下則仍注音 guì。一九九〇年版羅竹風主編的《漢語大辭典》「會稽」條，「會」下標二，意爲音 kuài，但括注作「今讀 guì」。是否可以作這樣的理解：字書的編纂者們得到的信息是該字在普通話中已經讀成了送氣，故明確標注作 kuài，guì 則是舊讀。紹興新近啟用的山（陰）會（稽）大道之「會」，標準地名標注作 kuài，但民間已經從俗作音惠了。類似的情況也出現在「檜」「鄶」字的讀音上。韋昭所指「在今山陰南七里」者，即今之紹興南鎮山，《通典》《隋書》

每以「南鎮會稽山」連稱。會稽山主峰秦望山在今紹興市城南十數里，但作爲一座山脈，則所指甚廣，越國餘部固守的會稽亦並非某一孤立的山頭，而句踐所棲之山則無疑是某一座山頭，《越絕書·越絕外傳吴地傳》謂「秦餘杭山者，越王棲吴夫差山也」，其中亦著一「棲」字。今紹興柯橋區夏履鎮有越王峥（山名），又名棲山，《越絕書·越絕外傳越地記》謂「會稽山上城者，句踐與吴戰，大敗，棲其中」，故名，地處今柯橋與蕭山之間，地方史志文獻及當地傳説皆指此即句踐戰敗時所棲之山，其地曾出土春秋時青銅器和陶片；蕭山越王城山上尚有彼時戰守遺址，下臨湘湖，抵近舊時固陵港港灣，《越絕書》同篇所謂「浙江南路西城者，范蠡敦兵城也，其陵固可守，故謂之固陵」，古時與越王峥隔水相望；《越絕書·計倪外傳》謂「（伍子胥）進兵圍越會稽填山」，「填」、「鎮」義符更旁字，鎮山，即後世所指的南鎮山，當地文史專家在其主峰之一的石帆山曾考見西周至春秋時期的印紋陶片與原始瓷，另一主峰朝南門堂有人工堆筑黄土高臺，其内包含物多有瓦狀灰陶片，此皆爲越國戰敗時的最後堡壘，所踞守者皆在高處，故曰「棲」。柯橋區平水鎮鵝鼻山，由「娥避山」訛變而來，當地傳説謂係越國宫娥避難之所，故名；諸暨與義烏間有勾乘山，當地盛傳亦曾爲勾踐戰敗時所棲，二者皆未見共時性文獻與考古依據。**乃號令於三軍**號，呼也〔三〕。○《刪補》：號，號令之「號」。○《補正》：號、令，皆告衆之詞也，注讀作平聲，非是。**曰：「凡我父兄、昆弟及國子姓，**號令三軍而言父兄、昆弟者，方在危阨〔四〕，親而呼之也。國子姓，年在衆子同姓之列者〔五〕。○方以智《通雅》卷十九：公姓即公孫。《詩》「振振公姓」注即公孫……《楚語》「率其子姓，從其時享」，《越語》「凡我父兄昆弟及國子姓，有助寡人謀而退吴者」，《淮南曰》「子之年長矣，子姓有可以使求馬者乎」，《漢書・田蚡傳》「跪起如子姓」，皆謂子孫。　○《補正》：《楚語》「率其子姓」注：衆同姓也，語較直捷。　◎志慧按：子姓一詞，先秦兩漢文獻中頗有所見，除方以智上引外，《墨子・非儒下》亦云：「五穀既收，大喪是隨，子姓皆從。」孫詒讓《閒詁》：「《喪大記》云：『卿大夫父兄子姓立于東方。』注云：『子姓，謂衆子孫也。』」前文《楚語下・觀射父論祀牲》亦已論及，蓋係當時用語，非同姓之意，當以《備考》「子息」之説爲是。**有能助寡人謀而退吴者，吾與之共知越國之政。」**知政，謂爲卿。　○《增注》：知，猶司也。　○《辨正》：「共知越國之政」，係越王情急之時的許諾，謂欲與此假想中的謀臣「共」知政事，審其語氣，因著一「共」字，故此語不當簡化爲「知政」之職，其所許諾者亦與春秋時期執政的卿有別，而相當於當時文獻中常見的「分國」。在《越語下》中，越王即有類似表達，云：「（越）王曰：『子聽吾言，與子分國。不聽吾言，身死，妻子爲戮。』」《史記・越王句踐世家》記伍子胥臨終前對夫差語，有云「若初欲分吴國半予我，我不受」，可見當時諸侯爲了成王霸大事，每每有與謀臣分國的許諾，稍後的其他文獻中也有「分國」的語例，譬如《戰國策・楚策四》：「崔杼帥其君黨而攻（齊莊公），莊公請與分國，崔杼不許。」**大夫種進對曰：「臣聞之賈人，**賈人，買賤賣貴者。**夏則資皮，**資，取也。　○《删補》：資，《莊子》「宋人資章甫而適諸越」之「資」同，韋注誤。　○秦鼎：資，居貨也，故訓取。◎志慧按：《莊子·逍遥遊》成玄英疏：「資，貨也。」《尚書大傳·堯典》「資弖於天子之國然後祭」鄭注：「資，取」。貨、取意義近似，韋注不可謂誤，且有承傳。冬則資絺，絺，葛也。精曰絺，麤曰綌。○《補音》：絺，敕之反，細葛。旱則資舟，水則資車，以待乏也〔六〕。夫雖無四方之憂，然謀臣與爪牙之士不可不養而擇也〔七〕。譬如衰笠〔八〕，時雨既至，必求之。今君王既棲於會稽之上，然後乃求謀臣，無乃後乎？」後，晚也。句踐曰：「苟得聞子大夫之言，○賈逵：親而近之，故曰「子大夫」也（《文選》左太沖《魏都賦》李善注、王元長《永明九年策秀才文》李善注引，王、汪、黄、蔣輯）。○《漢書·武帝紀》「此子大夫之所睹聞也」顔注：「子者，人之嘉稱。大夫，舉官稱也。志在優賢，故謂之『子大夫』也。」何後之有？」執其手而與之謀。

【彙校】

〔一〕穆文熙《鈔評》題作「吴許越成越竟滅吴」，葉明元《抄評》作「越王句踐困會稽歸而報吴」，《國語精華》作「句踐復仇始末」，上海師大本作「句踐滅吴」，照應了全篇，今從之。

〔二〕句踐，明道本、正統本作「勾踐」，「勾」係「句」的後起字，下同。

〔三〕號呼也，《釋名·言語》同作，明道本、《諸子瓊林》後集卷一四謀爲門「呼」作「稱呼」，李慈銘謂「稱」字衍，《補正》與上海師大本皆從公序本，是。

〔四〕阨，明道本、正統本作「厄」。

〔五〕年，《國語》各本同，《諸子瓊林》無之，《考異》以爲當作「言」，《四庫薈要》則據明道本改作「言」，《四庫全書考證》謂所見本作「年」，改作「言」，於義是，唯今所見正統本、黄刊明道本皆作「年」，相較而言，似《諸子瓊林》更簡净。者，《諸子瓊林》在「國子姓」三字下。

〔六〕乏也，《考工記》賈疏引作「之」，疑後者形訛，且省句末虚詞。

〔七〕擇，正統本同，黄刊明道本作「檡」，《考異》斷其誤，《四部備要》本從汪氏説改。

〔八〕衰，明道本、正統本、李克家本、閔齊伋本、《正義》作「蓑」，《補音》：「本或作『蓑』，非是。」「衰」初文，「蓑」爲後起加旁字。

遂使之行成於吴，《傳》曰：「使種因吴大宰嚭以求成也〔一〕。」曰：「寡君句踐乏無所使〔二〕，○《補正》：無所使，猶《内傳》云「寡君乏使」也。使其下臣種，不敢徹聲聞於天王，徹，達也。私於下執事曰：寡君之師徒不足以辱君矣，不足以屈辱君親來討也。願以金玉、子女賂君之辱，請句踐女女於王，進女爲女。○《舊音》：次「女」，尼去反〔三〕。○秦鼎：賂，遺也。◎志慧按：此稱「子女」，《吴語》分別謂「一介嫡女」、「一介嫡男」，清華簡《越公其事》

作「以臣事吴，男女服」，《史記・越王勾踐世家》則謂「勾踐請爲臣，妻爲妾」，可互參以見其全貌。之所以有不同的呈現，或有敘述策略在焉：蓋自己家的事情，敘述時儘量維護尊嚴，把喪權辱國的細節淡化，如《越語》《越公其事》；在别人家敘述起來，則不會有過多的諱飾，如《吴語》與《史記》。嫡男成爲人質，在當時似非個例，如晉惠公戰敗後，將子圉質於秦。此後越地人所作的《越絶書》《吴越春秋》中，這進獻給夫差的女子一變而爲苧羅山的采薪女，至南朝，再變而爲浣紗女，大抵出於同一邏輯。**大夫女女於大夫，士女女於士。越國之寶器畢從，寡君帥越國之衆**[四]**，以從君之師徒，唯君左右之。**左右，在君所用也[五]。**若以越國之罪爲不可赦也，將焚宗廟，**爲將不血食也。**係妻孥，**係，繫也。死生同命，不爲吴所禽虜[六]。○賈逵：係，繫也（《文選》楊子雲《長楊賦》李善注引，王、汪、黄輯）。**沈金玉於江。**不欲吴得之。**有帶甲五千人，將以致死，乃必有偶，**偶，對也。○賈逵：偶，對也（《文選》顔延年《夏夜呈從兄散騎車長沙》李善注引，王、汪、黄、蔣輯）。○《讀書𧬄語》：言一人致死，有如二人，五千人，是萬人死戰也。○《標注》：言越五千人戰死，吴亦必有五千之死，是爲有偶也。◎志慧按：姚鼐同李元吉之説，較賈、韋注有後出轉精之妙。帶甲五千人，《左傳・哀公元年》《史記・越世家》同，清華簡《越公其事》作「八千人」，是傳聞異辭耳。**是以帶甲萬人以事君也**[七]。言赦越罪，是得帶甲萬人事君也。○《校文》：本有五千人，今將致死，則勇氣自倍，故曰萬人。事君，謂與君戰，措辭之道則然，注非。○《發正》：《史記・越世家》：「五千人觸戰，必有當也。」索隱云：「言悉五千人觸戰，或有能當吳兵者。」賈逵曰：「偶，對也。」韋注本賈。案：五千人，人人致死，勇氣自倍，一人可得二人之用，故曰「帶甲萬人」，戰而言事君者，遜辭耳。《史記》及賈、韋注皆非也。◎志慧按：姚氏及二汪之説皆可從，《詳注》亦從彼説。文種本則辭令的前提是「越國之罪爲不可赦」，而非韋昭所云「赦越罪」，「帶甲萬人」不是用來服侍夫差的，而是來拚命的，這拚命的萬人當然不包括吳軍，故韋注與《標注》皆有所隔，《史記》與賈逵注則未見其不可。**無乃即傷君王之所愛乎？與其殺是人也，寧其得此國也，其孰利乎？」**寧，安也。言戰而殺是萬人，與安而得越國，二者誰爲利乎〔八〕。○《存校》：寧其，與上「與其」相應，注訓爲安，非是。○《校文》：與其、寧其者，兩事相衡，擇利而從之之辭，注非。◎志慧按：王、汪説可從。

【彙校】

〔一〕大，明道本、正統本、弘治本、許宗魯本作「太」。求，明道本、正統本作「行」，《左傳・哀公元年》亦作「行」，觀《國語》上下皆用「行成」，似以作「行」者爲長。

〔二〕乏，明道本、正統本作「之」，《考異》、《集解》謂作「乏」者是，作「之」者字之訛也，是。

〔三〕戹，正德本、微波榭本、文淵閣《四庫》本作「尼」，此或係宋元遞修本元李德瑛補版，字俗。

〔四〕帥，弘治本作「師」，後者形訛。

〔五〕用也，明道本、正統本作「用之」，正文有「之」，似有「之」者稍勝。

〔六〕禽，明道本、正統本作「擒」，出本字也。

〔七〕明道本、正統本無次「以」字，韋注各本皆無，《考異》斷公序本衍。

〔八〕乎，遞修本作「平」，字殘。

夫差將欲聽與之成，子胥諫曰：「不可。夫吳之與越也，仇讎敵戰之國也。三江環之，民無所移，環，繞也。三江，松江、錢塘、浦陽江也〔一〕。言此二國之民〔二〕，三江繞之，遷徙非吳則越也〔三〕。　○吳騫：浦陽即錢塘，何可分爲二江？考《初學記》六注引韋昭説岷江、松江、浙江爲三江，悉在吳也，當即此三江，疑錢塘、浦陽皆後人妄改（見載臺北「國家圖書館」藏明新建李克家校刊本《國語》吳騫手書）。　○《發正》：《水經注》引郭璞曰：「三江者，岷江（即長江下游）、松江、浙（浙）江也。」胡渭曰：「以此當《國語》之三江，則長於韋矣。」　◎志慧按：《國語》兩言三江，另一處在《越語下》，范蠡謂句踐：「與我爭三江、五湖之利者，非吳耶？」五言五湖，其中四處有確指，皆在《越語下》：「果興師而伐吳，戰於五湖。」「遂興師伐吳，至於五湖。」「反至五湖，范蠡辭於王。」「遂乘輕舟以浮於五湖，莫知其所終極。」此環吳越之三江，當在吳越之內，且同時包括吳國與越國兩地，據與之並列的五湖多爲實指而論，三江在起初或係實指，故韋昭給出的指向無誤，《參天台五臺山記》中，北宋熙寧五年五月五日，日僧成尋經過錢塘江，記云：「三江中其一也。」同年九月三日，過松江，記云：「松江水，三江中一也。」疑係當地人或其時之成説。吴蹇所謂「浦陽即錢塘」之説尚需作一補充：在明朝成化以前，浦陽江與錢清江（又名西小江）爲上下遊關係，成化以後，爲解下游水患，纔將浦陽江改道注入錢塘江。但從更大范圍來看，也不妨視錢清江、曹娥江爲錢塘江的支流。郭璞將岷江與松江並列亦可作此看，但亦有視松江爲長江的支流，如《吴語》敘笠澤之戰時以江指稱松江，故以上二説各有所當，不敢必其一。**有吴則無越，有越則無吴**〔四〕，言勢不兩立也。**將不可改於是矣。**言滅之之計不可改易也〔五〕。○《補正》：謂勢不兩全，不可改易。○《辨正》：「是」字當包上二句而言，指吴、越不可並存之情勢，非僅「有越則無吴」一句，故亦非「言滅之之計不可改易」。**員聞之，陸人居陸，水人居水。夫上黨之國，**黨，所也。上所之國，謂中國也。○秦鼎：此「黨」字與《萊人歌》「師乎，師乎，何黨之乎」同。○《補正》：以「所」訓黨，近强。上黨，仍作地名，言南北之地，舉上黨以例其餘，古人屬辭，本有此例。○《集解》：上黨之國，謂齊、魯、晉、鄭諸國也。◎志慧按：盧文弨《鍾山札記》卷二即有「黨訓所」條，《左傳·哀公五年》「師乎，師乎，何黨之乎」杜注：「黨，所也。之，往也。」《公羊傳·文公十三年》「往黨」何休注：「黨，所也。」則以「黨」訓所，古已有之，不可謂强。章太炎《新方言》卷一云：「今吴越間謂上方曰『上黨』，高處曰『高黨』，黨皆讀德挺切，陽唐轉耕清也，時人不曉，謂是『等』字，則失其韵矣。紹興或轉如董，蘇州或轉入聲，如篤，皆指此處則言之。」太炎先生所擬上述諸字讀音，驗諸當下吴越各地方言，雖每有差異，這表處所的「黨」字，臨安讀如等，與太炎先生所説者合，紹興、諸暨該字又讀如「頭」，而新昌、嵊州一帶則讀作定母陽部去聲，但其於「上黨」一詞的解釋則密合，可證韋注無誤。**我攻而勝之，吾不能居其地，不能乘其車。**言習俗之異也。説云：吴是時未知以車戰，申公巫臣使其子狐庸教之。昭謂：狐庸教吴，魯成公時也，至此哀元年，歷五公矣。非未知也，吴地勢自習水耳。○《正義》：《吕氏春秋》説此事云：子胥曰：「夫齊之與吴也，習俗不同，言語不通，我得其地，不能處；得其民，不能使，故謂之石田。」**夫越國，吾攻而勝之，吾能居其地，吾能乘其舟。**○《正義》：《吕氏春秋》説此事云：子胥曰：「夫吴之與越，接土鄰境，壤處通屬，習俗同，言語通，我得其地，能處之；得其民，能使之。越于我亦然。」**此利也**〔六〕**，不可失也已，君必滅之。失此利也，雖悔之，亦無及已**〔七〕**。」**◎志慧按：稱霸中原，是夫差的戰略目標，伍子胥並未懷疑夫差達成這個目標的可能性，而是基於不同的生産方式所形成的生活方式的差異，以及這種不同的生産生活方式形成的思想觀念與統治方式的差異，斷言夫差即使得遂所願，也是白忙一場。夫差見獵心喜，而伍子胥，則看到了獵物背後的風險：夫差把控不了擴張之後的局面。這是對夫差能力與信心的質疑，這一質疑是夫差與伍子胥矛盾的癥結及理解其後二人關係的鑰匙。

【彙校】

〔一〕錢塘，《舊音》出「浙江」，明道本作「錢塘江」。松江，明道本作「吴江」，其意義指向實同，《四庫薈要》從明道本，《水經注》卷四十云：「韋昭以松江、浙江、浦陽江爲三江。」

〔二〕言此，明道本作「此言」，《考異》認爲公序本誤倒，但由「夫吴之與越」一語看，當以「言此」爲優。

〔三〕徙，遞修本作「徒」，後者字訛。

〔四〕明道本句下有「矣」字，《考異》、李慈銘皆云衍，觀下句復有「矣」字，則其説是。

〔五〕首「之」字，明道本、正統本作「吴」，秦鼎謂「吴」係「越」之誤，據義是，但不知何所據。

〔六〕利，明道本、正統本作「其利」。

〔七〕亦，明道本、正統本作「必」，二字古文形近，不敢必其一，但於文義則兩通。

越人飾美女八人〔一〕，納之大宰嚭〔二〕，上言「請大夫女女於大夫」，故因此而納美女於大宰嚭〔三〕，以求免也。嚭，吴正卿〔四〕，故楚大夫伯州黎之子也。魯昭元年，州黎爲楚靈王所殺，嚭奔吴。唐尚書云平王殺之，非也。　○《正義》：《吴越春秋》伍子胥對吴王曰：「帛否者，楚州犂孫。」《吴世家》注引徐廣曰：「伯州黎之子曰郤宛，郤宛之子曰伯嚭。宛亦姓伯，亦别氏郤。」司馬貞曰：「郤宛，州犂子。伯嚭，郤宛子。伯氏別族。」惠棟曰：「《定公四年傳》：『楚之殺郤宛也，伯氏之族出。』注云：『郤宛黨。』又云：『伯州犂之孫嚭爲吴太宰。』《楚世家》『宛之宗姓伯氏子嚭』，則嚭乃宛之族也。宏嗣又以爲伯州犂之子，未知何本。」○秦鼎：《傳》作伯州犁之孫，作「子」者非也。◎志慧按：《左傳·定公四年》：「伯州犁之孫嚭爲吴大宰以謀楚。」義甚明白，韋注誤。梁玉繩《史記志疑》卷十七：「嚭奔吴在楚殺郤宛之時，非因誅州犂也。」復可正韋注之誤。《左傳·襄公十一年》載鄭人賂晉悼公樂師、樂器、兵車、女樂二八，可參。又，《越絶書·越絶外傳記地傳》：「美人宮，周五百九十步，陸門二，水門一，今北壇利里丘土城，句踐所習教美女西施、鄭旦宮臺也。女出於苧蘿山，欲獻於吴，自謂東垂僻陋，恐女樸鄙，故近大道居。去縣五里。」今在紹興城東迪蕩土城原址附近營建有一西施山公園。獻於伯嚭的美女蓋出於美人宮之類建筑。曰：「子苟赦越國之罪，又有美於此者將進之。」大宰嚭諫曰：「嚭聞古之伐國者，服之而已。今已服矣，又何求焉？」夫差與之成而去之。成，平也。

【彙校】

〔一〕《國語箋》：「《史記·越世家》索隱引『八人』作『二人』，是唐時本，當依之。」然《史記·吴世家》正義引《國語》即有「越飾美女八人，納太宰嚭」之語，合女樂一八之例，索隱疑非。

〔二〕大，明道本、正統本作「太」，出其本字也。

〔三〕明道本、正統本無「大」字，疑脱。

〔四〕正，遞修本作「王」，後者誤。

句踐説於國人，説，解也。曰：「寡人不知其力之不足也，而又與大國執讎〔一〕，執，猶結也。○賈逵：執，結也（《原本玉篇殘卷・夲部》引）。◎志慧按：韋承賈注，據義訓也。執讎，即「結仇（讎）」，《吴越春秋》中三見「結讎」，今紹興方言仍存「執（結）仇」一詞，義與此同。以暴露百姓之骨於中原，此則寡人之罪也，寡人請更。」更，改也。於是葬死者，問傷者，養生者，弔有憂〔二〕，賀有喜，送往者〔三〕，迎來者，去民之所惡，補民之不足。然後卑事夫差，宦士三百人於吴，將三百人以入事吴，若宦豎然。○《正義》：對文則宦長豎幼，通言之則宦可包豎也。其身親爲夫差前馬〔四〕。前馬，前驅在馬前也。○《補正》：《韓非子》作「洗馬」，洗馬，一作「先馬」，即前馬也。◎志慧按：吴氏所云見載《韓非子・喻老》。

【彙校】

〔一〕執，《吴越春秋・句踐伐吴外傳》、《御覽》人事部一百二十三作「報」，《校證》疑作「報」者形訛，據韋注可從。盧之頤本「執讎」作「構難」，與他本皆不同，疑傳抄過程中擅改。

〔二〕憂，《正義》作「喪」，無據，疑擅改。

〔三〕往，張一鯤本作「徃」，往之俗，李克家本回改作「往」。

〔四〕前馬，《漢書·百官公卿表》如淳注引作「先馬」，並云「先」或作「洗」。作「前」、作「先」於義無殊，觀韋注作「前驅在馬前也」，則韋昭所見者必作「前」。

句踐之地，南至于句無，今諸暨有句無亭是也。○《釋地》：《括地志》以爲句乘山也，今浙江紹興府諸暨縣南五十里有句乘山。◎志慧按：句乘山，諸暨當地方音讀若九層山，現存越王句踐祠，《光緒諸暨縣志》卷四《建置志三·壇廟》載：「祠不詳所始，中祀越王句踐，左右以越大夫范蠡、文種祔焉。」山下舊有句無亭，爲諸暨與義烏間的驛站，今已無，仍存地名，音訛作「礦亭」。《越絕書·越絕外傳記地傳》：「大越故界，南姑末、寫干。」又，《吴越春秋·勾踐歸國外傳》亦謂句踐增封之後「南至于姑末」，則是越國疆界亦因其盛衰而有伸縮。**北至于禦兒，**今嘉興語兒鄉是也〔一〕。◎志慧按：地在今嘉興市下轄的桐鄉崇福鎮。根據浙北地名、遺址及方志和實地踏勘推測，吴越爭霸時期的雙方邊界大致在桐鄉石門鎮壘石門——沿杭州塘運河原有水道——桐鄉崇福鎮星火村何城遺址——海寧長安鎮興城村管城遺址——桐鄉屠甸鎮晏城遺址——海寧斜橋鎮仲樂村界墩遺址——仲樂村交界石橋——海寧海昌街道望吴壩——海寧海昌街道雙山——桐鄉濮院到嘉興洪合鎮洪合村九里港（水道長古制九里左右，故稱，又稱國界河，現界河上尚存始建於宋代的國界橋）。**東至于鄞**，今鄞縣是也。　◎志慧按：乾道《四明圖經》卷二：「古鄞城，按《太平寰宇記》曰：『本漢縣廢城，在今縣南。』故白杜里有鄞城山。」所引《太平寰宇記》見該書卷九十八：「古鄞城，亦漢縣廢城，在今縣南。」「今縣」指鄞縣。白杜里，今奉化區西塢街道白杜村，村中有一城隍廟，村莊而有城隍，蓋源於曾經的鄞城。當地地方史志以爲夏時有堇子國，錢大昕《潛研堂文集》卷十九「王鄞」條以爲不實，顧祖禹《讀書方輿紀要》卷九十二「鄞城」「謂此即越之鄞邑矣」，皆是也。要不將韋昭的鄞縣與今鄞州劃等號可也。**西至于姑篾**〔二〕，姑篾，今大湖是也〔三〕。　○《發正》：《困學紀聞》卷十云：「太湖，當作『大末』。」《續漢郡國志》「會稽郡太末」注：「《左傳》謂姑蔑。」當據以訂正。《左傳·哀六年》注：「姑蔑，今東陽太末縣。」　○《補正》：姑蔑，一作「太末」。　○盛如梓《庶齋老學叢談》卷上：姑蔑故城，即今之龍游縣姑蔑墓，在東華山偃王廟後。慶元閒爲人所發，其閒古物充牣，隨即灰散，惟數瓦缶不壞，水滿其中。又併其埋銘碎而棄之，惜哉！衢人以其磚爲硯。韋昭注《國語》謂「姑蔑，今之太湖」，非也。　○《發正》：《水經注》云：浙（浙）江之西岸有朱室隄（塢），句踐百里之封西至朱室，謂此也。　○《詳注》：今浙江龍游縣北有姑蔑城，故姑蔑地也。　○《集解》：《逸周書·王會解》作「姑妹」，孔注：「姑妹國後屬越。」　◎志慧按：《逸周書·王會解》「姑於越納曰姑妹珎（珍）」

孔晁注：「姑妹，國，後屬越。」據《周書・洛誥》知成周之會在周公保文武受命的七年十二月。姑妹，即「姑蔑」一音之轉。二〇一八到二〇二〇年，浙江省文物考古所在衢江邊廟山尖、和尚山、大宅岙等處發掘了四座距今二千九百年左右的大型土墩墓，後者被認爲係姑蔑國墓葬，則考古成果與文獻記載適可以互證。孔晁之「後」不知何所指，其時姑蔑爲越之盟國，或者屬國，皆無文獻確證，《左傳・哀公十三年》載越國襲吴時，吴王孫彌庸曾見敵方陣營中有姑蔑之旗。復次，《水經注・漸江水》云：「（太末）縣是越之西鄙。」今浙江金華湯溪鎮莘畈溪，舊名姑蔑溪，其東幾千米到十幾千米不等處有一條大致平行的溪流，叫越溪，當地口傳云越溪東面爲越國地界，所謂「西至于姑篾」或即此也。自莘畈溪以西十多千米之龍游東華山一帶，有一漢墓群，上世紀八十、九十年代，考古工作者先後進行發掘，所得有漢代銅印、五銖錢等，可與盛如梓所記相印證。又，《水經注・漸江水》：「（浙）江之西岸有朱室塢，句踐百里之封，西至朱室。」其地今屬諸暨市，曾名茨塢，今名次塢，地處浦陽江以西，而非錢塘江以西。次塢曾一度爲越國西界，《備考》因此將該地與今屬龍遊的姑蔑混淆，其實越國在不同時期有不同的勢力範圍。**廣運百里。**言取境内近者百里之中耳[四]。東西爲廣，南北爲運。〇《補校》：《山海經・西山經》「廣員百里」，運、員音近相通。〇《訂譌》：運，蓋「遠」字，《方言》卷六：「遥、廣，遠也。」郭注引韋注云云，蓋廣亦可言遠。〇《補正》：廣運，猶廣輪也。◎志慧按：孔説有據，亦合於文義，唯此「廣運」作爲一個固定詞匯，疑與「廣員」同，「廣員」一詞見於《山海經》凡一〇次，可謂該書常用詞，但在中原文獻中未經見，《越語》可視爲南方文獻，此「廣運」自可與「廣員」合觀。從文字上講，劉説更勝，員即「圓」之通假字。《吴越春秋》卷八載：「（夫差）賜之（句踐）以書，增之以封：東至於勾甬（今寧波），西至於檇李（今桐鄉、海寧一帶），南至於姑末，北至於平原（《越絶書》作「武原」，今浙江海鹽），縱横八百餘里。」《越絶書·越絶外傳紀地傳》亦云：「吴王夫差伐越，有其邦。句踐服爲臣，三年，吴王復還封句踐於越，東西百里，北鄉臣事吴。東爲右，西爲左。大越故界，浙江至就李，南姑末、寫干。」於古越的地望，東漢時兩位越地人的敘述或可補其後韋注之不足。《水經·漸江水注》以下記載可備參：「句踐臣吴，吴王封句踐於越百里之地，東至炭瀆是也。」又云：「（浙）江之西岸有朱室塢，句踐百里之封西至朱室。」炭瀆，在今上虞道墟與陶堰之間。這只是句踐臣服之後萎縮了的地盤，然亦不僅百里也。復次，尚需注意以下二點，一是百里，無論是「廣運百里」，還是「東西百里」，或者清華簡《越公其事》之「還越百里」，頗疑只是泛言其廣大，不宜拘泥於具體的道里數；二是古人與今人的疆域概念有很大區别，且其實際控制區域亦會視雙方勢力之消長而不斷變動。**乃致其父兄**〔五〕、**昆弟而誓之曰：「寡人聞古之賢君，四方之民歸之，若水之歸下也。今寡人不能，將帥二三子夫婦以蕃。」**蕃，息也。　○《删補》：世人多以「今寡人不能將帥」爲句，恐語路不通，操詳「今寡人不能」下句，「將帥」屬下讀，言今我不能如古之賢君，能使四方之民歸之，若水之歸下。然在朝將帥二三子聽吾言，自今國中匹夫匹婦，以吾計使之蕃息也。「將帥二三子」下亦句。　○《增注》：使四方民歸焉，則不能也。　○《補正》：不能使四方之民來歸，故以生聚爲要。　◎志慧按：渡邊氏謂「寡人不能」下句有理，斷句從之，然「帥」當作動詞解，故「二三子」下不當斷，二三子，非僅身邊重臣，乃敗亡之後句踐對國人的謙卑辭令。**命壯者無取老婦**〔六〕，**令老者無取壯妻。女子十七不嫁，其父母有罪；丈夫二十不取**〔七〕，**其父母有罪。**禮：三十而娶，二十而嫁。今不待禮者，務育民也。　○《增注》：《禮》曰「三十而娶，二十而嫁」者，非必三十、二十之謂也。男子自二十至三十，女子自十五至二十之謂也。孔子曰：「男子二十而冠，有爲人父之端。女子十五許嫁，有適人之道。於此而往，則自婚矣。」然今句踐之令不敢拘禮制，唯從其便宜也。　◎志慧按：《周禮・地官・媒氏》：「令男三十而娶，女二十而嫁。」此乃服務於生聚目的的權宜之計，故婚齡早於《周禮》。古人實際平均婚嫁年齡亦早於《周禮》所云。**將免者以告**，免〔八〕，乳也。　○《發正》：免。《說文》作「娩」，云：「生子免身也。」　◎志慧按：「娩」、「免」爲一字異體，初文爲「穴」，楚簡作[illegible]，或隸作「字」，與「字」之形義並同。**公令醫守之**〔九〕。醫，乳醫也。　○《詳注》：乳醫，視産、乳之疾者。**生丈夫，二壺酒，一犬；生女子，二壺酒，一豚**〔一〇〕。犬，陽畜，知擇人〔一一〕。豚，主内〔一二〕，陰類也。　◎志慧按：《詩・豳風・七月》「朋酒斯饗」毛傳：「兩樽曰朋。」疑爲其時禮俗。又，當時的醪酒是一種帶糟的濁酒，有養身之效，利於産婦催奶，快速恢復體能，紹興一帶至今仍有坐月子飲蛋酒的習俗。至於豚犬之贈，何以有諸如此類的制度安排，韋昭的解釋似不能令人滿意,視犬爲陽畜古有成説,唯「豚主内」之説未見其何所據而云然,而以漢人所習慣的陰陽觀説事亦未必切合古越禮俗。以下材料或可幫助理解:《楚語上》屈建引《祭典》有云:「國君有牛享,大夫有羊饋,士有豚犬之奠,庶人有魚炙之薦,籩豆、脯醢則上下共之。」依此求解,則藉之以助祭祀,亦以示香火有續之意。或者結合下文「與之母」、「與之餼」,該項政策初衷貌似爲增加産婦與新生兒營養計,因爲一般民衆不會奢侈到去食用一頭賞賜的犬豚,故其實際效果是「以獎帶産」,促進越國養殖業的繁榮,故此又與傳説中范蠡「欲速富,畜五牸」之説吻合。至於犬、豚之别,未見於上揭《祭典》,《鹽鐵論·散不足》有云:「今富者祈名嶽,望山川,椎牛擊鼓,戲倡舞像;中者南居當路,水上雲臺,屠羊殺狗,鼓瑟吹笙;貧者雞豕五芳,衛保散臘,傾蓋社場。」據此,則在西漢昭帝時,犬羊之價尚高於豕,與今天正好相反,豚的價格則更在成年豬之下,唯《鹽鐵論》的時代與吴越争霸時期有一段不短的距離。當然,還有象徵意義:在狩獵時代,鷹犬用於狩獵,是忠誠與勇敢的象徵;而在農業社會,豬被視爲有較强的繁殖能力,如《説文·宀部》「家」下段注云:「豢豕之生子最多。」似亦可備一説。另外,本人實地考察過《越絶書·越絶外傳記地傳》所載犬(吼)山、豕山、雞山、養魚池等專業養殖基地,除養魚池而外,皆分别位於各自獨立的山丘上,山下是潮進潮出的灘涂,這就方便處理動物糞便,防控疫情,且形成規模化的放養,以持續支持上述生育激勵政策。**生三人,公與之母;**母,乳母也。人生三者亦希耳。○舊注:三子,力不能獨養,故與乳母(《御覽》人事部二、刑法部三引,汪遠孫輯)。**生二**

人，公與之餼〔一三〕。餼，食也。◎志慧按：「生三人」句在「生二人」句前，各本同。依常理與遞進句式，當反之，且「與之母」更難於「與之餼」。疑有錯簡。**當室者死，三年釋其政；**當室，適子也。禮：父爲適子三年〔一四〕。○《增注》：釋其政，赦賦役也。○《補正》：釋其政，謂不煩以事也。◎志慧按：《儀禮・喪服》：「父爲長子，傳曰：何以三年也？正體於上，又乃將所傳重也。庶子不得爲長子三年，不繼祖也。」可爲參證。又，釋政，今人有以爲釋其征賦，則與下文「十年不收於國」相重，仍當以《補正》説爲是，即免除其徭役。**支子死，三月釋其政。**支子，庶子。**必哭泣、葬埋之，如其子。令孤子、寡婦、疾疹**〔一五〕**、貧病者，納宦其子**〔一六〕。宦，仕也。仕其子而教之，稟以食之也〔一七〕。◎志慧按：納宦非仕其子，而是納其子於官家之意，讓這些孩子爲官方或社會做一些力所能及的事情，以换取公家所給予的生活資料和教育條件，如《越語上》上文「宦士三百人於吴」韋注云：「將三百人以入事吴，若宦豎然。」復次，《越絶書・越絶外傳記地傳》載：「獨婦山者，句踐將伐吴，徙寡婦致獨山上，以爲死士示，得專一也。去縣四十里。」則越國當時的社會保障政策所蔭及者不僅孤子也。**其達士，**○秦鼎：達士，達官之士。○《補正》：達士，通達之士。◎志慧按：《潛夫論・相列》「賢人、達士察以善心」，將「達士」與「賢人」並列，則達士似不能釋爲「達官之士」，《左傳・昭公七年》「聖人有明德者，若不當世，其後必有達人」，孔穎達正義：「謂智能通達之人。」亦可證《補正》之是，《新書・雜事》又有「達人大觀，物亡不可」，義與此近。**潔其居，**潔其館舍。**美其服，**賜衣服也。**飽其食，**稟餼多也。**而摩厲之於義。**○《增注》：「厲」、「礪」通。

四方之士來者，必廟禮之。禮之於廟，告先君也。○龜井昱：言崇敬之也，注迂也，《吴越春秋》作「必朝而禮之」。◎志慧按：范蠡、文種，楚人；善射者陳音，亦楚人；在越國麻林山守衛麻地者乃齊人；句踐麾下爲之謀劃的計然，宋人；一九八二年出土的紹興坡塘三〇六號戰國初期大墓，墓主爲徐人，此可見「四方之士來者」之一斑。左思《吴都賦》「富中之甿，貨殖之選；乘時射利，財豐聚萬」，雖係後世文士夸飾之詞，要亦可見四方來者之衆。**句踐載稻與脂於舟以行**〔一八〕，稻，糜。脂，膏也〔一九〕。○《述聞》：稻不得訓爲糜，稻當作「稃」，字之誤也。《廣雅》：「粰，糜饘也。」「粰」與「稃」同。◎志慧按：《吴越春秋·勾踐伐吴外傳》載句踐語：「載飯與羹以游國中，國中僮子戲而遇孤，孤餔而啜之。」可參。**國之孺子之游者**〔二〇〕**，無不餔也，無不歠也，必問其名。**爲後將用之〔二一〕。○《舊音》：歠，昌劣反。○户埼允明：必問其名者，使少者懷之也。注「爲後將用之」，恐非也。○《翼解》：《楚辭·漁父》「餔其糟而歠其醨」，亦以「餔」、「歠」對文，又師古《漢書注》曰：「以食食之曰餔。」**非其身之所種則不食，非其夫人之所織則不衣。十年不收於國，民居有三年之食**〔二二〕。古者三年耕，必餘一年之食。

【彙校】

〔一〕語兒，明道本、正統本、李克家本作「禦兒」，二字古代兩作，《水經注》卷四十詳考其實，以爲作「語兒」者係「無智之徒因藉地名生情穿鑿耳」，語、御上古同屬疑母魚部，故得相通，生情穿鑿則是通假以後之事。

〔二〕篾，明道本、正統本、許宗魯本作「蔑」，或體字也，許宗魯本從《説文》篆體，盧之頤本作「射」，當誤。

〔三〕大，明道本、正統本、張一鯤本及《正義》俱作「太」。

〔四〕明道本、正統本無「耳」字。

〔五〕父兄，明道本、正統本作「父母」，《考異》引《考正》謂「昆即兄，作『母』爲是」，可從。

〔六〕命，明道本、正統本作「令」，次句「令老者」各本同，疑上下句當一律。

〔七〕取，明道本、正統本作「娶」，「取」、「娶」古今字。

〔八〕明道本、正統本重「免」字，疑衍。

〔九〕明道本無此「令」字，正統本有之，《補音》出「公令」，《白氏六帖事類集》卷六引亦有之，則是明道本脱，正統本據公序本補。　醫，明道本、正統本作「毉」，形符更旁字，注同。

〔一〇〕《周禮·地官·大司徒》賈疏引上「二」字作「三」，下「二」字作「一」，無所考其是非。

〔一一〕擇，静嘉堂本、南監本、弘治本作「釋」，後者形訛，許宗魯本已校正。又，静嘉堂本、南監本「犬」作「大」。

〔一二〕内，静嘉堂本、南監本、弘治本作「囚」，後者形訛，許宗魯本已校正。

〔一三〕《國語箋》：「『饇』字，趙氏（《吴越春秋》）作『養』，據《説文》，養，古文作『羪』，趙所見《國語》古本蓋『羪』字，故以形似作『饇』，與之母，與之養，皆以人給之。養主炊爨之役者也。」

〔一四〕「三年」前，明道本、正統本有「喪」字，公序本脱。

〔一五〕疹，明道本作「疥」，《札記》謂即「疢」字，《説文·疒部》：「疢，熱病也。」徐鉉云：「今俗别作『疥』，非是。」則是古有書「疢」作「疥」者，《集韻·稕韻》亦云：「疢，或作『疹』『疥』。」

〔一六〕宦，正統本同，明道本作「官」，注同，疑正統本據公序本改，《考異》、李慈銘謂作「官」者誤，於義是，但《吴越春秋·句踐伐吴外傳》亦作「官」，柳宗元《送南涪州量移澧州序》云「越有納官之令」，則其所見者亦爲「納官」。

〔一七〕明道本無「教」下「之」字，正統本有，似有者勝；明道本「稟以」二字倒，正統本、《柳河東集注》卷五、卷二三、卷三九引同公序本，李慈銘謂公序本是，可從。稟，明道本作「廩」，遞修本、正統本作「稟」，《舊音》出「廩」。「廩」、「稟」古通作，《正字通》與《韻會》皆以「稟」爲「稟」

之俗體。

〔一八〕「載」前,《原本玉篇殘卷》及《白氏六帖事類集》卷十五引俱有「親」字。

〔一九〕此注明道本作「稻脂,膏糜也」,疑當依公序本作分別觀。

〔二〇〕孺子,《史記·高祖本紀》正義、《漢書·高帝紀》顔注引作「童子」,義可互訓。

〔二一〕後將用之,配補本《御覽》飲食部十七引同,明道本、正統本無「之」字,疑脱,然有「也」字。

〔二二〕居,《通鑑前編》卷十八引同,明道本、正統本作「俱」,二字未聞通假,但於義則兩通。

國之父兄請曰:「昔者夫差恥吾君於諸侯之國,今越國亦節矣,有節度也。請報之。」句踐辭曰:「昔者之戰也,非二三子之罪也,寡人之罪也。如寡人者,安與知恥?○秦鼎:與,去聲,猶言不得在知恥之類也。○龜井昱:與,助字也,與「惡乎」同。請姑無庸戰。」姑,且也。庸,用也。父兄又請曰:「越四封之内,親吾君也,猶父母也。子而思報父母之仇,臣而思報君之讎,其有敢不盡力者乎?請復戰。」句踐既許之,乃致其衆而誓之曰:「寡人聞古之賢君,不患其衆之不足也,而患其志行之少恥也。少恥,謂進不念功,臨難苟免。○《辨正》:二句動詞「患」的主語是「古之賢君」,有前文「昔者夫差恥吾君於諸侯之國」、「如寡人者,安與知恥」和後文「夫差……不患其志行之少恥也,而患其衆之不足也」

等語可證，韋昭囿於下文「吾不欲匹夫之勇也，欲其旅進旅退也，進則思賞，退則思刑」，以爲「其」指代將士，顧此失彼，遂有此誤。今夫差，衣水犀之甲者億有三千，言多也。犀形似豕而大〔一〕，今徼外所送，有山犀，有水犀〔二〕。水犀之皮有珠甲，山犀則無。億三千〔三〕，所謂賢良也，若今備衛士〔四〕。

○舊注：水犀，如牛，其甲有珠，鑿以爲甲士（《御覽》人事部一百二十三引，汪遠孫輯）。○秦鼎：億，臆度也。舊讀以爲數名，非也，賢良備衛之士何有萬萬也哉？○《補正》：是謂親卒爲賢良。

◎志慧按：於「億」之義，秦鼎似誤。「億」下尚有「三千」，則應係實指而不是泛泛地極言其多。《越語上》前文謂越國「有帶甲五千人將以致死」，那是在大敗之後收拾起來的殘餘力量。魯哀公十三年，句踐乘吴軍主力北上與諸侯會於黄池之機，發兵攻打吴國，《史記·越王句踐世家》載其兵員如此：「乃發習流二千人，教士四萬人，君子（即《越語》所説「私卒君子」，韋注：「王所親近有志行者。」）六千人，諸御千人，伐吴。」這次戰役越軍共計投入四萬九千人。而夫差僅爲吴晉争長一事，即派出左中右三軍共三萬人（詳見《吴語》），其兵員之多可見一斑，《管子·大匡》説得更爲明確，曰：「天下之國，帶甲十萬者不鮮矣。」儘管這可能是戰國時候的情況，春秋前期呢，桓公時期的齊國，據《齊語》所載統計，齊國郊内二十一鄉，工商之鄉六，不在徵兵之列；士鄉十五，共三萬家，家出一丁，計三萬人，爲三軍；郊外五屬，約四十五萬家，亦不在徵兵之列。其他國家武裝力量的規模及兵員來源没有像齊國一樣有詳細的記載，但可以依此類推得之。春秋晚期，如《楚語上》楚靈王城陳、蔡、不羹，時在前五三一年，楚大夫仆夫子晳謂三國賦皆千乘，是皆蕞爾小國；《論語》中三言千乘之國，則《周禮·夏官·司馬》「凡制軍，萬有二千五百人爲軍，王六軍，大國三軍，次國二軍，小國一軍」的限制肯定已經被突破，而其中徵兵的對象也肯定不會僅僅限於國中之士一級。與吴越争霸大致同時，《左傳·哀公七年》載魯國之兵賦八百乘，邾國兵賦六百乘；魯國「季氏之甲七千」（《左傳·哀公十一年》），這還不過是卿大夫的私屬。綜此數條，謂夫差的鋭卒有十萬三千之多應爲實情，而非泛指。再説帶甲，僅以《左傳》所載爲例，宣公二年，宋華遠戰敗，損失甲車四百六十乘；昭公十三年，載晉有甲車四千乘；哀公十一年，艾陵之戰，齊敗於吴，損失革車八百乘，甲首三千。綜此數條，句踐謂夫差有如許多衣水犀之甲的戰士也當係實情。到韋昭所在的三國時期，則已云「今象出徼外，其三獸（犀、犛、兕）則荆、交有焉」（《楚語上》「巴浦之犀、犛、兕、象，其可盡乎」韋注），長江流域與黄河流域的氣候與生態已發生明顯的變化。不患其志行之少恥也，而患其衆之不足也。今寡人將助天滅之〔五〕。言夫差天所不與，故曰「助天」也。吾不欲匹夫之勇也，匹夫，輕儳徼功要利者〔六〕。欲其旅進旅退也〔七〕。旅，俱也。進則思賞，退則思刑，如此則有常賞。進不用命，離伍獨進也。退則無恥，不畏戮辱。如此則有常刑。」果行，國人皆勸，父勉其子，兄勉其弟，婦勉其夫，言得一國之歡心。○賈逵：勉，猶强勸也（釋慧琳《一切經音義》卷二十七引）。曰：「孰是君也〔八〕，而可無死乎？」孰，誰也。誰有恩惠如是君者，可不爲之死乎？◎志慧按：孰是君也，解見《晉語三·惠公改葬共世子》「孰是人斯」。**是故敗吴於囿，**囿，笠澤也。在魯哀十七年。**又敗之於没，**没，地名。在哀十九年〔九〕。**又郊敗之。**在哀二十年十一月〔一〇〕，越圍吴。○《述聞》：敗吴於囿，又敗之於没，又郊敗之，皆一時之事，不得分爲十七年、二十年也。《左傳》、《國語》傳聞各異，不可强同。◎志慧按：笠澤，又名松陵、松江、吴江，但未聞有「囿」之别稱，韋昭之所以斷囿即笠澤，或者據以下敘述邏輯：《吴語》笠澤——没——郊；《越語上》囿——没——郊，後二處同，故前一處亦當同，唯《越語上》如此敘述係緊接在越國臣民反覆請戰之後，則囿之戰又似乎爲越王句踐返國後的首戰，其時在前四八二年；「郊敗之」之後，緊接就是「夫差行成」，已到了前四七三年，中間有太多的跳躍與省略，故如同不宜視姑熊夷爲囿一樣，也不宜視笠澤爲囿。或者囿、没（如《吴越春秋》作「津」，渡口義）、郊皆非地名，而是另一種指向方位或者功能的表述，如《左傳·僖公三十三年》「鄭之有原圃，猶秦之有具囿」，孔穎達正義：「囿者，所以養禽獸。天子曰苑，諸侯曰囿。」笠澤爲吴之苑囿，故韋有此解，但皆無確證，姑且存疑。

【彙校】

〔一〕豕，明道本作「象」，既有「而大」，則當以作「豕」爲是，若作「象」，則當作「而小」。

〔二〕明道本「水犀」前無「有」字。

〔三〕億三千，明道本、正統本作「億有三千」，據正文，疑公序本脱。

〔四〕明道本、正統本句下有「矣」字。

〔五〕滅，明道本作「威」，《集解》、上海師大本徑作「滅」，是，作「威」者字之訛也。

〔六〕儌功要利，正統本同，明道本作「要功儌利」，義同。

〔七〕明道本、正統本無「也」字。

〔八〕君，明道本作「吾君」二字，此下韋注各本同作「是君」，則此「吾」字當衍，《考異》已指其衍。原文或當爲「孰若是君也」，觀韋注下文「誰有恩惠如是君者」，則其所見本尚有「若」字。但今所見各本皆無「若」字，則此「若」字之脱漏已久。

〔九〕明道本無「在哀十九年」五字，正統本有之，《考異》、《述聞》據《左傳·哀公十九年》無敗没事，斷其爲衍文，可從，抑或爲黄刊明道本據史實删。

〔一〇〕十一月，明道本、正統本同，《評苑》、《增注》、《正義》作「十二月」，後二者疑皆訛自《評苑》。

夫差行成，曰：「寡人之師徒不足以辱君矣。請以金玉、子女賂君之辱。」句踐對曰：「昔天以越與吳，而吳不受〔一〕；今天以吳予越，越可以無聽天之命，而聽君之令乎？吾請達王甬句東〔二〕，甬，甬江。句，句章也。達王出之東境。吾與君爲二君乎。」待之

若二君然〔三〕。**夫差對曰：「寡人禮先壹飯矣，**言己年長於越王，覺差壹飯之間〔四〕，欲以少長求免也。○《讀書叢語》：蓋古禮長者先飯而少者乃飯，即《内傳》孤老不能事君之謂也。○《校文》：禮先一飯，言昔嘗有恩於越，謂會稽之事也。言一飯者，措辭之道則然，注非。○《增注》：以下文觀之，「禮先壹飯」者，蓋以吴周室同姓，而越異姓也歟？《傳》曰：「周之宗盟，同姓爲先，異姓爲後。」○姚鼐：禮先壹飯，謂曾許越成也。◎志慧按：《增注》謂因吴爲周室同姓，將彼宗盟與此合作一事，未見其是。汪中、姚鼐之説於情或是也，唯於禮言，則李元吉之説稍勝。**君若不忘周室，而爲弊邑宸宇**〔五〕，宸，屋霤。宇，邊也。言越君若以周室之故，以屋宇之餘庇覆吴也。○賈逵：宸，室之奥者（《玉篇·宀部》，汪遠孫輯）。**亦寡人之願也。君若曰：『吾將殘女社稷**〔六〕，**滅女宗廟。』寡人請死，余何面目以視於天下乎？越君其次也。」**次，舍也。○《備考》：次是次第之「次」，言吴今已滅，越君當尋滅也。◎志慧按：此「次」不訓舍，猶次第，若云越君趕盡殺絶，下一個就輪到你自己了。《韓非子·十過》有云：「今知伯率二君（韓、魏）而伐趙，趙將亡矣。趙亡，二君爲之次。」是其例。在當時人觀念中，「興滅國，繼絶世，舉逸民」是起死人而肉白骨之善舉，有結草銜環之功；相反，如夫差所聞「誅降殺服，禍及三世」，又云「吾非愛越而不殺也，畏皇天之咎」（《勾踐入臣外傳》），故夫差於此間有是語，《備考》説有理。**遂滅吴。**

【彙校】

〔一〕與，明道本、正統本作「予」，盧之頤本作「賜」，於義兩通，但後者未見所據。「受」下，明道本有「命」字，正統本無之，《吳語》及《越語下》兩見此句，俱無「命」字，《韓非子・内儲説下》引亦無之，可從，疑非明道本之舊貌。

〔二〕王，弘治本作「而」，後者無據。

〔三〕明道本無「然」字，正統本有，疑明道本脱。

〔四〕壹，明道本、正統本作「一」。

〔五〕弊，《通鑒前編》卷一八作「敝」，蓋本字也，《略説》、秦鼎據盧之頤本同作「敝」，改從之，不敢必其是。

〔六〕女，明道本、正統本作「汝」，次同。

《越語上》卷第二十

國語卷第二十一

越語下

1 范蠡進諫句踐持盈定傾節事

越王句踐即位三年而欲伐吴，句踐三年，魯哀之元年〔一〕。 ○秦鼎：《吴語》言吴先伐越，此言越先伐吴者，按《史》句踐聞夫差且報越，遂興師，吴聞之，悉發兵擊越。 ○《集解》：據下文范蠡云云，是越欲先伐吴也。范蠡進諫曰：「夫國家之事，有持盈，持，守也。盈，滿也。有定傾，定，安也。傾，危也。有節事。」節，制也〔二〕。 ○賈逵：節，制也（《文選》張平子《東京賦》李善注引）。 ◎志慧按：《越絶書·吴内傳》范蠡云：「持盈者，言不失陰陽、日月、星辰之綱紀。定傾者，言地之長生，丘陵平均，無不得宜。節事者，言王者以下，公卿大夫，當調陰陽，和順天下，事來應之，物來知之，天下莫不盡其忠信，從其政教。」可爲釋證。韋昭釋持爲守，與下文「守時」相應，但該「守」宜理解爲把握，而非固守，若固守，亦屬逆天，蓋「時不至，不可强生」，自然，時欲去，亦不容强留。在待時、因時、順時、隨時、從時的范蠡，在「時」這個語境中，持盈是準確把握時機，所謂「得時無怠」是也。**王曰：「爲三者奈何？」范蠡對曰**〔三〕：**「持盈者與天，**與天，法天也。天道盈而不溢，盛而不驕。**定傾者與人，**與人，取人之心也。人道好謙，傾危之中，當卑辭尊禮，玩好女樂，尊之以名。○虞翻：人道尚謙卑以自牧（《史記·越世家》集解引，汪、黄輯）。○《史記·越世家》索隱：言地能財成萬物，人主宜節用以法地，故地與之。韋昭等解恐非。○《正義》：索隱之義爲長。○《辨正》：范蠡對越王問三句爲並列句式，則「與天」、「與人」、「與地」三「與」字之義應無不同，而「與人」之「與」亦當依上下文「與天」、「與地」之「與」釋爲「法」（效法、依仿也），而不宜另作解釋，且韋注「人道好謙，傾危之中」以下三句係録自《越語》原文，它們正是對「人道」的概括。《史記·越王句踐世家》亦録有此語，集解引虞翻曰：「人道尚謙卑以自牧。」司馬貞索隱云：「人主有定傾之功，故人與之。」二者皆不以「與人」爲取人之心，可證韋注之非。◎志慧按：《管子·形勢篇》有云：「持滿者與天，安危者與人。」與此義同，或爲當時一部分知識者之共識，可參。**節事者與地**〔四〕。與地，法地也。「時不至，不可彊生；事不究，不可彊成」之屬。◎志慧按：索隱之義固是，所謂「節事」是也；韋昭之解亦無誤，其時句踐伐於不當伐，范蠡力諫，故韋解頗具針對性，且《越語下》全篇都貫穿著「時」的思想，其總綱恰恰就是這三句。**王不問，蠡不敢言。天道盈而不溢，**陽盛則損，月滿則虧〔五〕。**盛而不驕，**盛，元氣廣大時也。不驕，不自縱弛也。◎志慧按：《越絶書・吴内傳》范蠡云：「天道盈而不溢、盛而不驕者，言天生萬物，以養天下，蠉飛蠕動，各得其性；春生夏長，秋收冬藏，不失其常。」可爲釋證。**勞而不矜其功。**勞，動而不已也。矜，大也。不自大其功，施而不德也。　○《辨正》：此三句亦爲並列句式，「溢」係「盈」的結果，「驕」爲「盛」之後的態度，則「矜其功」亦當爲「勞」之後的動作，然而「動而不已」未必就有功。竊疑「勞」當釋爲「功」，「勞而不矜其功」意爲有功勞而不自矜伐其功，《周語中・富辰諫襄王以翟伐鄭》「平、桓、莊、惠皆受鄭勞，王而(如)棄之，是不庸(用)勳也」、《吴語・越王句踐命諸稽郢行成於吴》「天王之無成勞也」、《夫差退於黄池》「吴王夫差既退于黄池，乃使王孫苟告勞于周」，諸「勞」字韋注皆釋爲功，可爲内證。下文「不勞而矜其功」韋注釋爲「未有勤勞而自大其功」，將「勞」釋爲「勤勞」，既未與前文一致，也不符詞義和句義，亦當依例改釋爲「功」。　◎志慧按：《越絶書・吴内傳》范蠡云：「地道施而不德，勞而不矜其功者也。言地生長五穀，持養萬物，功盈德博，是所施而不德、勞而不矜其功者矣。」據此，疑本文「勞而不矜其功」前尚有「地道施而不德」六字，而《吴内傳》相關文字可爲上文釋證。**夫聖人隨時以行，是謂守時。**隨時，時行則行，時止則止。　◎志慧按：《越絶書・吴内傳》范蠡云：「人道不逆四時者，言王者以下，至於庶人，皆當和陰陽、四時之變，順之者有福，逆之者有殃。」可爲釋證。**天時不作，弗爲人客；**作，起也。攻者爲客。起謂天時、利害、災變之應。○《標注》：猶言春氣未發不敢動耒耜也。　○《補正》：三(天)時不起，謂國無天災。　◎志慧按：「天道盈而不溢」以下文字與《老子》第二十二、二十四、三十章近似，用兵爲主、爲客之説亦見於《老子》第六十九章，可互參。「弗爲人客」、「先爲人客」不成句，此二句當係「弗爲之客」、「先爲之客」之誤，與此二句並列的下句，正作「弗爲之始」和「創爲之始」。《管子·勢篇》許多文字與《越語下》范蠡的言説相似，其中以下文字與本條思想逼似，可資互勘：「天地未形，先爲之政，其事乃不成，繆受其刑。天因人，聖人因天。天時不作勿爲客，人事不起勿爲始。」馬王堆漢墓帛書《黄帝書·十大經·姓争》表述同樣思想的文字正作「天道還於人，反爲之客」、「可作不作，天稽環周，人反爲之客」，可爲旁證。《考異》曾指出《越語下》明道本韋注「使人困乏」、「使人勸事」二條，公序本「人」字作「之」，可見二字極易混淆。考先秦時的「之」與「人」字形相差很遠，不大可能混淆，應該是後世傳抄過程中致誤，檢北宋真宗大中祥符六年成書的《册府元龜》陪臣部規諷第四，引此語正作「天時不作，弗爲之客」，而明道本則已同於今本，則其誤由來已久。下文「先爲人客」、「宜爲人客」、「宜爲人主」，誤與此同。**人事不起，弗爲之始。**人事，謂怨畔、逆亂之萌也〔六〕。先動爲始。○《標注》：唯是觀釁而動之意耳。○《補正》：人事不起，謂國無内亂。**今君王未盈而溢，**未盈，國未富實而君意溢也〔七〕。**未盛而驕，**道化未盛而自驕泰也。**不勞而矜其功，**未有勤勞而自大其功也。**天時不作，而先爲人客，**吴未有天灾而欲伐之。**人事不起，而創爲之始，此逆於天而不和於人。**天應未至，人事不起，故逆於天而失人和也。**王若行之，將妨於國家，靡王躬身。」**妨，害也。靡，損也。　○《發正》：《周頌》毛詩傳云：「靡，累也。」　○《補正》：靡王躬身，謂害不止在王一身也。◎志慧按：「妨」與「靡」對文，兩句爲並列結構，《補正》「不止」一詞無由落實，恐不確。　王弗聽。

【彙校】

〔一〕明道本、正統本無「之」字。

〔二〕遞修本無「也」字，明道本、南監本有，疑脱。

〔三〕明道本、正統本無「范蠡」二字，《册府元龜》卷七四三陪臣部引同公序本，《景定建康志·忠勛傳》引同明道本，於義皆無殊，下文十二處「對曰」，明道本於此二字或有或無，不再出校。

〔四〕與，《越世家》作「以」，索隱云：「此『以』亦與義也。」

〔五〕月，明道本作「日」，後者形訛。

〔六〕畔，明道本、正統本作「叛」，出本字也。

〔七〕實，《增注》作「貴」，後者形訛，或據義擅改。

范蠡進諫曰：「夫勇者，逆德也；德尚禮讓，勇則攻奪。兵者，凶器也；言害人也。爭者，事之末也。言賢者脩其政德，而遠方附事之；德不行，然後用武，故曰「爭者〔一〕，事之末也」。

◎志慧按：《黄帝書・經法・亡論》：「三凶，一曰好凶器，二曰行逆德，三曰縱心欲，此謂〔三凶〕。」義可互證。**陰謀逆德，好用凶器，**陰謀，兵謀也。勇爲逆德也。◎志慧按：陰，與陽相對，詭密之謂也，包括兵謀，但不僅兵謀也，如《吴越春秋・勾踐伐吴外傳》句踐謂文種曰：「子有陰謀兵法，傾敵取國。九術之策，今用三已破强吴，其六尚在子所。」文種九術，亦不僅兵法也。**始於人者，人之所卒也。**始以伐人，人終害之。○《辨正》：韋注「始以伐人」可理解爲始以陰謀、逆德、凶器伐人，則是釋「始於人者」一句，主語「陰謀、逆德、凶器」承前省略，孤立地看其説無誤，只是憑空增加了「伐」這一動詞，有增字解經之嫌；至於以「人終害之」一語釋「人之所卒」，則問題就比較明顯，因爲若是這樣理解，「所」字就没有著落了，「所」在此的意思相當於「所以……的原因/結果/處所」等等，本句猶如説「（陰謀、逆德、凶器）是人所以滅亡/失敗的原因/所在」。落實了「所」的義詮並删除韋注憑空增加的「伐」字之後，這二句的本義就顯現出來了：某個人若是靠（陰謀、逆德、凶器等）惡德興起，那麽它們（這些陰謀、逆德、凶器等惡德）也是那個人所以滅亡的原因。句猶言始於是者必終於是。**淫佚之事，上帝之禁也，**淫佚，放濫也〔二〕。◎志慧按：《黄帝書・十大經・行守》：「驕洫（溢）好争，陰謀不祥，刑於雄節，危於死亡。」與此段文字義可互證。**先行此者不利。」王曰：「無是貳言也，吾已斷之矣！」**貳，二也。二言陰謀、淫佚也〔三〕。○穆文熙：貳言，猶言二心，故曰「吾已斷之」，注非（《國語評苑》）。○《存校》：貳言，疑貳之言也，謂無爲疑貳之言。○《平議》：此當以「無」字爲句，「王曰無」乃不然之辭，襄九年《左傳》姜曰：「亡。」杜注曰：「亡，猶無也。」與此正同。「是貳言也」，謂是乃疑貳之言也，王欲伐吴，而范蠡力言不可，故以爲疑貳之言，其下曰「吾已斷之矣」，正明己之不疑也。○《補正》：謂持異議以疑衆心，貳，疑也。○《集解》：俞謂貳言爲疑貳之言，長於韋矣。無與「毋」同，無是貳言，謂毋爲是疑貳之言也。似不必於「無」字斷句。◎志慧按：韋解固非，曲園之説亦似有强生分别之嫌，王氏與徐氏説持論平正，可以采信。**果興師而伐吴，戰於五湖，**五湖，今太湖也。○虞翻：湖有五道，故曰五湖（《水經·沔水注》引，汪、黄輯）。○《史記·河渠書》集解：韋昭曰：「五湖，湖名耳，實一湖，今太湖是也。」在吴西南。○秦鼎：果，竟也。○《補正》：五湖者，菱湖，游湖，莫湖，貢湖，咠湖。皆太湖東岸，韋意蓋以太湖統五湖也。◎志慧按：五湖，《左傳·哀公元年》、《史記·越世家》作夫椒，杜注：「吴郡吴縣西南大湖中椒山也。」據傳地在今太湖西山島。太湖，古又稱巨區、震澤、五湖、笠澤，虞翻及《史記集解》所引韋昭所云是也。吴曾祺所示五湖之名不知起自何時，唐代張祜（約七八五—八四九）的詩作中每稱五湖，其所指即今太湖，但吴氏「以太湖統五湖」之説則與虞、韋合。當地指莫釐峰東三十里爲菱湖，峰西北五十里爲莫湖，長山東五十里爲游湖，沿無錫老岸一百九十里湖面爲貢湖，胥山西南六十里爲胥湖，知《補正》作「咠」者字訛。《墨子·非攻中》亦有吴敗越，「濟三江五湖」之説，可參。**不勝，棲於會稽。**

【彙校】

〔一〕争，正統本同，明道本作「事」，形訛。

〔二〕放濫，正統本同，明道本作「放溢」，《考異》謂「作『濫』非」，但禮家固有釋淫爲「放濫」者，如《周禮·小宰·宫正》「去其淫怠」鄭注即是，《册府元龜》卷七四三陪臣部引正作「放濫」，疑韋昭襲鄭注，明道本則據後世語用習慣改。

〔三〕明道本無「二也二」三字，《册府元龜》引同公序本，釋「貳」爲「二」或係與「疑貳」相區别，明道本脱。

王召范蠡而問焉，曰：「吾不用子之言，以至於此，爲之奈何？」范蠡對曰：「君王其忘之乎？持盈者與天〔一〕，定傾者與人，節事者與地。」王曰：「與人奈何？」已在傾危，故先問與人。范蠡對曰：「卑辭尊禮，言當卑約其辭、尊重其禮以求平也。○《平議》：此「尊」字與下文「尊之以名」之「尊」兩字異義，下「尊」字讀如本字，此「尊」字當讀如《曲禮》「恭敬撙節」之「撙」，《後漢書·光武十王傳贊》「沛獻尊節」章懷注曰：「尊，音祖本反。《禮記》曰『恭敬尊節』。」此「尊」讀如「撙」之明證也。《説文》無「撙」字，刀部尊聲：「剸，減也。」疑即其本字，古多以尊爲之，謂自撙節貶損。卑辭尊禮，謂卑約其辭，撙節其禮也。「卑」與「撙」同義，而非對文。

◎志慧按：與下文「辭俞卑，禮俞尊」對勘，則韋注不誤，曲園先生求之過深。玩好女樂〔二〕，玩好，珍寶也。女樂，謂士女女於士，大夫女女於大夫。○《備考》：女樂是歌妓舞女之類，韋氏注誤。○《刪補》：奇技淫巧、歌女新樂之屬。◎志慧按：與「玩好」並置，則此「女樂」自當依上述三位日本學者之解，《越絕書·九術》所載文種九術中，「遺之好美，以爲勞其志」正是其意。共時文獻中，《黄帝書·經法·四度》有云：「黄金珠玉藏積，怨之本也；女樂玩好燔材，亂之基也。守怨之本，養亂之基，雖有聖人，不能爲謀。」則知此女樂亦不當特指「士女女於士」一類。尊之以名。謂之天王也。如此不已，不已，謂吴不釋也。又身與之市。」市，利也，謂委管籥，屬國家，以身隨之。○《史記·越世家》正義：卑作言辭，厚遺珍寶。不許平，越王身往事之，如市賈貨易以利，此是定傾危之計。○《史記會注考證·越世家》：中井積德曰：「市者，從事之謂也，言出身從事以博利也。」○《辨正》：《説文·冂部》：「市，買賣所之也。」從買賣所之（往）之處引申爲買賣這一動作，「身與之市」，猶言將自己委身于吴王。王曰：「諾。」乃令大夫種行成於吴，曰：「請士女女於士，大夫女女於大夫〔三〕，隨之以國家之重器。」重器，寶器也。吴人不許。大夫種來而復往，曰：「請委管籥，屬國家，以身隨之，君王制之。」委，歸也。屬，付也。管籥，取鍵器也。《月令》曰：「脩鍵閉，慎管籥。」吴人許諾。王曰：「蠡爲我守於國。」范蠡對曰：「四封之內，百姓之事，蠡不如種也。四封之外，敵國之制，立斷之事，種亦不如蠡也。」王曰：「諾。」令大夫種守於國，與范蠡入宦於吴〔四〕。宦，爲臣隸也。

【彙校】

〔一〕持，金李本原作「待」，形訛，兹據上文「持盈者」及各本改。

〔二〕好，金李本作「如」，兹據各本及韋注改，作「如」者字訛。

〔三〕各本同，唯相較於《越語上》，少一句「句踐女女於王」。

〔四〕宦，明道本、《越絶書·越絶外傳記地傳》作「官」，注同，「官」無「臣隸」義，《考異》、李慈銘斷明道本誤，可從，唯秦漢文獻誤「宦」爲「官」者亦復不少。

三年，而吴人遣之，句踐以魯哀元年棲會稽，吴與之平而去之。句踐改脩國政，然後卑事夫差。在吴三年，而吴人遣之。此則魯哀五年也。　○《吴越春秋·勾踐歸國外傳》：勾踐臣吴，至歸越，勾踐七年也。歸〔一〕，反至於國〔二〕，王問於范蠡曰：「節事奈何？」欲更脩政，故問節事。范蠡對曰：「節事者與地。唯地能包萬物以爲一，其事不失。爲一，不偏也。不失，不失時也。　○《辨正》：「爲一」當是指爲一體，猶如孟子所謂「萬物皆備於我矣」，而不是與偏面相對的全面，如《莊子·逍遥游》「之人也，之德也，將旁礴萬物以爲一」，謂廣被萬物爲一體，無人己、物我之分；又如《管子·宙合》所説的「宙合之意，上通於天之上，下泉於地之下，外出于四海之外，合絡天地以爲一裹」，「一」下多一「裹」字，但因此正可證明與此句例相同的本條之「一」亦爲一體。又，據上下文「包萬物」、「生萬物」、「容畜禽獸」、「兼其利」以及「美惡皆成」等語，此「不失」當是指大地之無不兼載也，非不失時，而是不失物，無棄物。**生萬物，容畜禽獸，然後受其名而兼其利。**受其名，受其功名也。利，謂萬物終歸於地也。○《略説》：既受生畜之名，而其物皆爲地之有，故兼得其利也。**美惡皆成，以養生**〔三〕。物之美惡，各有所宜，皆成之以養人也。○《存校》：此以上言「與地」，以下又泛言之。**時不至，不可彊生；**物生各有時也。**事不究，不可彊成。**究，窮也。窮則變生，可因而成也〔四〕。◎志慧按：上海師大本與《集解》皆於「變」下斷句，唯此主語不是「生」，而是「事」，韋意因窮所生之變，借勢借力而成事。二者或因常語「窮則變」而誤。**自若以處，**若，如也。自如，無妄動也。**以度天下，待其來者而正之，**不先唱，待其來而就正之。**因時之所宜而定之。同男女之功，**功，農穡、絲枲之功也。**除民之害，以避天殃。田野開闢，府倉實，**貨財曰府，米粟曰倉。**民衆殷。**殷，盛也。**無曠其衆，以爲亂梯。**曠，空也。梯，階也。無令空日廢業〔五〕，使之困乏〔六〕，以生怨亂，爲禍階也。○賈逵：梯，猶階也（《文選》應德璉《侍五官中郎將建章臺集詩》李善注引，王、汪、黄、蔣輯）。◎志慧按：《黄帝書・十大經・順道》：「不曠其衆，不爲兵邾（主），不爲亂首。」及其上文「守弱節而堅之，胥（通「須」，等待）雄節之窮而因之，若此者，其民勞不（優），几（飢）不飴（怠），死不宛（怨）」，下文「不謀削人之野，不謀劫人之宇」，文義皆可互證。**時將有反，事將有閒，**時，天時。事，人事也。反，還也。閒，隙也。時還則胙在越，而吴事有釁隙也〔七〕。**必有以知天地之恒制，乃可以有天下之成利。**恒，常也。制，度也。**事無閒，時無反，**吴事無釁隙，天時未在越。○《標注》：時與事並通兩國而言，不當偏屬。**則撫民保教以須之。」**保，守也。○《增注》：須，待也。將待其閒與反。

【彙校】

〔一〕明道本、公序本「歸」屬下，盧之頤本、《删補》、户埼允明、《備考》及秦鼎本皆將「歸」字屬上，千葉玄之、《增注》亦云屬上句是。「歸」字屬上、屬下抑或單獨成句，於義皆無不可，今將「遺」、「歸」、「至」三動詞各自成句。

〔二〕反，正統本同，明道本作「及」，《景定建康志・忠勛傳》引作「反」，《至大金陵新志・人物志・范蠡》則引作「及」，於文義皆無礙，唯明道本在版本系列上爲孤證。

〔三〕養生，明道本、正統本作「養其生」，《考異》謂「其」字衍，據韋注可從。

〔四〕明道本、正統本「成」下有「之」字，上文「美惡皆成」句韋注有「成之」一詞，疑公序本此脱。

〔五〕日，明道本作「田」，《考異》謂當作「日」，是。

〔六〕之，明道本、正統本作「人」。

〔七〕胙，明道本、正統本作「祚」，《説文》有「胙」無「祚」。「釁隙」下，明道本有「之過」二字，上海師大本徑從删，疑有者衍。

王曰：「不穀之國家，蠡之國家也，蠡其圖之！」范蠡對曰：「四封之内，百姓之事，時節三樂，三樂，三時之務，使之勸事樂業也〔一〕。◎志慧按：與「四封」、「百姓」並列，「時節」亦當爲一詞，而非短語。《黄帝書·十大經·觀》以下文字與此段文字可以互參：「爲人主者，時挃三樂，毋亂民功，毋逆天時。然則五穀溜孰（熟），民〔乃〕蕃兹（滋），君臣上下，交得其志。」不亂民功，不逆天時，從事有業，故功不亂。因時順氣，故不逆也。五穀稑孰〔二〕，民乃蕃滋〔三〕，稑，和也。蕃，息也。滋，益也。◎志慧按：《説文·禾部》：「稑，疾孰也。《詩》曰：『黍稷種稑。』」徐鍇曰：「古者繆、穆與稑聲相亂，秦繆公亦呼秦穆公，故稑或從翏聲，栗菊反。」准此，則「稑」、「孰（熟）」同義合成，韋注不穩。君臣上下，交得其志，蠡不如種也。交，俱也。四封之外，敵國之制，立斷之事，因陰陽之恒，順天地之常，陰陽，謂剛柔、晦明、三光贏縮、用兵利鈍之常數也〔四〕。柔而不屈，外雖柔順，内不可屈。彊而不剛，内雖彊盛，行不以剛〔五〕。○《略説》：二句謂陰陽之正，柔剛不偏，所謂陰陽之恒也，不必論内外矣。　○《增注》：雖勇彊也，而不暴剛也。　◎志慧按：《老子》中剛强並提，《黄帝書》中亦有剛强並提的語例，更多的是柔剛相對而言，但俱無將强與剛相區别的用例，《大戴禮記・勸學篇》有「强自取折」，《大戴禮記》此「强」義同「彊而不剛」之「剛」，此處既不必論内外，亦無關於陰陽，表達上與《左傳・襄公二十九年》季札評樂「直而不倨，曲而不屈，邇而不偪，遠而不攜，遷而不淫，復而不厭，哀而不愁，樂而不荒」等類似，只是程度之别。**德虐之行，因以爲常；**唐尚書云：「言無德行虐，習以爲常。」昭謂：德，有所懷柔及爵賞也。虐，謂有所斬伐及黜奪也[六]。以爲常，以爲常法也。　○陶望齡：因以爲常，因彼國之德虐以爲常，而我無預設之刑（盧之頤校訂《國語》）。　○《略説》：天陽爲德，地陰爲虐，所謂天地之常也。　○《發正》：德，謂生人。虐，謂殺人。《書・吕刑》「惟作五虐之刑曰法」，《墨子・尚同中篇》「虐」作「殺」。　◎志慧按：二句亦見於《黄帝書・十大經・觀》，「德虐」一詞並見於《黄帝書・十大經・果童》，後者「德虐」「刑德」並用。陶望齡釋「因」字是，上文「因陰陽之恒」、下文「死生因天地之刑」等皆可證，於「德」、「虐」二字則韋注近是，千葉玄之謂「猶言賞封也」，是。二句意謂生殺予奪皆以因襲爲原則，而不輕舉妄動，道家不敢爲天下先、勇於不敢的思想觀念貫穿在整篇《越語下》中。**死生因天地之刑，**死，殺也。刑，法也。殺生必因天地四時之法，推亡固存亦是也。　○《述聞》：刑，讀爲「形」，形，見也。天地之刑，謂死生之兆先見於天地者也。　○《發正》：《管子・勢篇》：「死生因天地之形，聖人成之。」文與此同。◎志慧按：王説合於通假之例，汪説揭其文獻依據，皆是也。天因人，因人善惡而福禍之〔七〕。聖人因天。天垂象，聖人則之。人自生之，天地形之，形，見也。見其吉凶之象。聖人因而成之。因吉凶以誅賞。◎志慧按：《黄帝書·十大經·兵容》作「天地刑之，聖人因而成之。」是故戰勝而不報，敵家不能報也〔八〕。取地而不反，不復反敵家也。兵勝於外，福生於内，用力甚少，而名聲章明，種亦不如蠡也。」○《增注》：「死生因天地之刑」以下至于此，言聖人因天地之功者，似非蠡之所以自稱焉，恐是錯亂，當在上文「夫聖人隨時以行」之前後也。◎志慧按：從君臣對話語體看，冢田虎之説有理，唯通觀《越語下》全篇，議論多於敘述，且主題先行，史實服務於觀念，子部文獻色彩濃厚，故將修飾、提升後的相關思想植入人物話語中亦屬正常，所見各版本文字無殊，不宜據臆測斷其錯亂。又，後面一段文字與《黄帝書·十大經·順道》幾乎相同：「單（戰）朕（勝）不報，取地不反。單（戰）朕（勝）於外，福生於内。用力甚少，名聲章明。」王曰：「諾。」令大夫種爲之。爲，治國也。

【彙校】

〔一〕之，明道本、正統本作「人」。

〔二〕稑孰，正統本作「稑熟」，明道本作「睦熟」，注同，《札記》據段玉裁引《左傳》文以爲作「稑」

非，《集解》從之，但《説文・禾部》：「稑，疾熟也，从禾，坴聲。」則是公序本用古字亦未可知。

〔三〕滋，許宗魯本作「兹」，與衆本異，誤，注同。

〔四〕明，明道本作「朔」，《考異》謂「朔」字誤，字之訛也，是。贏，《舊音》出「嬴」，通假，明道本、正統本作「盈」，係易通假字爲本字。

〔五〕行，一九一九年版《四部叢刊》本作「外」，係描潤改字，一九二六年重印時已作回改。

〔六〕明道本、正統本無「謂」字，據並列的上句，可刪。斬，弘治本作「載」，後者誤。

〔七〕福禍，明道本作「禍福」，疑明道本據後世詞序擅改。

〔八〕家，許宗魯本作「寡」，形訛。

2 范蠡進諫句踐無蚤圖吴

四年，王召范蠡而問焉，説云：「魯哀三年〔一〕。」昭謂：四年，反國四年，魯哀九年。曰：「先人就世，不穀即位。先人，允常。就世，終世也〔二〕。○《正義》：《越世家》「允常卒，子句踐立」《正義》引《輿地志》云：「越侯傳國三十餘葉，歷殷，至周敬王時，有越侯夫譚，子曰允常，拓土始大，稱王春秋，貶爲子，號爲於越。」○《補正》：就世，猶言即世也。吾年既少，未有恒常，

出則禽荒，入則酒荒。◎志慧按：《尚書・五子之歌》「内作色荒，外作禽荒」孔傳：「迷亂曰荒。」可移訓於此。**吾百姓之不圖，唯舟與車。**好游田，故唯舟與車。**上天降禍於越，委制於吳。**委，歸也。**吳人之那不穀，亦又甚焉。**那，於也。甚焉，言見困苦也〔三〕。○《發正》：那，於，《爾雅・釋詁》文。**吾欲與子謀之，其可乎？」范蠡對曰：「未可也。蠡聞之，上帝不考，時反是守。**考，成也。言天未成越，當守天時，天時没〔四〕，乃可以動也。○《刪補》：春臺先生曰：「上帝不考」已下韻語，古人言辭之間多然。○《述聞》：考，當讀爲「巧」。反，猶變也。言上帝不尚機巧，惟當守時變也。《漢書・司馬遷傳》「聖人不巧」，《大史公自序》「巧」誤爲「朽」。○《增注》：上章曰「時將有反」，當守天時反也。○《發正》：（二語）司馬貞謂出《鬼谷子》，蓋古本有是語，故蠡亦述所聞也。今本《鬼谷子》無此文。○《補正》：考，成也。言天下治亂興亡之際，無有一成而不變者，當謹守以俟其變。反，猶變也。◎志慧按：於「考」字之義訓，吳説於義亦通，但王説似更有據，且「考」與「巧」音同，形亦近似，《黄帝書・十大經・觀》有載：「聖人不巧，時反是守。」只是一作「上帝」，一作「聖人」，這裏范蠡云「聞之」，則其淵源當更早。「反者道之動」、「無平不陂，無往不復」，類似的觀念在當時幾乎是通識，「反」和「還」也是《越語下》中范蠡兵權謀思想的關鍵詞，故「反」字似不勞改釋。**彊索者不祥。**索，求也。○《增注》：上章曰「時不至，不可彊生；事不究，不可彊成。」若彊索者，是逆天也。**得時不成，反受其殃。**言得天時而人弗能成，則反受其殃。夫差克越，可取而不取，後反見滅是也〔五〕。失德滅名，流走死亡〔六〕。有奪，有予，有不予，有奪，予而復奪也。有予，天所授也。不予，天所去也。◎志慧按：《黄帝書·十大經·兵容》云：「天固有奪，有予。有祥〔福至者也而〕弗受，反隋（隨）以殃。……不鄉（饗）其功，環（還）受其殃。」《黄帝書·稱》：「取予當，立爲〔聖〕王；取予不當，流之死亡。天有環刑，反受其央（殃）。」可與此互參。王無蚤圖。○《增注》：蚤圖，言將彊索也。夫吴，君王之吴也，王若蚤圖之，其事又將未可知也。」未可知，或時不得也。○《集解》：前因蚤圖，致敗棲會稽，故言「又」。王曰：「諾。」

【彙校】

〔一〕《述聞》：「四年，承上在吴三年言之，謂在吴三年之明年也。注三年當爲五年，蓋吴許越成在魯哀元年。句踐宦吴三年而反，則在哀四年，其明年，則哀五年矣，故舊説云魯哀五年矣。下文『上天降禍於越，委制於吴，吴人之那不穀亦又甚焉』，蓋距宦吴未久，道其受辱之辭，其爲反國之明年明甚。下文言又一年者三，則爲反國之二年三年四年，在魯哀之六年七年八年矣。合在吴之三年，凡歷七年，故《史記·越王句踐世家》云：『句踐歸自會稽，七年拊循其民，欲用以報吴也。』再合居軍之三年，凡歷十年，故下文范蠡曰『十年謀之也』。韋以四年爲反國四年，魯哀九年，三言又一年，爲反國之五年六年七年，魯哀之十年十一年十二年，皆失之。」王引之謂此四年乃承上在吳三年言之，及至發現其説與《左傳》、《越語下》所載伍子胥自殺之年份不合，於是接著又説：「記者傳聞各異，不可强同。」其實，若依韋解，也就不存在傳聞各異一説，故王氏此説不可取。關於諸如此類年代學的考訂，事涉專門，爲不影響匯校集注的體例，特撰成專文《吳越争霸史事編年》附後，請參。

〔二〕終世，明道本無「世」字，疑脱，上海師大本徑增，是。

〔三〕苦，弘治本作「若」，後者形訛。

〔四〕没，葉邦榮本、張一鯤本同，明道本、遞修本、正統本、静嘉堂本、南監本、弘治本、許宗魯本、李克家本作「反」，《存校》、户埼允明俱謂當作「反」，依義，作「反」者是。

〔五〕可取而不取，明道本作「而可取不取」，誤倒；亦無「是」字，上海師大本從公序本，可從。

〔六〕沵，明道本、正統本作「流」，「沵」爲「流」的古字。

3 范蠡謂人事至而天應未至

又一年，反國五年，魯哀十年。○《集解》：反國之二年，魯哀七年也。王召范蠡而問〔一〕，

曰：「吾與子謀吴，子曰『未可也』，今吴王淫於樂而忘其百姓，樂，聲色也。**亂民功，逆天時，信讒喜優，**優，謂俳優也。**憎輔遠弼。**相道爲輔〔二〕，矯過爲弼。**聖人不出，**聖，通也。通知之人皆隱遁也〔三〕。◎志慧按：《尚書大傳》卷三「思心之不容，是謂不聖」鄭注：「心明曰聖。」與此「聖」義同，《周禮》六德、思孟五行之「聖」亦其義也，後世之聖義爲其升級版。**忠臣解骨。**賈、唐二君云：「解骨，子胥伏屬鏤也。」昭謂：是時子胥未死。解骨，謂忠良之臣見其如此，皆骨體解倦，不復念忠也。○《略説》：蓋猶《内傳》「解體」，或「體」字缺壞爲「骨」乎？○《正義》：解，《玉篇》：「緩也。」《博雅》：「散也。」《漢書·張耳陳餘傳》：「今獨王陳，恐天下解也。」解骨，謂弛其股肱之力，不復竭盡也。○《補正》：解骨，即解體也。◎志慧按：以解體釋「解骨」，於理或是也，如《左傳·成公八年》季文子語「信不可知，義無所立，四方諸侯，其誰不解體？」如清華簡《湯在啻門》「政禍亂以無常，民咸解體自恤」，惜乎證據不足，壞字説亦然。董氏深得韋昭之意，較賈、唐二君之説爲長，龜井昱謂「改『骨』爲『體』，如押韻何」，復可爲之補證，楚人枚乘《七發》有「四支（肢）委隨，筋骨挺解」之語，其中之「解」義與此同，今吴越地區仍有「懈骨頭」一詞，有鬆懈、懶散之義。復次，先秦時期，除法家以外，忠臣之「忠」的内涵，與後世稍異，忠臣守望的對象不是君王，而是道義，如《管子·君臣上》：「能上盡言於主，下致力於民，而足以修義從令者，忠臣也。」又如《晏子春秋·内篇·問上》：「景公問于晏子曰：『忠臣之事君也何若？』晏子對曰：『有難不死，出亡不送。』

公不悦，曰：『君裂地而封之，疏爵而貴之。君有難不死，出亡不送，可謂忠乎？』對曰：『言而見用，終身無難，臣奚死焉？謀而見從，終身不出，臣奚送焉？若言不用，有難而死之，是妄死也；謀而不從，出亡而送之，是詐僞也。故忠臣也者。能納善於君，不能與君陷於難』。」**皆曲相御，莫適相非，上下相偷，其可乎？」**御，猶將也，言皆曲意取容，轉相將望，無復相非以不忠正者也。偷，苟且也。○秦鼎：將，猶將大車之「將」，群小相助，相觀無言他人之非者。適，專主也。○《發正》：御，迓也。猶迎也，言曲意迎合也。○《翼解》：《廣韻》：「御，進也。」《小雅》「飲御諸友」傳：「御，進也。」《周頌》「日就月將」傳：「將，進也。」御與「將」同訓進，故曰「御，猶將也」。○《補正》：御，統也，謂皆曲法相統御也。◎志慧按：於文義似汪説最勝。**范蠡對曰：「人事至矣，天應未也，王姑待之。」**王曰：「**諾。**」

【彙校】

〔一〕明道本、正統本「問」下有「焉」字，上下文類似句式皆有，無者疑脱。

〔二〕道，明道本、正統本作「導」，出本字也。

〔三〕知，明道本、正統本作「智」。皆，遞修本、正統本同，明道本無之，上海師大本從有，是。

4 范蠡謂先爲之征其事不成

又一年，反國六年，魯哀十一年。〇《集解》：反國之三年，魯哀八年也。王召范蠡而問焉，曰：「吾與子謀吴，子曰『未可也』，今申胥驟諫其王，王怒而殺之，其可乎？」子胥數諫，王不聽，知吴必亡，使於齊，屬其子於鮑氏。王聞之，賜之屬鏤以死。在魯哀十一年。〇《述聞》：《左傳》夫差殺子胥在哀十一年，而《越語》則句踐反國之三年，時當哀七年，便云「申胥驟諫，王怒而殺之」，蓋記者傳聞各異，不可强同。韋以宦吴三年而反，爲哀五年，加以反後六年，爲哀十一年，以求合於十一年殺申胥之事，不知越人行成在哀元年，宦吴三年而歸在哀四年，而非五年，縱加反國之六年，亦纔十年，其時尚未殺申胥也，況四年爲反國之明年，再二年爲反國之三年，而非六年乎？《越語》之文本不與《左傳》相當，無事規規求合也。范蠡對曰：「逆節萌生。害殺忠正，故爲逆節。萌，兆也〔一〕。〇賈逵：節，猶度也（日本信瑞纂《浄土三部經音義集》卷第二引《國語》「達〈逆〉節萌〈萌〉生」並賈注）。◎志慧按：逆節萌生，又見於《黄帝書·十大經·行守》，唯彼異寫作「逆節夢生」。逆節，在《行守》中又作「雄節」，其意義指向「驕溢好争，陰謀不祥」，則韋解之「害殺忠正」只是其皮相耳。天地未形，而先爲之征，形，見也，天地之占未見。征，征伐也。其事是以不成〔二〕，雜受其刑。雜，猶俱也。刑，害也。〇龜井昱：雜，淪胥也。〇《平議》：雜者，帀也。《吕氏春秋・圜道篇》「圜周復雜」高注曰：「雜，猶帀也。」《淮南子・詮言篇》「以數褋之壽，憂天下之亂」高注曰：「雜，帀也。」《説文・帀部》：「帀，周也。」周帀，則有反復之義。《大玄》有「周首以象」復卦，范望注曰：「周，復也。」然則帀亦復也。帀受其刑者，復受其刑也，猶上文言反受其殃也。◎志慧按：《平議》説有理，今吴方言一周亦曰一匝，但《黄帝書・十大經・勢》作「僇」，《管子・勢篇》作「繆」，而「僇」、「繆」未聞有作周帀之訓，二者通作「戮」時有合、同之義，如戮力，故韋解亦不可輕廢。王姑待之。」王曰：「諾。」

【彙校】

〔一〕明道本無「兆」字，疑脱。

〔二〕秦鼎云：「『是以』二字衍。」不可必。

5 范蠡謂人事與天地相參乃可以成功

又一年，反國七年，魯哀十二年。○《集解》：反國之四年，魯哀九年也。王召范蠡而問焉，曰：「吾與子謀吴，子曰『未可也』，今其稻蟹不遺種〔一〕，其可乎？」稻蟹，食稻也〔二〕。

○舊注：稻蟹，謂蟹食稻也（《禮記·月令》正義引，汪遠孫將此條置於下文「今吾稻蟹不遺種」下）。

○《正義》：不遺種者，今秋稻被蟹食盡，明春無以爲種。　◎志慧按：螃蟹的主要食料爲水生植物，它除了吃田中的水草，還會用鉗子鉗斷水稻的莖充作食物，稻田中螃蟹超過每畝七八十只，會影響水稻的産量。元高德基《平江記事》載：「大德丁未，吴中蟹厄如蝗，平田皆滿，稻穀蕩盡。吴諺有『蝦荒蟹亂』之説。」疑其時吴國發生了蟹災，秦鼎與《正義》所釋者是。　范蠡對曰：「天應至矣，

○舊注：謂稻蟹（《御覽》卷九四二）。　人事未盡也，謂飢困、愁怨之事〔三〕，未盡極也。　王姑待之。」王怒曰：「道固然乎？固，故也。　妄其欺不穀邪？　○《讀書雜志·史記》：凡言「亡其」者，皆轉語詞也。妄，亦讀如「亡」，或言意，或言意亦，或言意亡，或言無意，或言亡意，亦皆轉語詞也。

○《經傳釋詞》卷十：妄，與「亡」同，當讀「寧爵無刁」之「無」，鄭注《儒行》曰：「妄之言無也。」

○《補正》：謂妄言相欺也。　◎志慧按：王氏父子所説是，「妄」爲「亡」之通假字，如《禮記·儒行》「今衆人之命儒也妄常」鄭注：「妄之言無也。」蓋讀「妄」爲「亡」，故得有無義。　吾與子言人事，子應我以天時；今天應至矣，子應我以人事。何也？」范蠡對曰：「王姑勿怪。夫人事必將與天地相參，然後乃可以成功。　參，三也。天、地、人事三合，乃可以成大功。

○《辨正》：此「參」並非「三」義，而是參驗、應合之意，其中有古老的天人感通思想在焉，在這裏，范蠡的意思是天地（自然）是一方，人事是另一方，二者得以相互參驗、應合纔可以成大事，這一義項有下

文「若將與之，必因天地之災，又觀其民之飢飽、勞逸以參之」之「參」可爲内證。韋注釋「參」爲三，疑因拘泥「天、地、人」三者所致。今其禍新民恐，稻蟹，新也。○《補正》：謂新遇飢困之禍，注晦。其君臣上下皆知其資財之不足以支長久也，支，猶堪也。○《增注》：支，持也。彼將同其力，致其死，猶尚殆。殆，危也。言伐吴，於事尚危也。王其且馳騁弋獵，無至禽荒；使越王爲此者，示不以吴爲念也。宫中之樂，無至酒荒；肆與大夫觴飲，無忘國常。肆，放也。常，舊法也[四]。○《辨正》：「禽荒」係「馳騁弋獵」的結果，「酒荒」係「肆與大夫觴飲」的結果，三句並非互文，則「宫中之樂」當與「肆與大夫觴飲」互乙。《越語下》范蠡語多可與《黄帝書》互勘，檢《黄帝書·經法·大分》正有如下文句：「知王術者，驅騁馳獵而不禽芒（荒），飲食喜樂而不面（湎）康。」《説文·水部》：「湎，湛於酒也。」《春秋穀梁傳·襄公二十四年》「四穀不升謂之康」楊士勛疏：「康是虚荒之名。」至於耽溺於「宫中之樂」而忘記「國常」者，同期文獻中多有之，如「齊人饋女樂，季桓子受之，三日不朝，孔子行」（《論語·微子》），正是一例。彼其上將薄其德，民將盡其力，言吴王見越馳騁射獵[五]，不以爲意，必不脩德而縱私好，以盡民力也。○千葉玄之：「彼其上」之「上」謂士大夫，言士大夫以吴王德爲薄，下民亦爲（謂）勞盡我力也。又使之望而不得食，怨望於上，而天又奪之食也。○《備考》：言民仰食其上，而王不復賑給之，使之窮餒也。○户埼允明：太宰純曰：「望而不得食，言吴人望越之多食而不得食之也。」◎志慧按：「望」與「不得食」間有「而」字，有轉折義，似不當釋作怨望，而宜釋作「希望」、「盼望」，是亦「望」字之常訓。《備考》說稍勝。**乃可以致天地之殛。**殛，誅也。**王姑待之。」**且待時也。自此後四年，乃遂伐吳。○《述聞》：伐吳在反國四年九月。

【彙校】

〔一〕「蟹」下，《御覽》鱗介部十四、南宋高似孫《蟹略》卷二引有「食」字，於義亦通。

〔二〕此注明道本、正統本作「蟹食稻」三字，《增注》作「稻蟹食稻蟹也」五字，後者爲孤例，姑置不論；《備考》據《月令》孔疏引韋注「稻蟹，謂蟹食稻也」，斷今韋注脱「謂蟹」二字，秦鼎並云：「嘗聞之海上之人，蟹之食稻甚至，緣海之田無青草。或以爲蝗者，非矣。」《考異》亦同其說，則是公序本「蟹」下脱一重文號，明道本、正統本未出正文。《越語下》「稻蟹不遺種」兩見，疑「稻蟹」一詞係其時的固定用法。

〔三〕飢，明道本同，許宗魯本、《集解》作「饑」，《容齋四筆·小學不講》：「饑、飢二字，上穀不熟，下餓也。今多誤用。」洪氏說乃據《說文》求本義，在語用中二字常通作，雖如此，許宗魯、徐元誥作「饑」未見版本依據。

〔四〕舊，《正義》作「典」，與諸本異，於義則相通，疑董氏據義擅改。

〔五〕「越」下，明道本有「修」字，疑涉下「脩」字衍。

6 越興師伐吴用范蠡謀卒滅吴

至於玄月，《爾雅》曰：「九月爲玄。」謂魯哀十六年九月。至十七年三月，越伐吴也。〇《述聞》：韋於下章「居軍三年，吴師自潰」曰：「魯哀二十年冬十一月，越圍吴。二十二年冬十一月丁卯，滅吴。」此以《左傳》説之也，不知《越語》之文與《左傳》不同。《左傳》哀十七年三月，越伐吴，《越語》則以反國之四年九月伐吴。《左傳》以伐吴之後三年圍吴，又三年而滅之，《越語》則自反國之四年伐吴，乃遂居軍三年，待其自潰而滅之。《左傳》自伐吴至滅吴凡六年（十七年至二十二年），《越語》自伐吴至滅吴凡三年，《左傳》自越及吴平至滅吴凡二十二年，哀元年《傳》所謂「二十年之外，吴其爲沼」也。《越語》自越及吴平至滅吴凡十年（宦吴三年而反國，又歷四年，至九月而伐吴，居軍三年，吴潰而滅吴，凡十年也），下文范蠡所謂「十年謀之」也（《史記·越世家》作「謀之二十二年」，後人以《左傳》改之也）。《越語》之年月非《左傳》之年月也，不然，則事同《左傳》，文亦當然，豈有「至於玄月」在哀十六年，而不箸其爲何年者乎？又豈有興師伐吴在十七年三月，而不箸其爲何年何月者乎？又豈有居軍三年在伐吴之後三年，而不箸其年之相距者乎？「至於玄月」上承「又一年」之文，則爲反國四年之九月矣（韋注「王姑待之」曰：「自此後四年，乃遂伐吴。」非也）。「遂興師伐吴」上承「至於玄月」之文，則爲九月伐吴矣。「居軍三年」上承「伐吴」之文，則伐吴之後，遂居軍以困之矣。本書節次本自顯然，何得亂以《左傳》之年月乎？　○《日知録》卷二十七：注云魯哀公十六年九月，非也，當云魯哀公十六年十一月，夏之九月。　○《正義》：句踐言歲晚，當是斗柄建戌之月，《蟋蟀》之詩所言歲暮也，若周之九月，則火初流，不得言晚，顧説是。　◎志慧按：《吴越春秋·勾踐伐吴外傳》載越國起師於句踐二十一年夏曆七月，當魯哀公十九年周曆九月，疑以《爾雅》之九月爲周曆，實非。《國語·吴語》和《越語上》雖未出具體時間，但《越語下》先後載「至於玄月，……遂興師伐吴，至於五湖」和「居軍三年，吴師自潰」，越滅吴在哀公二十二年周曆冬十一月，則此「玄月」恰爲哀公十九年夏曆九月。**王召范蠡而問焉，曰：「諺有之**諺，俗之善語也。**曰：『觥飯不及壺飧**[一]**。』**觥，大也。大飯，謂盛饌未具[二]，不能以虛待之，不及壺飧之救飢疾也。言己欲滅吴，取快意得之而已，不能待有餘力也。　○舊注：言志在觥飲，慮不至壺飧，喻己德小，不能遠圖（《御覽》器物部六引，汪遠孫輯）。　○《舊音》：觥，古横反。　○《增注》：觥，爵之大者。觥飯，蓋謂盛饌也。飧，水和飯也。壺飧，蓋行道所齎也。《傳》曰：「趙衰以壺飧從，徑，餒而弗食。」　○龜井昱：范蠡之待天人全備，如盛饌，今一戰取快，如壺飧之於饑。　○《翼解》：《左·僖二十五年傳》云「趙衰以壺飧從」，蓋當時有此語也。　◎志慧按：《御覽》所引舊注，《校證》疑係賈注，或是也，惜乎無據。依文中所述句踐君臣迫不及待的心情，似韋解更勝。今歲晚矣，子將奈何？」范蠡對曰：「微君王之言，微，無也。臣固將謁之〔三〕。謁，請也，請伐吴也。臣聞從時者，猶救火、追亡人也，蹶而趨之，唯恐弗及。」蹶，走也。○賈逵：蹶，走也（《文選》潘安仁《射雉賦》李善注引，王、黄、蔣輯）。○《增注》：蹶，顛蹶也。◎志慧按：《説文・足部》：「蹶，足僵也。一曰跳也。」蹶而趨之，疑係當時成語，《荀子・議兵》「近者歌謳而樂之，遠者竭蹶而趨之」，楊倞注：「竭蹶，顛倒也。遠者顛倒趨之，如不及然。」同書《儒效》「竭蹶」作「竭蹷」，楊注云：「竭蹷，顛仆，猶言匍匐也。」同一内容《新序・雜事》作「竭走而趨之」，則在當時語用，「蹶」自有走義。復次，上一次句踐急於發兵，范蠡謂「天應至矣，人事未盡」，從吴國「禍新民恐」一詞看，其實天時亦未全至，蓋歉收當在秋季，范蠡猶有所待也。這裏尚有一個氣候因素，每年公曆五、六月份，時值梅雨季節，又屬汛期；七、八月份，多颱風、大潮，且如果走海路，淡水補充跟不上消耗；十月下旬，浙北沿海一帶，東南風轉爲西北風或偏北風，越國從南面北伐，水運極爲不利。唯農曆九月份，主要農作物大體歸倉，大潮已過，無梅雨、颱風、暑熱之虞，且風向變化在即，故有范蠡救火追亡、蹶而趨之之喻。王曰：「諾。」遂興師伐吴，至於五湖。

【彙校】

〔一〕觥飯，正統本同，《册府元龜》卷七四三引同，明道本作「觥飲」，《御覽》卷七六一引同，上海師大本徑作「觥飯」。《説文·亻部》「侊」下引作「飯」，秦鼎以爲當從《廣韻》平聲庚韻引作「侊飯」，與「飧」相對，作「飯」是也。韋注釋作「救飢疾」而非解渴，知韋昭所見即作「飯」。唯《御覽》所引舊注作「觥飲」，則明道本亦自有傳承。侊，古同「觥」。

〔二〕明道本、正統本重「盛饌」二字，秦鼎徑從明道本，《册府元龜》卷七百四十三引正重，可從。

〔三〕固，明道本、正統本作「故」，「固」、「故」典籍中每通用。

吴人聞之，出挑戰〔一〕，一日五反。王弗忍，欲許之。不忍其忿也。○《補正》：許之戰也。范蠡進諫曰：「謀之廊廟〔二〕，失之中原，其可乎？王姑勿許也。臣聞之：得時無怠，時不再來。天予不取〔三〕，反爲之灾。贏縮轉化〔四〕，後將悔之。贏縮，進退也。轉化，變易也。○賈逵：縮，退也（釋慧琳《一切經音義》卷十四、二十、三十六引，汪遠孫輯）。◎志慧按：中原，猶原中。一般地看，「贏縮轉化」猶如説消息盈虚，終則有始，或者太陽在黄道上運行的快慢及時間長短（從秋分到春分相對較快，爲時略短，謂之贏；從春分到秋分相對較慢，爲時略長，謂之縮），或者日照時間的長短（冬至，日照時間始長，爲縮末贏初；夏至，日照時間始短，爲贏末縮初），但結合《左傳・昭公三十二年》所載：「夏，吴伐越，始用師於越也。史墨曰：『不及四十年，越其有吴乎！越得歲而吴伐之，必受其兇。』」則此似特指歲星贏縮，《史記・天官書》亦云：「歲星贏縮，以其舍命國。所在國不可伐，可以罰（《漢書・天文志》作「伐」）人。其趨舍而前曰贏，退舍曰縮。贏，其國有兵不復；縮，其國有憂，將亡，國傾敗。其所在，五星皆從而聚於一舍，其下之國可以義致天下。」從上揭史墨語、《周語下・伶州鳩論鍾律於景王》伶州鳩語、《晉語四・重耳自翟適齊》舅犯語以及本則材料可知，最遲到東周時期，人們將歲星之贏縮與歲星所在之國國運贏縮以及行師宜忌聯繫了起來，韋注以進退釋贏縮雖無大誤，然仍嫌未達一間。又，《黄帝書・十大經・兵容》：「〔福至者也而〕弗受，反隨以殃。……不饗其功，環（還）受其殃。」義可與此互證。**天節固然，**固然〔五〕，有轉化也。○《經子法語》：節，期也。**唯謀不遷。」**謀必素定，不可遷易也〔六〕。**王曰：「諾。」弗許。**

【彙校】

〔一〕明道本、正統本「出」下有「而」字，《考異》謂公序本脱，但《册府元龜》卷七百四十三引亦無之，於義無殊。

〔二〕明道本、正統本句首有「夫」字，《册府元龜》卷七四三陪臣部及《景定建康志・忠勛傳》引皆有「夫」字，疑公序本脱。

〔三〕予，静嘉堂本、南監本、弘治本作「子」，後者形訛，不取，許宗魯本已校正。

〔四〕贏，明道本作「嬴」，注同，《考異》、李慈銘斷明道本誤，可從。

〔五〕明道本無「固」字，上海師大本從有，不敢必其一。

〔六〕遷易，明道本、正統本、《册府元龜》卷七四三陪臣部作「遷移」，於義無殊，然古固有「遷易」一詞，姑兩存之。

范蠡曰：「臣聞古之善用兵者，謂若黄帝、湯、武也。**贏縮以爲常，四時以爲紀。**以爲常，隨其贏縮。紀，猶法也。四時有轉運，用兵有利鈍也。《周語》曰「王欲合是五位三所而用之」是也。○户埼允明：日月以贏縮爲常，四時以轉化爲紀，不敢過其數，數究而止。韋注「五位三所」不預于兹。○《增注》：贏縮，謂日月行度也。**無過天極，究數而止。**極，至也〔一〕。究，窮也。無過天道之所至，窮其數而止也。○《增注》：極，表極也。日月之贏縮，四時之消息，即是天極也，善用兵者，無過越於此天極，而究其天數，乃止也。◎志慧按：《黄帝書·稱》：「毋失天極，廄（究）數而止。」《管子·勢篇》：「毋亡天極，究數而止。」其義與《周易》乾卦亢龍有悔、泰卦泰極否來、復卦反覆其道以及《老子》「反者道之動」相通。**天道皇皇，日月以爲常。**皇皇，箸明也〔二〕。常，象也。○《翼解》：《周官·司常》：「日月爲常。」又曰：「王建太常。」《釋名》：「日月爲常。」

◎志慧按：《釋名・釋兵》：「九旗之名，日月爲常，畫日月於其端，天子所建，言常明也。」韋用聲訓，意義轉晦。《黄帝書・十大經・觀》：「刑德皇皇，日月相望。以明其當，而盈（絀）無匡（枉）。」文義皆可互證。**明者以爲法，微者則是行。**明，謂日月盛滿時也。微，謂虧損薄食也〔三〕。法其明者以進取，行其微時以隱遁〔四〕。○《辨正》：「微者則是行」一句不辭，檢《鶡冠子・世兵》有云：「明者爲法，微道是行。」《黄帝書・十大經・觀》、《姓争》亦並有云：「其明者以爲法，而微道是行。」將三段類似文字對勘，可知本條之「是」當係結構助詞，而「則」應與「法」互文，與「行」同屬動詞。故而結論是「則是行」應該是「是則行」的互乙。○李慈銘：行，古音杭，下同。**陽至而陰，陰至而陽。**至，極也〔五〕。**日困而還，月盈而匡。**困，窮也。匡，虧也。○《補音》：注云：「匡，虧也。」字書俱無此訓，然韋氏必有所據矣，俗本作「吴」，非是。○《備考》：《考工記》「輪雖敝不匡」注云：「匡，枉也。」蓋月虧其形似枉屈者，故訓匡爲虧也。○《補正》：還，謂周而復始也。**古之善用兵者，因天地之常，與之俱行。**隨其運轉、虧盈、晦明之常也〔六〕。**後則用陰，先則用陽。**後，後動。先，先動也。用陰，謂沈重固密。用陽，謂輕疾猛厲。**近則用柔，遠則用剛。**敵近則用柔順，示之以弱；遠則抗威厲辭以亢禦。**後無陰蔽，先無陽察，**後動者泰舒静〔七〕，爲陰蔽也。先動者泰顯露，爲陽察也。○《讀書囈語》：後則用陰，然不可爲陰蔽，陰蔽者，怠緩而不知乘機也。先則用陽，然不可爲陽察，陽察者，輕疾而不可繼，使敵人知吾氣之竭也。◎志慧按：此中陰陽、剛柔包含時間(晝夜、寒暑)、氣候(晦明、晴雨)、地勢(高下、險易)和人事之德虐、主動被動、饑飽勞逸等諸多因素，韋解揭其一體耳。《黄帝書・十大經・觀》：「夫是故使民毋人執，舉事毋陽察，力地毋陰敝。陰敝者土芒(荒)，陽察者奪光。」陰敝、陽察一對概念並提，似僅見於《越語下》與《黄帝書》，這爲二書之關係提供一條線索。**用人無蓺**〔八〕。**往從其所**，蓺，射的也。無蓺，無常所也。行軍用人之道，因敵爲制，不豫設也，故曰「往從其所」〔九〕。○賈逵：蓺，常也(《原本玉篇殘卷・云部》引)。○李慈銘：此讀「藝」爲臬，《説文》：「臬，射準的也。」○《校補》：馬王堆帛書《經法・國次》：「無故執。」又：「人執者流之四方。」又《十大經・觀》：「夫是故使民毋人執」。故讀爲「固」，執爲「執」字形誤。◎志慧按：四説於義俱通，且皆合轍押韻，不敢必於一，俱録以俟考。**剛彊以禦**〔一〇〕。**陽節不盡，不死其野**。言敵以剛彊來禦己，其陽節未盡，尚未可克，故曰「不死其野」。○户埼允明：其野，謂戰場也。○秦鼎：死，死戰也，言不須死戰其地也。**彼來從我，固守勿與**。勿與之戰也〔一一〕。○《述聞・左傳》「一與一誰能懼我」：古人多謂敵爲與，《老子》「善勝敵者不與」，謂兩軍相敵也，解者誤以爲與共之「與」，而增字以足之。**若將與之，必因天地之灾**，彼有灾變，則可〔一二〕。**又觀其民之飢飽勞逸以參之**〔一三〕。言雖有灾，民尚逸飽，則未也。**盡其陽節、盈吾陰節而奪之**〔一四〕。彼陽勢已盡，而吾陰節盛滿，則能奪之也。**宜爲人客，剛彊而力疾**。○《發正》：力，與「疾」同義。**陽節不盡，輕而不可取**。先動爲客。於時宜爲人客，剛彊力疾。陽數未

盡〔一五〕，雖輕易，人猶不可得取也。 ○《讀書𧬈語》：「盡其陽節」三語，即長勺之戰齊人三鼓已休，曹劌乃鼓而敗之是也。 ○《略説》：敵雖輕窕，不可妄取。 **宜爲人主，安徐而重固。陰節不盡，柔而不可迫**〔一六〕。 時宜爲主人，安徐重固。 陰數未盡，雖柔不可困迫也〔一七〕。 ◎志慧按：《黄帝書·十大經·順道》：「安徐正静，柔節先定。」又見於同書《稱篇》，用語與詞義皆可互證。 復次，「宜爲人主」二句似宜置於「宜爲人客」二句之前，如是則「主」「固」「取」隔句用韻；「客」「疾」「迫」三入聲字亦隔句用韻，其言説順序是AB——BA，與其時常見的言説順序正合。 **凡陳之道，設右以爲牝，益左以爲牡**〔一八〕。 陳有牝牡，使相受也〔一九〕。 在陰爲牝，在陽爲牡。 ◎志慧按：《淮南子·兵略訓》「所謂地利者，後生而前死，左牡而右牝」高注：「高者爲生，下者爲死。 丘陵爲牡，谿谷爲牝。」《文選》陳孔璋《爲曹洪與魏文帝書》李善注引《雜兵書》曰：「八陳：一曰方陳，二曰圓陳，三曰牡陳，四曰牝陳，五曰衝陳，六曰輪陳，七曰浮沮陳，八曰雁行陳。」俱可參。「益左」句，蓋後世堪輿家培龍補砂之義，即如遇來龍低平，砂峰低缺，宜人工墊高填補，或於其上植樹以增加高度。 **蚤晏無失，必順天道，**晏，晚也。 ○賈逵：晏，晚也（《文選》顔延年《夏夜呈從兄散騎車長沙詩》李善注引，王、汪、黄、蔣輯）。 ◎志慧按：晏有晚義，唯其時間指向爲中午，而非晚上，相對於早晨則已遲矣、晚矣，今吴方言仍以「晏」指稱中午時間。 早晏，猶遲早。 **周旋無究。** 究，窮也。 無窮，若日月然也。 **今其來也，剛彊而力疾，**言吴陽勢未盡，未可擊也。 **王姑待之。」王曰：「諾。」弗與戰。**

【彙校】

〔一〕至，明道本作「主」，《補正》及上海師大本皆從作「至」，是。

〔二〕箸明，遞修本同，《册府元龜》作「著」，明道本、正統本無「箸」字，《考異》斷其脱，是，《增注》、上海師大本從作「著」。

〔三〕薄食，明道本、正統本作「薄蝕時」，《册府元龜》卷七百四十三陪臣部作「薄蝕」，「食」、「蝕」古今字，據上句，「薄食」下當有「時」字。

〔四〕《增注》：「『行』字疑當作『則』。」可備一説。

〔五〕「極」前，明道本、正統本有「謂」字，「至，極也」之説傳注常見，「謂」字疑衍。

〔六〕運轉，明道本、正統本作「轉運」。

〔七〕泰，明道本、正統本作「太」，次同。

〔八〕此處標點從《述聞》，彼云：「用人無藝者，人猶衆也，言用衆之道無常也。後無陰蔽，先無陽察，用人無藝，三『無』字相應爲文。……蔽、察、藝爲韻……所、禦、野、與爲韻。」

〔九〕明道本無「往」字，據正文，當有。

〔一〇〕彊，正統本同，明道本作「柔」，注同，《札記》謂即下文「剛彊而力疾」，則可知作「彊」者是，《補正》、《集解》亦從其説。

〔一一〕明道本、正統本無「之」字。

〔一二〕秦鼎據閔齊伋本增「與戰耳」三字，原文意義自明，閔齊伋本似不可據。

〔一三〕飢，明道本、正統本作「饑」，「飢」、「饑」古常通用。

〔一四〕「奪之」下，明道本、正統本尚有「利」字，據韋注，「利」字當衍。

〔一五〕未，明道本、正統本作「不」，但下文「陰數未盡」各本同，則以作「未」爲長。

〔一六〕《國語箋》：「取、迫二字，當上下互易，始合韻。韋注云：『雖輕易，人猶不可得取；雖柔，不可困迫。』則其本已誤。」可從。

〔一七〕困，遞修本作「囷」，字訛。「困迫」下，明道本、正統本有「之」字，此「困迫」係被施加而非施加於人，故有「之」者當衍。

〔一八〕益，衆本惟《正義》作「設」，疑因上句「設」字而誤。

〔一九〕有，明道本作「其」，於義未見其非。「受」下，明道本、正統本有「之」字，《册府元龜》卷七四三陪臣部引皆同公序本，於義似公序本爲長。

居軍三年〔一〕，吴師自潰。魯哀二十年冬十一月，越圍吴。二十二年冬十一月丁卯，滅吴。

○《正義》：《文三年傳》「凡民逃其上曰潰」杜注：「潰，衆散流移，若積水之潰，自壞之象也。」孔疏引《公羊傳》曰：「潰者何，下叛上也。國曰潰，邑曰叛。」左氏無此義也。吴王帥其賢良與其重禄以上姑蘇。姑蘇，宫之臺也〔二〕，在吴昌門外〔三〕，近湖。或云：「賢，賢妃。良，良貨。」唐尚書云：「重禄，寶璧。」昭謂：賢良，親近之士，猶越言君子，齊言士也。《吴語》曰：「越王以其私卒君子六千人爲中軍。」賈侍中云：「重禄，大臣也。」使王孫雄行成於越〔四〕，雄，吴大夫。王孫，姓也。○虞翻：王孫雄，吴大夫（《史記·越世家》集解引，汪、黄輯）。○《正義》：王孫，吴先王之孫，與夫差同族，非姓也，姓則姬耳。《越世家》作公孫雄，則王孫非姓矣。曰：「昔者上天降禍於吴，得罪於會稽。使越棲於會稽時也。今君王其圖不穀〔五〕，不穀請復會稽之和。」王弗忍，欲許之。范蠡進諫曰：「臣聞之：聖人之功，時爲之庸。庸，用也，因天時以爲功用〔六〕。得時弗成〔七〕，天有還形。還，反也。形，體也。○《增注》：形，上章所謂「天地形之」之「形」也，言天又有反其吉凶之形象也。○《平議》：形，當讀爲「刑」，言天必反而刑之也，上文曰「得時不成，反受其殃」，此文曰「得時弗成，天有還刑」，其義正同，還猶反也，刑猶殃也，作「形」者假字耳。○《校補》：馬王堆帛書《十六經·觀》作「天有環（還）刑，反受其央（殃）」。環，讀爲還，循環。刑，讀爲形。俞謂刑訓殃，則《十六經》不可解矣。下文「天節不遠，五年復反」，「復反」即「循環」。◎志慧按：天道好還，不必只是刑殺，也包含施惠。「聖人之功，時爲之庸」亦見於《黄帝書·十大經·兵容》。天節不遠，五年復反，節，期也。五年再閏，天數一終，故復反也。小凶則近，大凶則遠。小凶，謂危敗。大凶，謂死滅。近，五年。遠，十年，或二十年也。先人有言曰：『伐柯者其則不遠。』先人，詩人也。執柯以伐柯，其法不遠〔八〕，以言吴昔不滅越，故有此敗，此戒亦不遠也〔九〕。◎志慧按：詩出《毛詩·豳風·伐柯》。今君王不斷，其忘會稽之事乎？」王曰：「諾。」不許。

【彙校】

〔一〕本段明道本單列，人物同，事件則是前文的邏輯延伸，不必分列。

〔二〕宫之臺，明道本、遞修本、正統本同，疑有脱文，《增注》作「吴宫之臺」，秦鼎引或説云：「宫之，當作『吴之』，字之誤也。」然未見所據。

〔三〕昌門，明道本、正統本作「閶門」，「昌」、「閶」古今字，今作「閶門」，即蘇州古城之西門。

〔四〕雄，正統本同，明道本作「雒」，注同，《墨子·所染》、《吕氏春秋·當染》作「雄」，《吴越春秋》、《越絶書》則作「駱」，似皆各有所本。

〔五〕君王，明道本作「王君」，後者誤倒，上海師大本徑從公序本改。

〔六〕爲功用，明道本、正統本作「用功」，上海師大本徑從公序本，是。

〔七〕弗，明道本、正統本作「不」。

〔八〕明道本引詩無「以」字，明道本、正統本「法」作「則」，義同。

〔九〕戒，明道本作「滅」，李慈銘斷其誤，《補正》及上海師大本皆從作「戒」，是。

使者往而復來，辭愈卑〔一〕，禮愈尊，俞，益也。王又欲許之。范蠡諫曰：「孰使我蚤朝而晏罷者，非吴乎？與我争三江、五湖之利者，非吴邪〔二〕？夫十年謀之〔三〕，一朝而棄之，其可乎？十年不收於國，勤身以謀吴也。○《辨正》：此中之「十年」與「一朝」皆極言其時間之久暫耳，並非實指，韋注以《越語上》「十年不收於國，民居有三年之食」當之，未安。自句踐戰敗（魯哀元年，前四九四）到事吴，再到返國（魯哀公五年，前四九〇），到魯哀十三年（前四八二）敗吴於囿，再到當下魯哀二十二年（前四七三），很難指實「十年謀之」是哪十年，故爲泛指無疑。王姑勿許，其事將易冀已。」冀，望也。易望已，不勤難也〔四〕。○《删補》：冀，與「覬」通。王許之，則彼以人事覬覦我，乃何難乎？◎志慧按：「冀」的主語爲「其事」，而非「彼」，且本字能解，不勞借字，韋注無誤。王曰：「吾欲勿許，而難對其使者，子其對之。」范蠡乃左提鼓，右援枹，以應使者，提，挈也。曰：「昔者上天降禍於越，委制於吴，而吴不受。今將反此義以報此禍，○龜井昱：反此義者，降禍於吴，委制於越也。禍之反報者，越之禍，轉而爲吴之禍也。吾王敢無聽天之命，而聽君王之命乎？」王孫雄曰：「子范子，先人有言曰：『無助天爲虐，助天爲虐者不祥。』今吾稻蟹不遺種〔五〕，子將助天爲虐，不忌其不祥乎？」忌，惡也。范蠡曰：「王孫子，昔吾先君固周室之不成子也，子，爵也，言越本蠻夷小國，於周室爵列不能成子。《周禮》：諸子之國〔六〕，封疆方二百里〔七〕。　○《正義》：《襄十四年傳》：「成國，不過半天子之軍。」蠡言不成子，言不成國之子爵，非謂不能成子爵也。故濱於東海之陂，濱，近也。陂，崖也〔八〕。　○《增注》：濱，言逼處於水際也。黿鼉、魚鼈之與處〔九〕，而鼃黽之與同陼〔一〇〕。鼃黽，蝦蟇也〔一一〕。水邊亦曰陼。　○《舊音》：鼃，音蛙。黽，眉耿反。余雖靦然而人面哉，吾猶禽獸也〔一二〕，靦，面目之皃也〔一三〕。　○《補音》：靦，它典反。　○《增注》：靦，面醜也。《詩》曰：「有靦面目。」　○《補正》：《爾雅·釋言》：「靦，姡也。」姡訓面醜。　◎志慧按：「姡」有醜義，復有慚愧義，《重修玉篇·面部》：「靦，慚貌。」范蠡自我貶稱枉有一張人面，實乃禽獸也，此與其老家熊渠「我蠻夷也，不與中國之號謚」（見《史記·楚世家》）同一腔調，亦是道家謙退思想和越國事大策略的具體而微。又安知是諓諓者乎？」諓諓，巧辯之言也。方欲拒吳之請〔一四〕，故自卑薄以不知禮義也。　○賈逵：諓諓，巧言也（《春秋公羊傳·文公十二年》釋文引，王、汪、黄、蔣輯）。　○《舊音》：諓諓，以淺、子淺二反。善言也。　◎志慧按：《莊子·齊物論》：「大知閑閑，小知間間；大言炎炎，小言詹詹。」疑「諓諓」兼具「間間」和「詹詹」義，以自喻分別町畦，餖飣細碎，不達大道。王孫雄曰：「子范子將助天爲虐〔一五〕，助天爲虐不祥。雄請反辭於王。」謂以辭告越王〔一六〕。范蠡曰：「君王已委制於執事之人矣〔一七〕。執事，蠡自謂也。○虞翻：執事，蠡自謂也（《史記·越世家》集解引，汪、黄輯）。子往矣，無使執事之人得罪於子。」無使我爲子得罪也。○虞翻：我爲子得罪（《史記·越世家》集解引，汪、黄輯）。○秦鼎：得罪，謂聽雒之請，越王必罪蠡，是因雒以得罪也。一説：雒不去，將執之，是得罪於雒也。○李慈銘：言子若再有言，當執法以從事，恐喝之辭也。云「得罪」者，猶前言「得罪於大王」、「得罪於君王」、「得罪於會稽」耳，注非。○《補正》：謂子若不去，將不以禮相待，故云「得罪」，注意殊曲。◎志慧按：此係外交辭令，李慈銘與吳曾祺説皆是也，韋注亦無誤。

【彙校】

〔一〕俞，《補音》：「或作『愈』。」明道本、正統本作「愈」，《集韻·噳韻》：「愈，勝也。通作『俞』。」下同。

〔二〕邪，明道本、正統本作「耶」。

〔三〕夫，弘治本作「天」，字殘。

〔四〕明道本、正統本句首有「謂」字，似可從補。

〔五〕吾，明道本、遞修本、静嘉堂本、南監本、正統本、弘治本、許宗魯本作「吳」，此語出自王孫雄而非其他國家人之口，當以作「吾」稍勝，《御覽》卷八三九及《天中記》卷十五引正作「吾」，但於義則兩可。

〔六〕諸，静嘉堂本、南監本、弘治本、許宗魯本作「者」，字殘。

〔七〕疆，明道本、正統本作「彊」。

〔八〕崖，明道本、正統本作「涯」，《考異》謂作「涯」是，但《説文》有「崖」無「涯」。從氵之「涯」與從山之「崖」古通，則是公序本從古貌，而明道本從俗。

〔九〕鼉，明道本作「黿」，《考異》據《晉語九》「黿鼉魚鱉莫不能化」斷明道本誤，是。

〔一〇〕陼，正統本同，《舊音》：「唐、賈、孔作『諸』。」疑爲「渚」之訛，明道本作「渚」，注同，《札記》據唐、賈、孔作「渚」疑公序本誤，其實「陼」、「渚」異構同義，義符更旁字耳，正統本同於公序本。

〔一一〕蓏，明道本、正統本作「蝂」，《考異》、李慈銘均謂「蝂」俗字，是。

〔一二〕吾，許宗魯本作「臣」，後者不與衆本合，亦有違語境。

〔一三〕本句韋注各本置於下句「諓諓者乎」之下，兹依就近原則前移。

〔一四〕拒，明道本、正統本作「距」，「拒」本字，「距」通假字。

〔一五〕虐，静嘉堂本、南監本作「虐」，弘治本作「虚」，字訛，次「虐」字不誤。

〔一六〕請，明道本、遞修本、正統本皆作「請」，各本正文皆作「請」，則是金李本字之訛也，葉邦榮本與張一鯤本承之。

〔一七〕君，皆川淇園謂「當作『吾』字之誤也」，然所見各本俱同作，於義亦不敢必其誤。

使者辭反。反報吳也。范蠡不報於王，擊鼓興師以隨使者，至於姑蘇之宫，不傷越民，遂滅吳。「事將易冀」是也。◎志慧按：《越語上》載隨句踐「宦士三百人於吳」，又，《越絶書·越絶内經九術》載第四術「遺之好美」、第五術「遺之巧匠，使起宫室高臺」，清華簡《越公其事》「吳師乃大北，旋戰旋北，乃至於吳，越師乃因軍吳」之後有云：「吳人昆奴乃入越師。」此「不傷」之「越民」，疑即此三百「宦士」、越國之「好美」「巧匠」以及淪爲「吳人昆奴」之越民。《越絶書·越絶外傳記地傳》載：「句踐已滅吳，使吳人築吳塘，東西千步，名辟首，後因以爲名曰塘。」吳塘，當地叫長山，遺址在今紹興柯橋區湖塘街道古城村。越民之在吳者，大抵也基於當時同樣的戰争邏輯。

7　范蠡辭句踐乘輕舟以浮於五湖〔一〕

反至五湖，范蠡辭於王曰：「君王勉之，臣不復入於越國矣〔二〕。」勉王以德，欲隱遁也。◎志慧按：勉之，猶言善自珍重，告别之辭也，「勉王以德」則未見其是。王曰：「不穀疑子之所謂者何也？」范蠡對曰：「臣聞之：爲人臣者，君憂臣勞，君辱臣死。昔者君王辱於會稽，臣所以不死者，爲此事也。人事已濟矣〔三〕，蠡請從會稽之罰。」王曰：「所不掩子之惡、揚子之美者，使其身無終没於越國。○《補正》：此詛誓之詞，謂當客死異地也。○《集解》：所，猶若也。◎志慧按：詛誓之詞是也，唯謂「客死異地」則未必，該句重心在「終没」，即善終。子聽吾言，與子分國〔四〕。不聽吾言，身死，妻子爲戮。」范蠡對曰：「臣聞命矣。君行制〔五〕，臣行意。」制，法也。意，志也。遂乘輕舟以浮於五湖，莫知其所終極。

【彙校】

〔一〕傅庚生《國語選》與上海師大本皆題作『范蠡乘輕舟以浮於五湖』，兹稍增其詞以富其義。

〔二〕明道本、正統本無「於」字，《史記·貨殖列傳》同，於義兩可。

〔三〕人事，《增注》云：「范蠡昔嘗曰：『夫人事必將與天地相參，然後乃可以成功。』故至此曰『人事已濟矣』。」户埼允明亦謂每章以天應人事爲首尾，此句結上事也，不可妄改，「人事」甚有深意。然明道本、遞修本、正統本、静嘉堂本、南監本、弘治本、許宗魯本、閔齊伋本皆作「今事」，

《略説》依穆文熙《鈔評》本及盧之頤本作「今」,《考異》亦謂作「人」者誤,《正義》則於「人」前增「今」字,未見所據。

〔四〕明道本、正統本、《景定建康志》卷四十八引句首有「吾」字,《考異》、《集解》謂有者衍,《校補》據《史記·越世家》「孤將與子分國」之「孤」及《韓詩外傳》卷二「子與我,吾將與子分國」,斷當有之,皆不必然,於義似兩可。

〔五〕制,《史記·越世家》作「令」。

王命工以良金寫范蠡之狀而朝禮之〔一〕,以善金鑄其形狀,而自朝禮之〔二〕。 ◎志慧按:《佩文韻府》卷十二:寫雷,《文子》「雷霆之聲,可以鐘鼓寫也」注:「寫,猶放效也。」此「寫」即仿效義,即摹寫。一九八二年,在紹興坡塘獅子山出土過一座戰國初期徐墓,其中有樂伎銅屋,屋内有六個呈跪姿的銅鑄樂工,其鑄造年代與此相當,可參。句踐君臣禮拜范蠡的舉動後來相沿成俗,舊時紹興、諸暨俱有范蠡祠,今上虞豐惠尚存陶朱廟,這種風俗也擴大到了其他越國時期的重要人物,如今紹興福全白革廟供着諸稽郢,紹興皋埠鎮皋隍廟供着皋如,其九子則分别供於該鎮九個村社。**浹日而令大夫朝之**,從甲至甲爲浹〔三〕。浹,帀也。 ◎志慧按:《漢書·段熲傳》「浹日」顔注:「浹,匝也。浹,音子牒反。謂匝十二辰也。」則各依干支有十日、十二日二説。**環會稽三百里者以爲范蠡地**,

環，周也。　◎志慧按：《越絶書·越絶外傳紀地傳》：「苦竹城者，句踐伐吴，還封范蠡子也。其僻居，徑六十步，因爲民治田，塘長千五百三十三步。其冢名土山。范蠡苦勤功篤，故封其子於是。去縣十八里。」其地舊時出産苦竹，故名，因其名不雅，晚近始更名古筑，老年村民仍呼作苦竹或者苦竹塘，今屬紹興蘭亭街道，其中所説之塘（水壩）則已不見。「環會稽三百里」未聞，係誇飾之辭。范蠡辭越不久，《史記·越世家》載其「耕于海畔，苦身戮力，父子治産」，則其家人嗣後亦隨之北遷，故當地並未聞有范氏後人。曰〔四〕：「**後世子孫，有敢侵蠡之地者，使無終没於越國**，誓告也〔五〕。**皇天后土、四鄉地主正之**。」鄉，方也。天神地祇、四方神主當征討之〔六〕，正其封疆也。　○《增注》：四鄉地主，謂封内山川之神也。　○《平議》：封疆非鬼神所能正，韋注非是，正，猶聽也。《周官·夏官·序官》曰「家司馬各使其臣以正於公司馬」，鄭注曰：「正，猶聽也。」「皇天后土、四鄉地主正之」，猶言鬼神與聞此誓也。　○《補正》：四鄉地主，謂官其地而爲之主者，非指鬼神也。　◎志慧按：正，通「證」，句猶《離騷》「指九天以爲正」，意謂請皇天后土、四鄉地主、祖宗明靈作證，蓋亦誓告之文常用的結尾句法。

【彙校】

〔一〕「工」前，明道本、正統本有「金」字，《御覽》卷三九六、卷四七四引皆無，《考異》、李慈銘謂涉下

「良金」而衍,《集解》、上海師大本從公序本,是。

〔二〕明道本無「之」字,「禮」下當有賓語,無者脱。

〔三〕爲,明道本、正統本作「曰」。

〔四〕秦鼎:「依韋解,則『曰』上脱『誓』字。」然所見各本均無之。

〔五〕明道本、正統本句首有「此」字,秦鼎本從補,是。

〔六〕祇,明道本、遞修本、正統本、静嘉堂本、南監本同,弘治本、許宗魯本、葉邦榮本、張一鯤本、李克家本作「祗」,後者字訛。

越語下卷第二十一

附一 《國語》的文類及八語遴選的背景

「語」是上古時期的一種文類，它以明德爲體用特徵，是古人人生經驗和社會、政治智慧的結晶，在表達方式上大致可分爲重在記言和重在記事的兩類。言類之「語」重點表現爲廣泛流傳的嘉言善語，譬如格言、諺語等等，形式上比較精警；事類之「語」因爲大多從有關興衰成敗的歷史故事中采録而來，故而具有明顯的歷史故事特色，形式上一般也總是短小精悍。

譬如《國語》，韋昭（二〇四—二七三）《國語解敘》説：「采録前世穆王以來，下訖魯悼智伯之誅，邦國成敗，嘉言善語，陰陽律吕，天時、人事逆順之數，以爲《國語》。」其中「穆王以來，下訖魯悼智伯之誅」是其收録材料的時間範圍，「邦國成敗，嘉言善語」是其書的内容，至於「陰陽律吕，天時、人事逆順之數」則又包括在有關邦國成敗的「嘉言善語」之中。因而，《國語》當是其時各國瞽、史收集有關邦國成敗的嘉言善語，以教誨君王、貴族爲目的，對那些原始材料進行加工，並按國别彙集的一部特別的「語」。對於《國語》這樣的性質，前輩學者已經得出過相關的研究結論，楊寬（一九一四—二〇〇五）《戰國史》即云：「很明顯，這就是楚大夫申叔時所説《語》一類的歷史書。當是戰國初期學者彙編春秋時代各國的《語》而成，如同《左傳》彙編《百國春秋》一樣。」〔一〕在這裏，楊先生將「國語」二字分解爲「春秋時代各國」的「《語》」，斷定《國語》「就是楚大夫申叔時所説《語》一類」（申叔時的話見《楚語上·申叔時論傅太子之道》）之書，這就將《國語》一書的性質講解得清清楚楚。沈長雲先生曾與王樹民先生一道點校過徐元誥（一八七六—一九五六）的《國語集解》，他對《國語》性質的理解值得重視，他説：「其實《國語》並不是一部史，它的目的並不在於紀事。……《國語》的特點在於它是一部『語』，是按國別彙集成的『語』。」〔二〕

〔一〕楊寬著，《戰國史》，上海：上海人民出版社，一九八〇年七月第二版，頁五二六。

〔二〕沈長雲撰，《〈國語〉編撰考》，《河北師院學報》，一九八七年第三期，頁一三四。對《國語》的性質，臺灣學者張以仁和日本學者貝塚茂樹、谷口洋也已有過專門研究，其結論與楊寬、沈長雲、王樹民等説大致相同，請參看：張以仁《從國語與左傳本質上的差異試論後人對國語的批評》（原發表於《漢學研究》第一卷第二期，一九八三年十二月，第二卷第一期，一九八四年六月，後收入氏著《春秋史論集》，臺北：聯經出版事業公司，一九九〇年）、《國語辨名》（收入氏著《國語左傳論集》，臺北：東昇出版公司，一九八〇年），貝塚茂樹《論語の成立》（日本《東方學》第一輯，一九五一年三月）、《國語に現れた説話の形式》（《東方學》第一四輯，一九五七年七月）、谷口洋《〈國語〉〈論語〉における「語」について》（日本《日本中國學會報》第五〇集，一九九八年十月）。

將《國語》放到「語」的文類中討論，比較容易理解該書的性質，也有利於解釋其中各部分之間的體例不一致、内容重出和不協調現象，並有可能解釋編者何以選編這八「語」而不是其他各國的「語」的原因。同時，許多有關《國語》的成説也有必要重新檢討。兹依循先破後立的原則先檢討幾則關於《國語》的成説：如視《國語》爲《春秋》之「外傳」，以《國語》爲國别史，以及在研究中先驗地從歷史體裁的角度將《國語》視爲一部有機統一的著作的研究方法；再從「語」這一特殊文類的角度探討《國語》八「語」遴選的背景。

爲了論證和閲讀的方便，先將《國語》八「語」之篇幅、記載之側重及所反映之時間表列如下：

《國語》八語之篇幅、記載之側重及反映之時間一覽表

	周語	魯語	齊語	晉語	鄭語	楚語	吴語	越語
篇幅	三卷三十四篇	二卷三十七篇	一卷八篇	九卷一百三十一篇	一卷一篇	二卷十九篇	一卷十篇	二卷七篇

續表

	記載之側重	反映之時間
周語	言	穆王（前九七六—前九二二在位）征犬戎至敬王十年（前五〇九）劉文公與萇弘欲城周，末篇敘述事件下探至前四四一年，其中記周平王之前凡九篇〔一〕
魯語	言	魯莊公十年長勺之戰（前六八四）至魯哀公十二年（前四八三）季康子用田賦
齊語	言	齊桓公時期（前六八五—前六四三在位）
晉語	言、事並重	晉武公伐翼（前七〇九）至韓、魏、趙三家滅智伯（前四五三）
鄭語	言	鄭桓公爲司徒（周幽王八年，前七七四）
楚語	言	楚莊王（前六一三—前五九一在位）時期至白公勝之亂（前四七九）
吴語	事	吴王夫差時期（前四九五—前四七三在位）
越語	事	越王句踐前期（前四九六—滅吴）

〔一〕西周各王紀年依准《夏商周斷代工程——一九九六—二〇〇〇年階段成果報告》，夏商周斷代工程專家組，北京：世界圖書出版公司，二〇〇〇年。

一、《春秋外傳》説辨正

西漢末劉歆(?—二三)引用《國語》的文字,曾將《國語》稱爲《春秋外傳》:

> 歆又以爲「禮,去事有殺,故《春秋外傳》曰:『日祭,月祀,時享,歲貢,終王。』」(《漢書·韋賢傳》)〔一〕

其中所引《春秋外傳》之文見《周語上·祭公諫穆王征犬戎》,即此可知劉歆以《國語》爲《春秋》之「外傳」。自此以後視《國語》爲《春秋》之「外傳」者絡繹于途,東漢班固(三二—九二)在《漢書·律曆志》中兩次稱之爲「春秋外傳」〔二〕,後來東漢王充(二七—約九七)《論衡·案書》〔三〕、賈逵(三〇—一〇一)〔四〕、鄭玄(一二七—

〔一〕〔東漢〕班固撰,〔唐〕顔師古注,《漢書》卷七三,北京:中華書局,一九六二年,頁三一二九。

〔二〕「顓頊帝」下:「《春秋外傳》曰:『少昊之衰,九黎亂德,顓頊受之,乃命重黎。』」其語與《楚語下·觀射父論絶地天通》中觀射父答楚昭王之辭相近。「帝嚳」下:「《春秋外傳》曰:『顓頊之所建,帝嚳受之。』」其語較《周語下·景王問鍾律於伶州鳩》中伶州鳩答周景王之辭僅少一「也」字。

〔三〕《論衡·案書》:「《國語》,《左氏》之外傳也。《左氏》傳經,辭語尚略,故復選録《國語》之辭以實。」觀其上下文,知其謂《國語》爲《左氏》之外傳乃筆誤,實以《國語》爲《春秋》之外傳。

〔四〕《史記·吴太伯世家》裴駰《集解》:「賈逵曰:『《外傳》曰:吴先歃,晉亞之。』」所引者係《吴語·吴布奇陣得爲盟主》之文,唯文字有差異。

二〇〇)[一]、東漢末劉熙[二]、三國吴韋昭《國語解敘》、魏王肅(一九五—二五六)《孔子家語・敘》[三]、西晉杜預(二二二—二八四)《春秋經傳集解》[四]、唐劉知幾(六六一—七二一)《史通・内篇・六家》等皆襲其説。可見此説影響之大之廣,時至今日,仍能見到一些著作和論文中沿用「外傳」、「内傳」這樣的稱謂[五],故不得已爲之一辨:

《鄭語》:如上列表中所示,所載史伯與鄭桓公之對談發生在西周末期,則其全部内容當然與《春秋》(所記時間跨度:前七二二—前四八一)無關,更無論「内傳」還

[一]《詩・小雅・皇皇者華》鄭《箋》:「《春秋外傳》曰:『懷和爲每懷也。』」引語見《魯語下・叔孫穆子聘于晉》。

[二][東漢]劉熙《釋名・釋典藝》云:「《國語》:記諸國君臣相與言語謀議之得失也,又曰外傳。」

[三]《孔子家語・敘》:「《春秋外傳》曰:『昔堯臨民以五。』」引語見《周語上・内史過論神謂虢將亡》。

[四]如《左傳・昭公七年》杜注:「《外傳》云:『《大誓》曰:朕夢協朕卜,襲於休祥,戎商必克。』此武王辭。」孔穎達正義謂「《外傳》云者,《國語》引《大誓》也。」所引之文見《周語下・單襄公論晉周將得晉國》。

[五]如陳戍國《論周原廟祭甲骨的歸屬與相關禮制》一文,在討論了《周語上・内史過論神謂虢將亡》「有神降於莘」一段文字後説:「事又見魯莊公三十二年《左傳》,但内傳亦不如外傳之詳。」見《雪泥鴻爪——浙江大學古籍研究所建所二十周年紀念文集》,北京:中華書局,二〇〇三年,頁三三二。又如日本學者谷口洋在其《〈國語〉〈論語〉における「語」について》一文中即沿用了《春秋外傳》之稱,云:「《國語》也稱爲《春秋外傳》(《國語》は《春秋外傳》ともよばれるが)。」(載日本《日本中國學會報》第五十集,一九九八年十月,頁六)有些論著雖不見「外傳」字樣,而以「内傳」指稱《左傳》,這樣表面上與對《國語》一書性質的認定無關,但所謂「内傳」,是與「外傳」並列並存的一對概念,其潛臺詞是:《左傳》爲《春秋》之内傳,而《國語》是《春秋》之外傳。

是「外傳」。《鄭語》在記史伯之語和鄭桓公之相應措施後，有一段對兩周之際的史事作綜述的文字，在行文中只是用以證明史伯之有遠見，故《鄭語》所反映的時間仍當以周幽王八年（前七七四，其實是這一年的某一天）爲準。

《周語上》：前九篇内容發生在周平王之前，也就是説這些言説之發生都在西周而不是春秋時期，因而也不存在傳注《春秋》的可能。

《魯語》：從莊公十年（前六八三）長勺之役發端，到哀公十二年（前四八三）春季康子用田賦，下限與《春秋》所載時間（魯哀公十四年，前四八一）大致接近，但上限與《春秋》所記隱公元年（前七二二）相差四十年。時間上明顯與魯《春秋》不一致。

《齊語》：上海師範大學古籍整理組校點本（以下簡稱上海師大本）將《齊語》分割爲八個篇目，實際上它與《周語》、《魯語》、《楚語》等同屬以記言爲主的「語」又自不同，後者各條之間往往没有邏輯聯繫，故可以獨立存在。《齊語》的結構與《鄭語》一樣，全部内容同記一事，全文始終只有齊桓公與管仲君臣二人的問對或行事，結尾部分只是爲了説明管仲的遠見卓識，難怪《管子》的編者將與《齊語》有著共同淵源的材料全部放進了《小匡》一文中，可見不必强行分割。《春秋》所載齊國史事自然遠遠不止桓公（前六八五—前六四三在位）圖霸、管仲興齊一事，其時間跨度更六倍於此。

《晉語九》：至少最後五篇（其中皆有可考出確切時間的文字）所述在《春秋》所記時間之後，雖在春秋與戰國的分野上，歷來存在不一致的説法，但若是《國語》傳注《春秋》，則其時間自當與《春秋》記載的時間一致，故謂該部分爲《春秋》之傳注也不周延。

《楚語》：《楚語下》最後一篇爲《葉公子高論白公勝必亂楚國》，文末云「（子高）帥方城之外以入，殺白公以定王室，葬二子（子西、子期）之族」，按：白公勝之作亂在魯哀公十六年（前四七九）秋七月，子高之殺白公〔一〕、定王室、葬二子之族當更在其後，而魯《春秋》則止于魯哀公十四年（前四八一）西狩獲麟。准此，則該部分所記之時間也逸出了《春秋》之外。

《吴語》：敘及吴王夫差之國亡身死，事在魯哀公二十二年冬十一月，時距《春秋》所記最後一年已有八年。

《越語》：上下二篇皆詳述越王君臣戮力破吴之事，其時已如上述，《越語下》更

〔一〕據《左傳·哀公十六年》，白公勝乃自縊而死，非子高所殺。

記范蠡破吴之後乘輕舟浮於五湖事，其時自然更晚，爲《春秋》所不能包含。

不再需要對《國語》文本進行繁瑣考證，這些顯而易見的時間上的不一致就足以否定《國語》爲《春秋》之傳注。於是就需要對「春秋外傳」一名作出界定：此「外傳」指涉頗泛，不能視同嚴格意義上的傳注，而是廣引事語，推演本義，韋昭《國語解敘》所謂「不主於經」是也。

二、國别史説證僞

《周語中·富辰諫襄王以翟女爲后》中，周大夫富辰有以下一段話：

> 昔摯、疇之國也由大任，杞、繒由大姒，齊、許、申、吕由大姜，陳由大姬，是皆能内利親親者也。昔鄢之亡也由仲任，密須由伯姞，鄶由叔妘，聃由鄭姬，息由陳嬀，鄧由楚曼，羅由季姬，盧由荆嬀，是皆外利離親者也[一]。

[一]「摯、疇之國也」中的「國」字，當依清徐元誥《國語集解》視爲「興」的訛字（見氏著《國語集解》，王樹民、沈長雲點校，北京：中華書局，二〇〇二年，頁四六）西漢劉向《新序·雜事第一》載：「禹之興也以塗山，桀之亡也以末喜；湯之興也以有莘，紂之亡也以妲己；文、武之興也以任、姒，幽王之亡也以褒姒。」（趙仲邑注，《新序詳注》，北京：中華書局，一九九七年，頁四）與《國語》此條在内容和辭氣上皆逼似。

真所謂興也因女子，亡也因女子，比「三代之亡、共子之廢皆是物也」（《左傳・昭公二十八年》叔向母語）的論調更具體，也更蠻不講理，後來的女禍論只是取其一翼並將其發揮到極端而已。若將這一段文字放到《戰國策》中，肯定能以假亂真，因爲其中太多誇飾之辭，與戰國策士的遊説並無兩樣，對這一類缺乏事實陳述的論斷，人們一般不會視之爲歷史，那麽，事實究竟怎樣？後來者曾爲之考辨：「鄢」條韋昭注引唐尚書曰：「鄢爲鄭武公所滅，非取任氏而亡也。」「伯姞」條韋注云：「不由嫁女而亡。」「鄶」條韋注引唐尚書曰：「亦鄭武公滅之，不由女亡也。」可見，這些危言聳聽的説辭在韋昭之前已不被視爲信史了。原富辰本意，羅列這些傳聞只是爲了證明前文「夫婚姻，禍福之階也，利内則福由之，利外則取禍」的道理，並藉以聳動周襄王；至於這些傳聞有多少真實性，在富辰也未必太在意。這裏好有一比，九方皋之相馬，其所關心者在馬之是否能跑千里，至於馬之牝牡驪黄，有時發生些差錯也不必太計較，上文所述白公非爲子高所殺，乃自縊而亡也屬此中之例。

這裏的問題是：後人之于《國語》，更多的關注似乎還是在其史料價值〔一〕，而不是其中關乎成敗存亡的嘉言善語，稱《國語》爲國别史就是其中最典型的一種現象。

當然，一般而言，《國語》中的内容多采自史書，自不妨視之爲史料，正如千里馬也自有其性别和顔色。但如《鄭語》，僅史伯與鄭桓公在前七七四年某一天的大段對話〔二〕，如何夠得上鄭國一國之「史」？《周語》、《魯語》、《齊語》、《楚語》的篇幅比《鄭語》長一些，討論的問題也多一些，但光憑或長或短的對話，缺乏完整清晰的歷史事件和人物行狀的記載，不能視之爲相關各國之史也與《鄭語》同；甚至事主在言説中如上述與歷史事實不符的章節也不在少數，只要稍具史學常識，對此其實也不需過多的辭費。

在這一點上，側重記事的《晉語》、《吴語》、《越語》似乎要好一些，因爲其中畢竟有叙事系統完整的篇什。那麼，是否可以把這三《語》看成晉、吴、越的國别史呢？同

〔一〕如尚學鋒在國家圖書館《國學基本典籍叢刊》《宋本國語·序言》中這樣給該書定義：「《國語》是先秦時期一部以記言爲主的史料集。今天人們……把《國語》看作一部獨立的史料彙編。」

〔二〕明道本將「幽王八年而桓公爲司徒」以下單列一章，上海師範大學古籍整理組校點本《國語》承之，王樹民、沈長雲點校的徐元誥《國語集解》「校記」云：「按以下所記之事爲桓公與史伯對話之驗證，不應與上文分開。」校記之説是也，今從之。

樣不行，原因如次：

譬如《晉語》。

先從記載體例上考察，王靖宇先生通過對《晉語一》中「獻公卜伐驪戎」、「獻公伐驪戎」的兩段文字（文中分別標目爲A節、B節）進行比較〔一〕，得出以下結論：

> 《國語》裏的「B節」和「A節」不但基本情節相似，而且在文字上也有重複現象。「A節」的第一段裏有幾句話：「（獻公）遂伐驪戎，克之。獲驪姬以歸，有寵，立以爲夫人。」「B節」第一段開始也寫道：「獻公伐驪戎，克之，滅驪子，獲驪姬以歸，立以爲夫人，生奚齊。其娣生卓子。」只多了「生奚齊」和「其娣生卓子」兩個細節。看來《國語》裏的「A節」和「B節」最初可能是兩個獨立的故事，只是因爲都和驪姬有關，所以被《國語》的作者收集在一起了〔二〕。

在《國語》「B節」裏也曾出現過外放三位公子的請求，是由驪姬提出的。同

〔一〕王靖宇著，《中國早期叙事文論集》，臺北：「中央研究院」中國文哲研究所，中國文哲專刊第一五輯，一九九九年四月，頁一三七—一四〇，文繁不録。

〔二〕同上注，頁一四一—一四二。

一請求在這裏(按：文中指《晉語一》「驪姬賂二五」一段)又由二五提出，可以看出《國語》在敘事上不但有重複現象，而且前後還有不協調處……種種跡象顯示，《國語》作者主要只在搜集有關「申生之死」的材料，而在將有關材料排列時，並未特別加以整理或改寫〔一〕。

這種「在將有關材料排列時，並未特別加以整理或改寫」的例子還可舉出一些，如《晉語四》「文公出陽人」一條，其內容與《周語中》「襄王拒晉文公請隧」、「陽人不服晉侯」二條全同，唯用語有繁簡及記言敘事有詳略而已。又，對晉公子重耳的稱呼，各部分中很不統一，比較典型的例子是《晉語四》「秦伯納重耳于晉」中，同一條內先載「十二月，秦伯納公子」，再云「董因迎公於河，以問焉」，繼而曰「公子濟河」，最後又説「壬寅，公入于晉師」，韋昭已看出其中的問題，他對最後一個「公」字有案語，云：「重耳此時不當稱公，『公』下疑脱『子』字。」並據《左傳·僖公二十四年》之文爲證，韋昭的發現無疑是正確的，但是《晉語四》中，除了上引「董因迎公於河」二處以外，此前已兩稱重耳爲「文公」。這只能説明《晉語》的編纂者在將原始材料按時

〔一〕同前注，頁一四七。

間順序進行編排的時候，對來源不同的材料尚未進行過細的整合，或者説没有根據一定的史學思想對相關材料有意識地按照歷史著作的標準重新處理，既如此，我們只能視之爲史料，而不能視之爲歷史著作或者國别史。

再就内容的相關性上考察，《晉語二》之「虢將亡舟之僑以其族適晉」、「宫之奇知虞將亡而去國」以及《晉語五》之「臼季舉冀缺」、「甯嬴氏論貌與言」等材料皆不能視爲晉國之史，前二者分别爲虢與虞二小國之史事，因滅于晉，故繫于《晉語》；後二者事同説部，雖其叙事生動有味，但其内容與上古所記史事大别，《晉語四》以收集保存文公時期（前六三六—前六二八）的材料爲主，《晉語五》以收集保存靈公時期（前六二〇—前六〇七）的材料爲主，這二則繫于《晉語五》之前二條，不記襄公時期（前六二七—前六二一）之大事，反而記載村野中夫妻之間相敬如賓之細節（事在文公時期〔一〕）和旅店老板的一段見幾之言（事在襄公六年），若是國别史，這無論如何是一個嚴重的缺環——只要稍一留神，這樣的缺環還真不少，譬如《周語上》之第十篇與第

〔一〕韋昭注：「在文公時，而於此言之者，以襄公能繼父志，用冀缺。」説雖有理，但《晉語》各語之時間界限還是比較清楚的，《晉語四》集中記述文公時事，《晉語五》一條述襄公時事，下述靈公、成公、景公、厲公時事，故本條似應屬上。

九篇時隔九十五年！

再如《吴語》和《越語》。

周學根專門考察了《越語下》的情節與范蠡的言論之後，得出過這樣的結論：從魯哀公元年夫差帥師入越、吴越達成和議起，到哀公二十二年越滅吴止，爲時共計二十二年，「《左傳》『二十二年』的數字確鑿可信；而《越語下》『十年』的數字，不言而喻是作者虛構。至於書中説的四年王問范蠡，以下一連三年每年又問一次，也只是爲了達到寫作的效果所作的安排而已」；「《越語下》後幅説的不通過戰争而吴軍自潰，不僅和《左傳》、《吴語》、《越語上》相矛盾，而且在古今戰争史上，也從來没有這樣不近情理的戰例。因此，不通過戰争而吴軍自潰的事，以及勸勾踐與吴軍相持不戰的那一套富有哲理氣味的言論，不用説又是無中生有」；「可以斷言，所謂勾踐伐吴、范蠡進諫等等，都是作者爲了行文便利而采用的虛構手法」[一]。基於這些情況，看來再也不能視《越語下》爲純粹的歷史著作了。

[一]周學根撰，《對范蠡哲學思想研究的一點看法——從〈國語·越語下〉非實録談起》，載《中國歷史文獻研究集刊》第四集，長沙：岳麓書社，一九八三年，頁七十四。

再看顧頡剛（一八九三—一九八〇）的研究成果，顧先生曾經將《吴語》、《越語》的叙事線索作過以下勾勒：

《吴語》：夫差伐越，勾踐使諸稽郢行成——夫差以將伐齊許越成——夫差與齊戰于艾陵，獲勝——夫差歸責伍員，員自殺——夫差會晉定公于黄池，盟先吴——夫差使王孫苟告伐齊之功于周——大夫種勸勾踐伐吴，楚申包胥使越——越滅吴。

《越語上》：勾踐棲會稽，使大夫種行成于吴——子胥勸夫差不許，弗聽——勾踐生聚其民——越滅吴。

《越語下》：勾踐即位後欲伐吴，范蠡諫，不聽，敗——勾踐棲會稽，使大夫種行成于吴——勾踐與范蠡入臣于吴——勾踐歸國與范蠡謀——勾踐四次欲伐吴，皆爲范蠡所阻——越興師伐吴，勾踐欲許吴戰，范蠡諫止——居軍三年，吴師潰——夫差行成，范蠡不許，遂滅吴——范蠡逃隱。〔一〕

顧氏並稱《吴語》「僅記夫差與越齊晉周之關係，無異一《吴王夫差傳》」，而《越

〔一〕顧頡剛講授，劉起釪筆記，《春秋三傳及國語之綜合研究》，成都：巴蜀書社，一九八八，頁九十八—九十九。

語下》「專記范蠡事，可謂《范蠡與越史》」[一]，顯然，《范蠡與越史》是不能代替《春秋越國史》的；同理，《吴王夫差傳》也當不得《春秋吴國史》。而且，同是《越語》，同記一事，上下篇各自成篇，自爲起訖，上篇的主人公是勾踐，下篇的主人公是范蠡[二]，若以國别史視之，這種情况無疑是體例上的駁雜和内容上的重複，於歷史著作的常規體例大相徑庭。

另外，叙事上前後不協調的現象在《吴語》和《越語》中也同樣存在，顧頡剛在討論《越語上》時即指出：「與《吴語》比觀，知非出一人手。《吴語》言使諸稽郢行成，此則言使大夫種行成。又《吴語》言吴之許和由於將伐齊，而此則言由太宰嚭受賄。」[三]王樹民也曾揭出《國語》各部分之間的不一致現象：「《國語》與《左氏春秋》同記一個時期之事，内容多自相同或相關者，稍加比較，即可知《國語》多保存原文，

[一]同上注，頁九九。

[二]頗疑《越語下》即《漢書·藝文志·兵權謀》中所載《范蠡》二篇之一，從《老子》到《越語下》到馬王堆帛書《黄帝書》，其中不僅思想承傳昭然可見，即便語詞也每有可見遞嬗之跡，惜乎文獻不足徵。

[三]顧頡剛講授，劉起釪筆記，《春秋三傳及國語之綜合研究》，頁九十九。

故各部分之間頗不一致。」〔一〕《國語》是否保存原文，文獻不足，不敢必其是，「各部分之間頗不一致」則十分明顯。

所有這些不真實、不協調、不完整、不一致以及時間上自爲起訖、叙述主人公的位移、内容的重複……都在昭示著這樣一個信息：《國語》並非嚴格意義上的國别史。〔二〕

三、《國語》是當時各國的「語」的摘編

講完了「不是什麽」之後，就逼出了「是什麽」的問題。

那麽，《國語》是什麽呢？筆者認爲，《國語》是周穆王（約前九七六—前九二二在

〔一〕王樹民撰，《〈國語〉的作者和編者》，該文收入徐元誥撰，王樹民、沈長雲點校《國語集解》，頁六〇一—六〇四。

〔二〕張以仁《從國語與左傳本質上的差異試論後人對國語的批評》一文有以下論斷：「它與《春秋》是不同的系統。它既不釋經，復不敘史。它用記言的方式，求達到明德之目的，所以偏重説理，這就是它的本質。」（見氏著《春秋史論集》，臺北：聯經出版事業公司，一九九〇年，頁一七九）對於張先生以「記言的方式」、「偏重説理」爲《國語》本質之論斷，本人覺得尚有討論的必要，除下文略有展開外，筆者《〈國語·周、魯、鄭、楚、晉語〉的結構模式及相關問題研究》（臺北，《漢學研究》第二十三卷第二期，二〇〇五年十二月，頁三五—六四）一文已有較詳細的闡述。但認爲《國語》「既不釋經，復不敘史」，則顯然已囊括了本文前二部分的觀點，筆者與張先生取徑有所不同，但結論基本相同，張先生先得我心，本文或可爲張説之補證。

位）至魯悼公（？—前四三七在位）這一段歷史時期中各國的「語」的摘編。筆者上文所述，目的並不是要否定《國語》的價值，相反，指出《國語》史學價值上的種種不足正是爲了給它重新定位，找回它本來應該有的地位，即作爲「語」這一種文類和教材的地位和價值。

關於這一點，王樹民先生已先得我心，他在爲徐元誥《國語集解》作的《前言》中已説過：「《楚語》上記申叔時論教導太子説過一句話：『教之《語》，使明其德而知先王之務用明德於民也。』可見《語》是當時很受貴族統治者重視的一種記載，《國語》便是集合各國之『《語》』而編成的一部書，所以稱爲『《國語》』。」〔一〕在這裏，王先生采取了非常謹慎的態度，只説《語》是當時的一種記載，筆者根據對先秦相關材料的綜合考察，進一步提出它是當時的一種文類，一種教材，相當數量的「語」既是當時人們的一般知識和一般思想，也是春秋戰國諸子百家的思想資源和話語資源，《國語》只是其中之一部分和「語」在某一發展階段上的一種呈現形式而已。基於這樣的認識，本人再嘗試將有關《國語》的一些積案放到「語」的框架當中討論。

〔一〕徐元誥撰，王樹民、沈長雲點校《國語集解》，頁一。

上舉《國語》中的種種問題：體例上没有一個完整統一的規模，或重記言，或重叙事，篇幅長短嚴重失衡，短則一章，長則九卷；各「語」時間上互不銜接，各有早晚，或呈點狀，或呈塊狀，或呈線狀；叙述時主人公位移；内容的重複或不一致等等，放在歷史著作中自然説不通，放到「語」這種特殊的文類中就不成爲問題，因爲其編纂目的是爲了「明德」（《楚語上》申叔時語：「教之語，使明其德，而知先王之務用明德於民也。」），其編纂方式是「采録」，材料選擇標準是「前世邦國成敗、嘉言善語，陰陽律吕，天時、人事逆順之數」（韋昭語），故而其篇幅或長或短，内容或言或事，時間或早或晚，都不是主要的；甚至個别材料在史實上有些出入，也不過是千里馬之牝牡驪黄有時不明，無傷大雅；既是本著「明德」目的采録有關「邦國成敗」的「嘉言善語」，只要能爲這個目的服務，史實重複或叙述不一致的材料也無妨並存，如韓非子爲遊説和寫作積累素材，也每每保存「一説」。至於叙述事件的完整性與歷史記載的連續性則是歷史著作的任務，非「語」之本職。關於作爲上古時期一種文類的「語」的定義、體用特徵、存在形式，言類之「語」的淵源及其流傳、變異及其思想史意義，事類之「語」中言的作用，言類之「語」與事類之「語」間的關係，事「語」的歷史故事特色，作爲教材之「語」對古代訓誡類讀物的影響等等問題，本人曾有專著探討，詳見拙著《古「語」有之——先秦思想的一種背景與資源》〔一〕，本書按語部分也偶有涉及，兹不贅述。

這裏需要作一點補充説明，因爲「語」在形式上的不確定性，有時記言，有時叙事，所以對於《國語》這樣一部書，只有當圍繞「語」這種文類和「明德」這個體用特徵時，它纔是一部有機統一的書，一旦離開這個特徵或者這個文類，只能將它們的各部分區别對待，否則不僅不能説明問題，還極容易出現以偏概全的錯誤。譬如就記言與記事分别言之，《晉語》與《吴語》、《越語》明顯以記事爲主，因而長期以來「《左傳》詳於記事，而《國語》詳於記言」這樣一概而論的成説其實並不周延。臺灣張以仁先生是《國語》研究中繞不過去的學者，他有過以下的結論：「探究《國語》本質，知其旨在明德，使習者因而以知修齊治平之要在明德於民；其表現方式在托於言辭，而重點在説理。既不釋經，也非叙事。」〔二〕張先生對《國語》一書的宗旨把握得十分準確，

〔一〕俞志慧著，《古「語」有之——先秦思想的一種背景與資源》，上海：華東師範大學出版社，二〇一〇年十二月。

〔二〕張以仁撰，《從國語與左傳本質上的差異試論後人對國語的批評》，載氏著《春秋史論集》（臺北：聯經出版事業公司，一九九〇年），頁一〇六。

有前引韋昭《〈國語〉解敍》和申叔時的話爲證；但他關於《國語》表現方式的認定則顯然不能涵蓋重在叙事的《吴語》和《越語》，甚至也不能涵蓋記言叙事並重且叙事脈絡清晰的九篇《晉語》，而這三《語》之和，無論是卷數還是字數，都超過了全書之半。除了對「語」的叙事成分的忽略外，將《國語》各部分的表現方式作一概而論也是其致誤之因〔一〕。

反之，討論《國語》的叙事特色一般也只能以《晉語》、《吴語》、《越語》爲限，如王靖宇《中國早期叙事文論集》一書〔二〕，其中《從叙事文學角度看〈左傳〉與〈國語〉的關係》一文所舉《國語》中例子全出《晉語》，我不是説王先生從《晉語》中找例子錯了——《晉語》之外的《國語》似乎也難以舉證出足夠的典型例子，我是説以《晉語》代替《國語》這樣的方法是典型的以偏概全，其錯誤的根源在觀念上，即在寫作方法上先驗地視《國語》爲一部有機統一的著作。事實上，《國語》八語自有體例，《晉語》

〔一〕張以仁先生在同篇下文還説：「《國語》的情形，卻又顯然不同，其來源或出自記言之史料。雖然依託史事，重點卻在其中辭説部分。」（同上注，頁一〇八）語意與上引之文相仿佛，謂《國語》源自史料，説得十分精審，謂其出自「記言之史料」，則不儘然。

〔二〕王靖宇著，《中國早期叙事文論集》，臺北：「中央研究院」中國文哲研究所，中國文哲專刊第十五輯，一九九九年四月。

的敘事特色並沒有在以記言爲主的《周語》、《魯語》、《齊語》、《鄭語》、《楚語》上體現出來，反之亦然。即使是同樣以記事爲主的《吴語》、《越語》，其敘事特色也不與《晉語》一致，因此，《晉語》的特色只能代表它自己。

四、服務於「明德」的《國語》遴選的背景之一：周德衰落

這裏又逼出另一個問題，當時是否只有這八個邦國（周還不能與其他七個邦國並論，爲了言説方便，這裏姑仍舊貫）纔有「語」呢？可以肯定地説，不是。内證是：文獻中大量存在的「語」，它們分佈十分廣泛，流傳非常久遠而深入，外證是：《墨子·明鬼》中提到百國《春秋》，其中即有周、燕、宋、齊四國的《春秋》，而我們今天所能見到的只是魯《春秋》。以彼例此，被楚國的申叔時當作教材又在當時文獻中大量存在的「語」也肯定不止這八個邦國纔有。

説到這裏，一個被學術界長期懸置的文獻學問題也就順理成章地擺到了臺面上：《國語》爲什麼只選編了這八個邦國的「語」？

一種比較省事的解釋是：《國語》的編者所能采録到的只有這些碩果僅存的史

料，或者我們現在所見到的《國語》是原書的殘剩部分，然而，這種可能性儘管在理論上是存在的，但一涉及到文獻上的材料，則至少到目前還是查無實據。

於是我們只能根據現有的材料去尋找其中的共性。若以國別史的成説去思考和回應這個問題，則其體例上的不一致、不協調、不完整已如前述；況且春秋時期的邦國遠不止這八個，即使是從國力和影響上講，也不應是現在這樣的幾個邦國以及現在這樣的序次。要回答「語」的問題，還得回到「語」的體用特徵上來：楚國的申叔時説「語」是一種可以明德並藉此可知先王之務用明德於民的教材——這是《國語》之前的「語」，但其性質應該可以與《國語》相通；韋昭總結《國語》的成因時則説：「采録……邦國成敗，嘉言善語，陰陽律吕，天時、人事逆順之數，以爲《國語》。」有關邦國成敗之事及嘉言善語自然有勸善懲惡之用，即所謂「明德」也，即所謂「知先王之務用明德於民也」；「陰陽律吕，天時、人事逆順之數」同樣也服務于明德於民和明德於己的目的。這裏的問題集中在：什麽樣的邦國及其成敗最能服務於這個宗旨？

在當時或者剛剛過去的那個時代，最權威的「國」自然是周，有關周王朝興衰的材料自然最能激發人們總結經驗教訓的興趣，因而也最能達到明德的目的，職此之故，《周語》之入選《國語》且赫然列於各「語」之首應該是一個不需要討論的問題，故不贅。

魯國作爲行政特區，其權威僅次於周。魯國保存著周公以來的全部周文化，《左傳·昭公二年》載：「晉侯使韓宣子來聘，且告爲政而來見，禮也。觀書于大史氏，見《易·象》與魯《春秋》，曰：『周禮盡在魯矣，吾乃今知周公之德與周之所以王。』」從韓宣子的話中可以獲知這樣二條信息：首先，一個「盡」字，可見當時魯國在保存周朝的禮樂文明方面比其他諸侯國都做得更好；其次，從周禮中可見周公之德，而周之所以「王」又根源於這個「德」。准此，後之來者若要從這一段歷史中明德，也就離不開魯國的材料。孔子也説過：「齊一變至於魯，魯一變至於道。」（《論語·雍也》）不管歷代經師們對這一章有多少種異解，有一點是可以肯定的：孔子之所以這樣説，並非僅僅出於對父母之邦的偏愛，而是基於對魯文化中保存的周代禮樂文明的眷戀。從文獻記載的多次諸侯朝魯看來，春秋中期以前，魯國在當時的地位遠在其實際國力之上，而這種地位的獲得顯然得益于魯國繼承和發揚了周公以來的禮樂文明。因而，如果説東周王朝代表著周家的政統，那麼可以説魯國代表著周公以來周文化的道統。

基於這樣的理解，《魯語》之入選並緊隨《周語》之後也可以順理成章了。

無論有多麼過硬的政統或者道統，都得經受道德拷問，因爲在政統和道統之上，先民心目中還有一個天，而天總是青睞善人的，所謂「天道無親，唯德是授」（《晉語六》范文子述聞前人之語），這種思想的淵源顯然要比《國語》成編的時代更早，上文中韓宣子將「周公之德」與「周之所以王」兩個命題已經聯繫得很緊密了。《逸周書·小開》載文王之言：「余聞在昔曰：『明明非常，維德曰爲明。』」既然在文王時這兩句已是「在昔」之言，則其出處當更加久遠。

這種崇德的思想不僅淵源久遠，我們在文獻中看到，在春秋時期它是作爲一般思想和觀念的，人們在言説中反復引用、闡述或者用於勸諫在位者，如《左傳·僖公五年》載宮之奇諫虞公勿假道於晉以伐虢，有云：「臣聞之：『鬼神非人實親，惟德是依。』故《周書》（按：已逸）曰：『皇天無親，惟德是輔。』又曰：『黍稷非馨，明德惟馨。』又曰：『民不易物，惟德繄物。』如是，則非德，民不和、神不享矣。神所馮依，將在德矣。」在這裏，虞國大夫宮之奇不辭繁複，一口氣引了四則有關「德」的名言，當然是爲了借用這些權威性話語使貪婪的虞公醒悟。《周語中·單襄公論陳必亡》記周定王時期（前六〇六—前五八六）單襄公之語云：「先王之《令》有之曰：天道賞善而罰淫。」由此我們又看到，天道福善禍淫的思想已經藉由寫入先王之《令》的方式落實在制度層面中了。毫無疑問，這又反過來强化了這種思想觀念，於是，類似的思想在後來的子書中出現得更加頻繁，《老子》第七十九章有云：「天道無親，常與善人。」《文子·符言》也説：「天道無親，唯德是與。」甚至到後來屈原的《離騷》中也有類似的思想，曰：「皇天無私阿兮，覽民德焉錯輔。夫唯聖哲以茂行兮，苟得用此下土。」所以，可以認爲，天道福善禍淫是取商而代之的周人的普遍共識。

正是有了這樣的觀念平臺，到了兩周之際和整個春秋時期，周王朝的統治基礎便發生了動摇，文獻上的依據是「周德衰落」成了這一階段的高頻詞，譬如：

（周大夫）富辰諫曰：「……召穆公思周德之不類（善），故糾合宗族于成周而作詩，曰：『常棣之華，鄂不韡韡。凡今之人，莫如兄弟。』……今周德既衰，於是乎又渝（改變）周、召，以從諸奸（將用狄師），無乃不可乎？民未忘禍，王又興之，其若文、武何？」（《左傳·僖公二十四年》）

召穆公當周厲王（前八七七—前八四一）之周德衰微之時，故云「周德之不類」，自此以後，文獻中記載周德衰落的材料不絕於途。到富辰提到「今周德既衰」之時（僖公二十四年，前六三六），已進入了春秋中期。

幽王三年（按：「二年」之訛），西周三川皆震。伯陽父（周大夫）曰：「周將亡矣！……今周德若二代之季（末世）矣，其川源又塞，塞必竭。……夫天之所棄，不過其紀。」是歲也，三川竭，岐山崩。十一年，幽王乃滅，周乃東遷。（《周語上·西周三川皆震伯陽父論周將亡》）

上述文字先有預測，後有驗證，其中也許有記事類史官的加工成份，但是，天災與人禍接二連三地出現，無疑會加重人們對周德和周王朝國祚的疑問。

（鄭莊公告語其大夫公孫獲）曰：「王室而既卑矣，周之子孫日失其序（功業）。夫許，大岳之胤（後代）也。天而既厭（厭棄）周德矣，吾其能與許爭乎？」（《左傳·隱公十一年》）

這個同姓諸侯對周王朝國祚的失望與無奈，比起前面周大夫的憂國憂民更多了一層兔死狐悲的傷感，其原因正是他深切地感覺到了周德之衰，連鄭莊公（前七四三—前七〇一在位)這個春秋初年的雄主尚且如此低調,也可見周王朝真是天數將盡了。

(吴公子季札于魯觀樂),爲之歌《小雅》,曰:「美哉!思而不貳,怨而不言,其周德之衰乎?猶有先王之遺民(風)焉。」〔一〕(《左傳·襄公二十九年》)

《詩·小雅》反映的時期恰值兩周之際和春秋前、中期,其作者多數是周王朝的中下層官員,而季札的解詩(樂)向來被奉爲經典,准此,則「周德之衰」應該是這個體制的維護者的共同認知。

周德既衰,那麽,作爲以明德爲目的的「語」自然不能僅僅以周、魯之語爲入選的對象,那些代興的諸侯於是就順理成章地進入了《國語》編者的視野。

五、《國語》遴選的背景之二:諸侯代興

周德既衰,但是百足之蟲死而不僵,上引季札謂《小雅》「思而不貳,怨而不言」即其證,從中可見中下層官員的任勞任怨,下面一則材料則反映出新興力量——他們

〔一〕遺民,王叔岷先生據《左傳》杜預《集解》、《詩·唐風》正義、《史記·吴世家》、王引之《經義述聞》等謂「遺民」本作「遺風」,詳見氏著《左傳考校》,「中央研究院」中國文哲研究所籌備處中國文哲專刊第一四輯,一九九八年,頁二六四,今從之。

之所以能興起，自然也有其自身的道德因素在起作用——對周天子權威既覬覦又畏懼的兩難：

> 楚子（莊王）伐陸渾之戎，遂至於雒，觀兵于周疆（謹按：事在前六〇六年）。定王使王孫滿勞楚子。楚子問鼎之大小、輕重焉。對曰：「在德不在鼎。昔夏之方有德也，遠方圖物，貢金九牧，鑄鼎象物，百物而爲之備，使民知神、奸。故民入川澤、山林，不逢不若。螭魅、罔兩，莫能逢之。用能協於上下，以承天休。桀有昏德，鼎遷于商，載祀六百。商紂暴虐，鼎遷于周。德之休明，雖小，重也。其奸回昏亂，雖大，輕也。天祚明德，有所厎止。成王定鼎於郟鄏，卜世三十，卜年七百，天所命也。周德雖衰，天命未改。鼎之輕重，未可問也。」（《左傳·宣公三年》）

這幾乎是一部簡明三代史，而鼎革的原因還是那個「德」字。王孫滿既云「在德不在鼎」，又云「周德雖衰，天命未改」，可見周德之衰還未到「昏德」和「暴虐」的程度。楚莊王應該是相信了這一番説教的，《史記·楚世家》引用此文之後，有「楚王乃歸」之記載，《周本紀》亦云：「王使王孫滿應設以辭，楚兵乃去。」于此可以想見楚莊王的掃興和無奈。

稍後於楚莊王的晉國貴族范文子（？—前五七四）也明確認同「王者在其德」的觀念，勸晉厲公——又一個大國諸侯——放棄稱王的非分之想，關於這一點，《國語·晉語六》有這樣一則記載：

厲公（前五八〇—前五七二在位）將伐鄭（謹按：事在前五七五年），范文子不欲，曰：「若以吾意，諸侯皆畔，則晉可爲也。唯有諸侯，故擾擾焉。凡諸侯，難之本也。得鄭，憂滋長，安用鄭！」郤至曰：「然則王者多憂乎？」文子曰：「我王者也乎哉？夫王者成其德，而遠人以其方賄歸之，故無憂。今我寡德而求王者之功，故多憂。子見無土而欲富者，樂乎哉？」

有意思的是，在晉厲公被弒之後，《晉語六·范文子論勝楚必有內憂》有一則類似編者按的一段話爲其作蓋棺定論：「厲公之所以死者，唯無德而功烈多，服者衆也。」也是對范文子警示的一個總結。晉、楚無疑是春秋時代的一等强國，那些頭腦清醒的君王和貴族尚不敢冒昧造次，姑且在周天子的名義下討生活，其他等而下之的國家自然可以想見。

然而，新興勢力畢竟不甘寂寞，面對垂而不死的周王朝，在問鼎、請隧（晉文公，並見《周語中》及《晉語四》）、稱王等諸多努力都不能如願之後，不得已退而求其次，他們采取了折中的手段來滿足自己的欲望，即「奉天子以令諸侯」（春秋時期叫做「尊王」，又叫做「稱霸」，有時也叫做「主盟」），所謂「求諸侯莫如勤王，諸侯信之，且大義也」（《左傳・僖公二十五年》晉狐偃語）。魯隱公四年（前七一九），衛州吁爲亂，州吁欲求寵於諸侯以和其民，同黨石厚討教於其父衛大夫石碏，後者告之以朝覲天王，州吁之徒皆深信不疑，乖乖入其彀中，正是這樣的時代風氣使然。又如齊楚召陵之盟（事在前六五六），管仲先以召公奭之命做擋箭牌，繼而責楚國「包茅不入，王祭不共，無以縮酒」（《左傳・僖公四年》）。晉文公二年（前六三五），《史記・晉世家》載趙衰語，曰：「求霸莫如入王尊周……方今尊王，晉之資也。」吴晉黄池之會（事在前四八二年），吴王争霸的藉口亦一樣冠冕堂皇：「天子有命，周室卑約，貢獻莫入，上帝、鬼神而不可以告。無姬姓之振（救）也。」（《國語・吴語》）晉大夫董褐代替晉定公所作的反脣相譏也似乎一心在衛護周室，曰：「今君掩王東海，以淫名聞於天子，君有短垣，而自踰之，況蠻、荆則何有于周室？夫命圭有命，固曰吴伯，不曰吴王。諸侯是以敢辭。夫諸侯無二君，而周無二王，君若無卑天子，以干其不祥，而曰吴公，孤敢不順從君命長弟？」（《國語·吴語》）吴晉争長之時，雙方執持的理由也都没有離開姬周這面大旗：「秋，七月辛丑，盟，吴、晉争先。吴人曰：『於周室，我爲長。』晉人曰：『於姬姓，我爲伯。』」（《左傳·哀公十三年》）

但是，不管他們表面上對周室怎樣的畢恭畢敬，也不管外交辭令多麽悦耳動聽，周德既衰，政由方伯畢竟是不争的事實，於是，這些「奉天子以令諸侯」的風雲人物自然會進入人們的視野，人們也必然會觀望並思考：究竟是什麽樣的勢力將會取衰周而代之？雖然這些霸主或盟主未必個個真有什麽盛德，但比起那些平庸之主來，從他們和他們的對手的成敗中無疑更能總結出寶貴的經驗和教訓，本人以爲，《國語》的成編正是出於這樣的動機，有《國語》中談到諸侯稱霸的語段爲證：

一、（周内史興）告王曰：「晉，不可不善也。其君必霸，……諸侯必歸之。」（《周語上·内史興論晉文公必霸》）

二、（周）襄王十六年，立晉文公。二十一年，以諸侯朝王于衡雝，且獻楚捷，遂爲踐土之盟，於是乎始霸。（《周語上》結尾）

三、是故大國慚愧，小國附協。唯能用管夷吾、甯喜、隰朋、賓胥無、鮑叔牙之

屬而伯(霸)功立[一]。(《齊語》結尾)

四、晉大夫郭偃預言：「(公子重耳)若入，必伯(霸)諸侯以見天子。」(《晉語三・惠公改葬共世子》)

五、晉大夫司空季子占筮：「內有《震》雷，故〈曰〉利貞。車上水下，必伯(霸)。」(《晉語四・重耳親筮得晉國》)

六、晉大夫董因預言：「濟且秉成，必霸諸侯。子孫賴之，君(重耳)無懼矣。」(《晉語四・秦伯納重耳於晉》)

七、遂伐曹、衛，出穀戍，釋宋圍，敗楚師於城濮，於是乎遂伯(霸)。(《晉語四》結尾)

八、五年，諸戎來請服，使魏莊子盟之，於是乎始復伯。(《晉語七・悼公新政》)

[一]《管子・小匡》相應文字作：「是故大國之君慚媿，小國諸侯附比，……其相曰夷吾，大夫曰甯戚、隰朋、賓胥無、鮑叔牙，用此五子者何功(戴望注：「言何功而不成。」)，度義光德，繼法紹終，以遺後嗣，貽孝昭穆，大霸天下，名聲廣裕，不可掩也。則唯有明君在上，察相在下也。」從上可見，《小匡》中雖也提到「大霸天下」，但此詞淹沒在一連串華麗的辭藻之中，表彰齊桓公的霸業遠不如《齊語》「伯功立」三字來得顯豁，筆者認爲，這種突出重點的叙述背後應該隱藏著編者遴選《國語》的背景，更何况其他幾《語》也有類似的呈現。

九、公説，故使魏絳撫諸戎，於是乎遂伯。(《晉語七·魏絳諫悼公和諸戎》)

十、越大夫文種諫越王語：「天若棄吴，必許吾成而不吾足也，將必寬然有伯諸侯之心焉。既罷弊其民，而天奪之食，安受其燼，乃無有命矣。」(《吴語·越王句踐命諸稽郢行成於吴》)

上引十條談到諸侯稱霸之事，多與《國語》一書前後所選録的材料相關，如五條預言重耳、夫差稱霸的條目(第一、四、五、六、十)皆在後來的《晉語》、《吴語》中得到驗證，而第二、三、七條皆分別置於相應各《語》的結尾，具總結前文的功能；其實餘下的第八、九兩條也具有這種特徵，「於是乎」一詞正是明證。准此，我們可以得出結論：《國語》的編者在材料的選擇上，將焦點集中在那些以尊王爲名義而稱霸的諸侯身上。

那麼，這一時期「尊王」、「稱霸」的人物都有哪些？關於這方面的討論，目前所見最早又最完整的文本大概要數《墨子·所染》以下的一段文字了：

齊桓染於管仲、鮑叔，晉文染於舅犯、高(郭)偃，楚莊染於孫叔、沈尹，吴闔閭染於伍員、文義，越句踐染於范蠡、大夫種。此五君者，所染當，故霸諸侯，功名傳於後世。

儘管《所染》一文不是墨子自己的作品，但也是墨子弟子們發揮墨子學説的雜論，故而其創作時間與《國語》一書的編集時間正相接近〔一〕，因而上引一段文字正可以見出當時人們心目中「尊王」「稱霸」的風流人物，甚至他們的座次排列也已在其中。至於當時的歷史背景，爲了節省篇幅、方便閲讀，兹將朱東潤（一八九六—一九八八）選編《左傳選》的目録迻録於下，以見出周德衰落之後都有哪些新興勢力代之而起：

鄭莊小霸；楚武始强；齊桓霸業；宋襄圖霸；晉文建霸；秦穆霸西戎；楚莊霸業；晉景争霸；晉悼復霸；諸侯弭兵；鄭子産執政；吴闔廬入郢；越勾踐滅吴。〔二〕

這一份目録也可以看成最粗線條的春秋史，從中我們不難看出這一時期諸侯代興的大致脈絡。春秋的幾個霸主可謂盡在彀中，《國語》中周、魯二國之外的六國也無一例

〔一〕關於《國語》一書的成編時代，譚家健《〈國語〉成書時代和作者考辯》一文（收録於氏著《先秦散文藝術新探》，北京：首都師範大學出版社，一九九五年，頁一七九—一九七）梳理過各種觀點，可參看。

〔二〕朱東潤選注，《左傳選》，上海：古典文學出版社，一九五六年，頁一。

外地置身其中。需要再作探討的是鄭、宋、秦三國的特殊情況。

一、先説鄭國。

鄭國只在莊公時候有過短暫的輝煌，爲什麼《國語》中收録了《鄭語》，而且所收内容又不是有關莊公之事？

誠然，鄭莊公没有像五霸那樣有過主盟的紀録，但是，春秋初期尚無諸侯主盟之事，《春秋・隱公八年》載：「秋，七月庚午，宋公、齊侯、衛侯盟於瓦屋。」同年《穀梁傳》：「外盟不日，此其日，何也？諸侯之參盟於是始，故謹而日之也。」晉范甯《集解》曰：「世道交喪，盟詛滋彰，非可以經世規訓，故存日以記惡，蓋春秋之始也。」〔一〕又根據徐連城研究所得：「春秋初年，同盟國間的關係還是比較平等的，春秋中年（期）以後，『盟主』主『盟』的局面出現，『盟主』和『加盟國』間的關係就不平等了。」〔二〕所以這一時期自然没有關於某公某侯主盟的記載，因而，對鄭國地位的論定自然不能與後來的齊桓、晉文、楚莊、吴王夫差、越王勾踐等使用一樣的標準了。鄭莊公

〔一〕〔晉〕范甯集解，〔唐〕楊士勳疏，《春秋穀梁傳注疏》，中華書局影印阮元校勘《十三經注疏》本，一九八〇年，頁二三七〇下。

〔二〕徐連城撰，《春秋初年「盟」的探討》，《文史哲》，一九五七年第十一期，頁三十七。

在打敗共叔段之後，迅速向外發展，先後侵衛、以王命伐宋、侵陳、敗北戎、入郕、入許、救齊，還打退了周桓王的進攻。朱東潤説過：「鄭莊公的時候，曾經一度取得華夏諸國的領導權。」〔一〕徐中舒（一八九八—一九九一）《左傳選》也以「周室衰微鄭初圖霸」作爲開篇。童書業（一九〇八—一九六八）《春秋左傳研究》更對鄭莊小霸有過編年式的呈現，是這方面研究的總結性成果，兹録其説以省辭費：

鄭莊公自克段後，再次伐衛（隱元年、二年），侵周（隱三年），再抗宋、衛、陳、蔡聯軍（隱四年），敗燕（南燕？）師（隱五年），伐宋入其郛（隱五年），侵陳大獲（隱六年），又以王命伐宋（隱九年），大敗北戎（同上），合齊、魯伐宋，取宋二邑（隱十年），取宋、衛、蔡三師（同上），又入宋（同上），會齊、魯滅許（隱十一年），大敗息師（同上），大敗宋師（同上），大敗周、虢（？）、衛、蔡、陳五國聯軍（桓五年），救齊再敗北戎（桓六年），合齊、衛伐魯，戰于郎（桓十年），最後齊、衛、鄭、宋盟于惡曹（桓十一年），幾成霸主，此即所謂「鄭莊小霸」事業。……鄭莊原爲王之卿士（初蓋獨掌王政，至隱八年「虢公忌父始作卿士于周」，爲右卿士，而鄭仍「爲王左卿士」）。至

〔一〕朱東潤選注，《左傳選》，上海：古典文學出版社，一九五六年，頁三十八。

魯桓五年，桓王始「奪鄭伯政」，「鄭伯不朝」，「王以諸侯伐鄭」，而有繻葛之戰），故能「挾天子」而用王、虢之師作戰（隱元年、五年、十一年）。齊僖爲當時名義上之伯主（所謂「小伯」），然實無能，鄭莊又挾之以令諸侯，故鄭莊公既挾天子，又挾伯主，復結交當時國力甚强之魯國，憑其本國之富强，故能縱横一時，成爲真正之「小霸」也。〔一〕

可見，對於鄭莊公在這一時期的地位和作用，學界還是有基本的共識的，基於這樣的共識，也就比較容易理解《鄭語》與《齊語》、《晉語》、《楚語》、《吴語》、《越語》並列的原因。

但這似乎還不是唯一的原因，因爲《鄭語》所載畢竟不是關於莊公的事蹟，而是其始封主桓公與史伯的大段對話，那麼鄭桓公的地位又如何呢？對於這一點，相關的文獻也有交代：

富辰諫（周襄王）曰：「……鄭在天子，兄弟也。鄭武、莊有大勳力于平、桓；

〔一〕童書業著，《春秋左傳研究》，上海：上海人民出版社，一九八〇年，頁四十一—四十二。

凡我周之東遷，晉、鄭是依〔一〕；子穨之亂，又鄭之由定。」（《周語中》）

我將富辰的這一段文字分成兩部分，第一部分「鄭在天子，兄弟也」，敘鄭國公室與周王朝之血緣關係；後面三句話則敘鄭武公（前七七〇—前七四四在位）、莊公、厲公（前七〇〇—前六九六在位）三代君王爲周王室作出的極大貢獻。富辰還説：「鄭伯，南也，王而卑之，是不尊貴也。……鄭未失周典，王而蔑之，是不明賢也。平、桓、莊、惠皆受鄭勞，王而棄之，是不庸勳也。鄭伯捷（鄭文公名）之齒長矣，王而弱之，是不長老也。……鄭出自宣王，王而虐之，是不愛親也。」這一段話中，「平、桓、莊、惠皆受鄭勞」一句過於簡略，姑引韋注以便理解：「平王東遷，依鄭武公；桓王即位，鄭莊公佐之。莊，桓王之子莊王它也。惠，莊王之孫、僖王之子惠王毋涼也，爲子穨所篡，出居於鄭，鄭厲公納之。自平王以來，鄭世有功，故曰『皆受鄭勞』。勞，功也。」

綜上所述，鄭莊公時期鄭國的獨强之局、鄭國累世王族爲周王朝作出的無與倫比的貢獻以及鄭國王室與周王室的血親關係，這三者的綜合可以看成是將鄭國與春秋霸主之國並列的原因了，而所以能有大貢獻以及春秋初年的獨强之局，追本溯源，當

〔一〕《左傳・隱公六年》載周桓公對周桓王的諫語也有類似的表述，曰：「我周之東遷，晉、鄭焉依。」

歸功於鄭桓公「東寄帑與賄」(《鄭語》中語)之深謀遠慮。把史伯爲桓公所作的謀劃放到兩周之際的歷史大背景下觀照,我們有理由將他的深謀遠慮與後來諸葛亮在南陽爲劉備繪製三國鼎立的藍圖等量齊觀,兹試將史伯關於各種勢力消長的判斷和預言簡要概括如下:

桓公感於「王室多故」,問史伯「何所可以逃死」,史伯爲之縱論天下大勢,曰:「王室將卑,戎狄必昌。」預言南方之楚「其子孫必光啟土……蠻芈蠻矣,唯荆實有昭德,若周衰,其必興矣」,又云「姜(齊)、嬴(秦)、荆芈(楚),實與諸姬代相干也」。在回答桓公「周其弊乎」的提問時,史伯肯定地説:「殆於必弊者……天奪之明,欲無弊,得乎?」並預言「凡周存亡,不三稔(年)矣」。在回答桓公「若周衰,諸姬其孰興」的提問時,史伯答以「其在晉乎」,最後又預言「秦仲、齊侯,姜、嬴之儁也,且大,其將興乎」。

史伯的上述判斷和預言爲此後一百多年的歷史事實一一驗證,這反過來證明了這一段君臣對談的重要性,明乎此,則目前所見之《鄭語》僅記史伯與桓公對話的原因也就思過半了。

事實上,《國語》的編纂者正具備了這樣宏觀的眼光,有《鄭語》文本爲證,《鄭語》

在敘述鄭桓公與史伯的問對之後，緊接著有以下這樣一段敘述，應該是檔案文獻管理者多年後補記甚至竟就是《國語》編者撰寫的編後記：

> （桓）公説，乃東寄帑與賄，虢、鄶受之，十邑皆有寄地。
>
> 幽王八年（前七七四），而桓公爲司徒，九年，而王室始騷（韋注：嫡庶交争，亂虐滋甚），十一年而斃（桓公死於騷亂）。及平王（前七七〇—前七二〇在位）末，而秦、晉、齊、楚代興，秦景（前五七六—前五三五在位）〔一〕、襄（前七七七—七六四在位）於是乎取周土。晉文侯（前七八〇—前七四六在位）於是乎定天子，齊莊（前七九四—前七三一在位）、僖（前七三〇—前六九八在位）於是乎小伯，楚蚡冒（前七五七—七四一在位）於是乎始啓濮。

其中時序之上下不接甚至顛倒錯亂可以不論，因爲歷史年代的準確性是針對歷

〔一〕韋注云：「『景』當爲『莊』。莊公，秦仲之子、襄公之父。取周土，謂莊公有功於周，周賜之土也。」謹按：謂秦景公取周土與史實不符。秦莊公呢？從前八二一年到前七七八年間在位，不在平王時期，與「平王之末」無關，且早于史伯與鄭桓公之對談。故謂「景公」係「莊公」之誤亦有不安。文中還有其他幾處年代上的問題，如秦襄公、晉文侯、齊莊公、楚蚡冒皆在「平王之末」以前，如此安排於時間和敘事順序上皆有未當。其中所述只是想借兩周之際大勢以證明史伯之深謀遠慮和桓公之從善如流，若干歷史年代上的出入或史實上的疏漏可視爲千里馬之牝牡驪黄，它本來就不是純粹的歷史著作！

史著作的要求，不是針對爲了「明德」的「語」這種特殊文類的最重要標準，此點上文已詳。但其中對兩周之際歷史趨勢的宏觀把握卻頗爲大氣，除了證明史伯之有遠見和鄭桓公之從善如流以外，亦可見編者對這一大段君臣問對的重視。

於此，我們還能得到一個意外的收穫：若將兩周之際這一長時段中鄭國爲周王朝作出的貢獻置於《國語》編纂的背景中考慮，可以再次明確《國語》編者的視野並不局限於春秋時期，當然也不會再視《國語》爲《春秋》之外傳了。

二、再探秦「語」未入《國語》之原因

對於秦穆公之稱霸，《左傳》有兩段看上去自相矛盾的記載：

> 秦伯伐晉，濟河焚舟，取王官及郊，晉人不出。遂自茅津濟，封殽尸而還。遂霸西戎，用孟明也。（《文公三年》）

> 秦伯任好卒，以子車氏之三子奄息、仲行、鍼虎爲殉，皆秦之良也。國人哀之，爲之賦《黄鳥》。君子曰：「秦穆之不爲盟主也宜哉！死而棄民。先王違世，猶詒之法，而況奪之（其）善人乎？……今縱無法以遺後嗣，而又收其良以死，難以在上矣。」君子是以知秦之不復東征也。（《文公六年》），末句杜預《集解》：「不能

復征討東方諸侯爲霸主。」）

既云「遂霸」，又云「不爲盟主」，相隔僅二年，看似矛盾，實則二説皆在各自的層面成立。秦穆所霸者在西戎，而上文所謂「盟主」，則是在中原文化圈裏的地位，正如楚、吴、越之争長〔一〕，非得不遠千里跑到中原上國來，這或許是尊王的時代意識使然，也或許是叙述者的文化觀、歷史觀在起作用。當然，霸西戎也是霸，但觀《國語》之「霸」，同時又有「尊王」之意，霸西戎自與中原文化圈之「尊王」無關，況且其影響於中原政治、文化者非常有限，故而秦穆公時的秦國還只能算作地區性大國。

〔一〕關於吴、晉黄池争長，《左傳》與《國語》記載有異，《吴語》謂「吴公先歃，晉侯亞之」，而《左傳·哀公十三年》則云「乃先晉人」，《公羊傳》、《穀梁傳》、《韓非子·喻老》、《淮南子·兵略訓》同《國語》，《史記》則二説並存（見《吴太伯世家》、《仲尼弟子列傳》、《秦本紀》、《晉世家》、《趙世家》、《伍子胥列傳》）。童書業據《左傳》内證（見氏著《春秋左傳研究》，上海：上海人民出版社，一九八〇年，頁一一五）、楊寬據春秋贄見禮（見氏著《西周史》，上海：上海人民出版社，一九九九年，頁八一一六）證成吴公先歃，饒恒久《吴、晉黄池争盟史實考辨——兼論〈國語·吴語〉的史學價值》（見《社會科學戰線》，二〇〇一年第三期）一文綜合諸家之説，並詳考其實，亦以爲吴先於晉。筆者以爲，認定晉侯先歃者，只是讀到了《左傳·哀公十三年》的「乃先晉人」，其實，下文尚有魯大夫子服景伯之説辭，之後更有「吴人乃止」之語，吴人所止者不僅止「以（魯哀）公見晉侯」之事，當包括「乃先晉人」；至於下文「既而悔之」，所悔者則僅不追咎魯之不恭而已。故此，《左傳》亦不主「先晉人」之説，《史記》之以晉爲先者緣於對這些記載的失察。退一步説，涉及有關《國語》編者的問題自當以《國語》所記者爲準。

同時，判斷秦國之地位及《國語》之是否收録秦「語」，還得結合當時的價值觀念，《史記·秦本紀》這樣評論孝公（前三六一—前三三八在位）以前的秦國：「秦僻在雍州，不與中國諸侯之會盟，（諸侯）夷翟（狄）遇之。」太史公還引用了孝公自己的話，云「諸侯卑秦」。僖公三十三年（前六二七）《春秋》經云：「夏四月辛巳，晉人及姜戎敗秦於殽。」《公羊傳》云：「其謂之秦何？夷狄之也。」《穀梁傳》云：「不言戰而言敗，何也？狄秦也。其狄之何也？秦越千里之險，入虚國，進不能守，退敗其師徒，亂人子女之教，無男女之別，秦之爲狄，自殽之戰始也。」《戰國策·趙策三》魯仲連也這樣評價秦國：「彼秦者，棄禮義而上（尚）首功之國也。權使其士，虜使其民。」這樣的價值判斷或多或少有著時代與地域的偏見，但討論具體時地的問題不能不考慮該時該地的意識形態，包括有著明顯偏頗的意識形態。因此之故，春秋及戰國前期秦國的政治文化地位與其實際國力之不相稱也就可以理解了，明乎此，則作爲以「明德」爲目的的《國語》，其何以不選秦「語」之原因，也就思過半了。

秦「語」未能入選的文化背景與價值觀念，或者也正是鄭國作爲中原上國，緊隨齊、晉之後，又位列楚、吴、越之前的原因吧！

六、《國語》遴選的背景之三：一姓不再興

秦穆公以外，宋襄公（前六五〇—前六三七在位）是又一個例外，儘管前引《墨子·所染》已没有將宋襄公列入霸主的名單中，但仍有學者認爲似乎不該小看了此公，故有必要單獨提出來説明。

宋國在宋襄公時期有過短暫的圖霸，但這是一樁過程滑稽、結局淒慘的事業。朱東潤這樣描述宋襄公之圖霸：「齊桓公死時，晉、秦兩個强大的國家還没有出現，這就促成宋襄公争取領導北方的地位。宋是一個二等國家，經濟基礎薄弱，襄公主觀地幻想恢復先代的光榮，其結果必然會導致失敗。鹿上之會，他想楚人幫助他召集當時的小國，恰恰被楚人玩弄於股掌之上。……宋襄公的霸業，止是一個泡影。《左傳》叙述宋襄公和司馬子魚的對話直畫出幻想和現實的對比。」〔一〕

那麽，司馬子魚説了一段怎樣的反映現實的話呢？

《左傳·僖公二十二年》載其事，曰：「楚人伐宋以救鄭，宋公（襄公）將戰，大司

〔一〕朱東潤選注，《左傳選》，上海：古典文學出版社，一九五六年，頁四十七。

馬固諫曰：『天之棄商久矣，君將興之，弗可赦也已。』」不曰棄宋而曰棄商者，與《左傳》下文宋襄公自稱亡國之餘爲同一意義，蓋宋爲商後。不管這個大司馬是公孫固還是子魚（學界對其中的「固」有解作公孫固的，也有解作副詞的），反正宋國的大司馬覺得霸業不可爲總是事實，那麽，爲什麽大司馬有「天之棄商久矣」的判斷呢？原來當時有一種流行的觀念，認爲「一姓不再興」，言下之意，夏、商的事業已經是明日黄花了。連宋國的大司馬也不得不認同這種集體無意識，宋國的其他臣民自然更不會有多少鬥志，這就是當時的現實。

「一姓不再興」這句當時的熟語不僅針對夏、商前朝，也針對當今的姬周，周靈王（前五七一—前五四五在位）之太子晉即有與宋之大司馬同樣的説法，他在答師曠「王子將爲天下宗乎」的提問時，就説過這樣的話：「自太昊以下至於堯、舜、禹，未有一姓而再有天下者。」（《逸周書·太子晉》）幾乎在同一時期，晉國名臣叔向也引用過這樣的熟語，《周語下·晉羊舌肸聘周》有云：

單之老（家臣室老）送叔向，叔向告之曰：「異哉！吾聞之曰：『一姓不再興。』今周其興乎？其有單子也。」

《國語》將這段文字繫于周靈王二十二年（前五五〇）和周景王二十一年（前五二四）之間，上距宋襄公之戰敗（前六三八）已約一百年，可見「一姓不再興」的觀念在當時真是根深蒂固了，當然叔向在這裏是從反面提出疑問的，上引文字之後是叔向對單子的一通猛誇，唯缺少「再興」的驗證之語，觀《國語》中言類之「語」，前有預言者，後必有應驗、結果之記載，以證明文中人物預言之準確，或者從諫如流故有福、飾非拒諫乃有禍，這一篇没有直接叙述姬周再興的文字，在《國語》的言類之「語」中是一個特例；倒是宋襄公圖霸的無果而終卻是對於一姓不能再興的有力證明。

綜上所述，周德衰落，一蹶不振，人們就慨歎「一姓不再興」；宋襄公的圖霸失敗，再次强化了這樣的意識，於是人們的目光便轉移到了代興的諸侯身上，究竟是什麽樣的勢力會代衰周而起呢？以「明德」爲目的的《國語》，除了收編當朝及與之關係特别密切的諸侯國（如魯國）的「語」以外，自然也更願意從這些曾經稱霸的諸侯身上總結經驗教訓，這就有了《國語》之八「語」。

附二　吴越争霸史事编年

魯昭公三十二年，吴闔廬五年，越允常元年，前五一〇年

夏，吴伐越，始用師於越也。史墨曰：「不及四十年，越其有吴乎！越得歲而吴伐之，必受其凶。」（《左傳·昭公三十二年》）

（闔廬）五年，伐越，敗之。（《史記·吴太伯世家》，以下簡稱吴世家）

謹按：是年下距魯哀公二十二年（前四七三年）越滅吴，凡三十七年，與史墨所説的「不及四十年」正合。

魯定公五年，吴闔廬十年，越允常六年，前五〇五年

（闔廬）十年春，越聞吴王之在郢，國空，乃伐吴。吴使别兵擊越。（《吴世家》）

魯定公十四年，越句踐元年[一]，吳闔廬十九年，前四九六年

五月，於越敗吳於檇李。吳公子光卒。（《春秋·定公十四年》）

（越王句踐）元年，吳王闔廬聞允常死，乃興師伐越……吳師敗於檇李，射傷吳王闔廬。（《史記·越王句踐世家》，以下簡稱《越世家》）

（闔廬）十九年夏，吳伐越，越王句踐迎擊之檇李。越使死士挑戰，三行造吳師，呼，自剄。吳師觀之，越因伐吳，敗之姑蘇，傷吳王闔廬指，軍卻七里。吳王病傷而死。闔廬使立太子夫差，謂曰：「爾而忘句踐殺汝父乎？」對曰：「不敢！」三年，乃報越。（《吳世家》）

謹按：《春秋》與《越世家》皆謂越敗吳於檇李，《左傳·哀公元年》載夫差敗越於夫椒，亦云「報檇李也」，則是《吳世家》謂越敗吳於姑蘇不實。同篇下文謂夫差「二年，悉精兵以伐越，敗之夫椒，報姑蘇也」，「報姑蘇」疑並誤。

魯哀公元年，越句踐三年，吳夫差二年，前四九四年

〔一〕句踐，此依《史記》不書作「勾踐」，下同。

吳王夫差敗越于夫椒，報檇李也，遂入越。越子以甲楯五千保于會稽〔一〕，使大夫種因吳大宰嚭以行成。……（伍員）退而告人曰：「越十年生聚，而十年教訓，二十年之外，吳其爲沼乎！」三月，越及吳平。（《左傳·哀公元年》）

謹按：「二十年之外」，與越滅吳的前四七三年正合。

越王句踐即位三年而欲伐吳。韋昭注：句踐三年，魯哀之元年。范蠡進諫……王弗聽。果興師而伐吳，戰於五湖，不勝，棲於會稽。韋注：五湖，今太湖也。（《越語下》）

夫差與之（越大夫文種）成而去之。（《越語上》）

吳王夫差起師伐越，越王句踐起師逆之江。（《吳語》）

（句踐）三年，句踐聞吳王夫差日夜勒兵，且以報越，越欲先吳未發往伐之……遂興師。吳王（夫差）聞之，悉發精兵擊越，敗之夫椒。越王乃以餘兵五千人保棲於會稽，吳王追而圍之。（《越世家》）

吳王不聽（伍子胥勸諫），聽太宰嚭，卒許越平，與盟，罷兵而去。（《吳世家》）

謹按：《越世家》謂「越欲先吳未發往伐之」，《吳語》作吳先伐越。吳曾祺《國語韋解補正》

〔一〕清華簡《越公其事》作「八千人」，或係傳聞異辭。

云:「意者兩國治兵,各至邊界,故謂之互相伐,均無不可。」〔一〕其説可從。

魯哀公三年,越句踐五年,吴夫差四年,前四九二年

然後卑事夫差,宦士三百人于吴,其(句踐)身親爲夫差前馬。(《越語上》)

令大夫種守於國,(句踐)與范蠡入宦於吴,三年,而吴人遣之。(《越語下》)韋注:宦,爲臣隸也。句踐以魯哀元年棲會稽,吴與之平而去之。句踐改脩國政,然後卑事夫差,在吴三年,而吴人遣之。此則魯哀五年也。

謹按:從魯哀公元年越伐吴,戰於五湖,不勝,棲於會稽,吴王追而圍之,到「三月,越及吴平」,再到句踐君臣宦吴三年而歸,韋注謂句踐君臣於魯哀五年回國,中間有一些缺環,故雖不一定準確,但庶幾近之。

吴既赦越,越王句踐反國,乃苦身焦思,置膽於坐……於是舉國政屬大夫種,而使范蠡與大夫柘稽(《越語》作「諸稽郢」,當爲同一人。)行成,爲質於吴。二歲而吴歸蠡。(《越世家》)

〔一〕吴曾祺補正,朱元善校訂,《國語韋解補正》,上海商務印書館,一九一〇,卷二十一,頁一。

越王句踐五年五月，與大夫種、范蠡入臣於吴。……至三月壬申，（吴王）病愈……今三月甲辰，時加日昳，孤（句踐）蒙上天之命，還歸故鄉。（《吴越春秋·句踐入臣外傳》）

越王去會稽，入官於吴。三年，吴王歸之。（《越絶書·請糴内傳》）

謹按：《越絶書》「官」，《越語下》作「宦」，據義當從。《越世家》「使范蠡與柘稽行成，爲質於吴。二歲而吴歸蠡」，玩其文義，似句踐不與於爲質之事，但《越語下》作「（句踐）與范蠡入宦於吴」，《越絶書》作「越王去會稽，入官於吴」，疑當依後二者。

又，《越世家》云：「二歲而吴歸蠡。」《越語下》與《越絶書》都作「三年」，亦似當以後二者爲是，或者「二」係「三」字之殘。下引《吴越春秋》謂句踐與大夫種、范蠡入臣於吴的時間爲句踐五年五月，而返國的具體時間則是三年後的三月甲辰，公元前四八九年夏曆三月二十九日。惟同一材料中，前文謂三月壬申吴王病愈，甲辰距壬申三十二天，張覺《吴越春秋校注》認爲越國置閏不同。壬申在公元前四八九年夏曆二月二十六日。

魯哀公五年，越句踐七年，吴夫差六年，前四九〇年

越王句踐臣吳至歸越，句踐七年也。（《吳越春秋·句踐歸國外傳》）

魯哀公七年，越句踐九年，吳夫差八年，前四八八年〔一〕

夏，公會吳于鄫。吳來徵百牢。子服景伯對曰：「先王未之有也。」吳人曰：「宋百牢我，魯不可以後宋。且魯牢晉大夫過十，吳王百牢，不亦可乎？」景伯曰：「晉范鞅貪而棄禮，以大國懼敝邑，故敝邑十一牢之。君若以禮命於諸侯，則有數矣。若亦棄禮，則有淫者矣。周之王也，制禮，上物不過十二，以爲天之大數也。今棄周禮，而曰必百牢，亦唯執事。」吳人弗聽。景伯曰：「吳將亡矣，棄天而背本。不與，必棄疾於我。」乃與之。

大宰嚭召季康子，康子使子貢辭。大宰嚭曰：「國君道長，而大夫不出門，此何禮也？」對曰：「豈以爲禮？畏大國也。大國不以禮命於諸侯，苟不以禮，豈可量

〔一〕《史記·吳太伯世家》：「七年，吳王夫差聞齊景公死而大臣爭寵，新君弱，乃興師北伐齊。……敗齊師於艾陵。」索隱：「《左傳》此年無伐齊事，哀十一年敗齊艾陵爾。」據次年至繒徵魯百牢，或吳於此前後確有北進之事，但文獻未見有兩敗艾陵的記載，疑太史公誤記，故於此不録。《吳世家》下文載夫差「十年，因伐齊而歸」，因無旁證，亦不録。

也？寡君既共命焉，其老豈敢棄其國？大伯（大伯，《論語》作「泰伯」，《史記》作「太伯」）端委以治周禮，仲雍嗣之，斷髮文身，裸以爲飾，豈禮也哉？有由然也。」反自鄫，以吴爲無能爲也。（《左傳·哀公七年》）

謹按：一則曰「吴將亡矣」，再者曰「以吴爲無能爲也」，其時吴運雖在鼎盛時期，但明達者卻在數戰數勝中見出其式微之徵了。

（魯哀公）七年，吴王夫差彊，伐齊，至繒，徵百牢於魯。（《魯周公世家》）

魯哀公八年，越句踐十年，吴夫差九年，前四八七年

吴爲鄒伐魯，至城下，盟而去。（《魯周公世家》）

九年，爲騶（鄒）伐魯，至，與魯盟乃去。（《吴世家》）

魯哀公九年，越句踐十一年，吴夫差十年，前四八六年

四年，王召范蠡而問焉。（《越語下》）説云：魯哀三年。韋注：四年，反國四年，魯哀九年。

《吕氏春秋·長攻》載伍子胥勸諫，不與越粟，（吴）遂與之（越）食，下文云：「不出三年，而吴亦饑，使人請食於越，越王弗與，乃攻之，夫差爲擒。」

謹按：《吕氏春秋》謂「不出三年，而吴亦饑」，吴國「稻蟹不遺種」在哀公十二年（前四八三），故將糴粟事繫於本年。

或説之魯哀三年，當越句踐五年，其時句踐尚在吴國爲質，謀吴之説不可采信。韋昭以「四年」爲「反國四年」，從行文上看似有未當，據義則可從。竊疑其中有脱文，惜無文獻旁證。《越絶書·請糴内傳》范蠡謂「謀之七年，須臾棄之」，當從此時算起。

句踐自會稽歸七年，拊循其士民，欲用以報吴。大夫逢同諫曰：「……今夫吴兵加齊、晉……」（《越世家》）

謹按：「自會稽歸」，承前文「句踐之困會稽」而來，前後大約七年。按照《史記》的説法，若將「晉」易作「魯」，於《史記》内部記載倒能圓通，但文獻未見以「晉」爲「魯」的異文，疑太史公將後來幾年之事一並敘述。按照《左傳》與《吴越春秋》的記載，夫差第一次伐齊尚在次年，吴晉黄池之會更在其後，即魯哀公十三年，前四八二年，可見《史記》於此時序多有顛倒錯亂。《越世家》中有二逢同，另一處謂：「（太宰嚭）與逢同共謀，讒之王。」此逢同亦見於《越絶書·外傳記吴地傳》、《越絶書·請糴内傳》，又作「馮同」，載見《越絶書·德敘外傳記》，係吴國的奸臣。另外，《越絶書·外傳記范伯》亦載一馮同，疑爲同一人。這裏勸諫越王句踐的大夫，《吴越春秋·句踐入臣外傳》、《句踐歸國外傳》、《句踐伐吴外傳》俱作扶同，是越國的大夫，疑《史記》誤合爲一。

魯哀公十年，越句踐十二年，吴夫差十一年，前四八五年左右

春，（魯哀）公會吴子、邾子、郯子伐齊南鄙，師於郎。（《左傳·哀公十年》）

又一年，王召范蠡而問（焉）。韋注：反國五年，魯哀十年。曰：「……今吴王淫於樂而忘其百姓，亂民功，逆天時，信讒喜優，憎輔遠弼，聖人不出，忠臣解骨，皆曲相御，莫適相非，上下相偷，其可乎？」范蠡對曰：「人事至矣，天應未也，王姑待之。」（《越語下》）

（魯哀公）十年，（吴）伐齊南邊。（《魯周公世家》）

（夫差）十一年，夫差北伐齊。齊使大夫高氏謝吴師。（《吴越春秋·夫差内傳》）

（夫差）十一年，復北伐齊。（《吴世家》）

謹按：吴與諸小國伐齊南鄙事，《左傳》繫於哀公十年春，以夏曆而論，也可能是前四八六年冬到次年春天。

《越語下》「忠臣解骨」一語，賈逵、唐固謂係「子胥伏屬鏤也」，但該年子胥尚健在，韋昭釋作「忠良之臣見其如此，皆骨體解倦，不復念忠」，可從。

魯哀公十一年，越句踐十三年，吴夫差十二年，前四八四年左右

吴將伐齊，越子率其衆以朝焉，王及列士皆有饋賂。吴人皆喜，唯子胥懼，曰：「是豢吴也夫！」諫曰：「越在我，心腹之疾也，壤地同，而有欲於我。夫其柔服，求濟其欲也，不如早從事焉。得志於齊，猶獲石田也，無所用之。越不爲沼，吴其泯矣。使醫除疾，而曰『必遺類焉』者，未之有也。《盤庚》之誥曰：『其有顛越不共，則劓殄無遺育，無俾易種于茲邑』，是商所以興也。今君易之，將以求大，不亦難乎？」弗聽。使於齊，屬其子於鮑氏，爲王孫氏。反役，王聞之，使賜之屬鏤以死。（《左傳·哀公十一年》）

五月，公會吴伐齊。甲戌，齊國書帥師及吴戰于艾陵，齊師敗績，獲齊國書。（《春

秋・哀公十一年》)

公會吴子伐齊。五月，克博。壬申，至于嬴。中軍從王，胥門巢將上軍，王子姑曹將下軍，展如將右軍。齊國書將中軍，高無丕將上軍，宗樓將下軍。陳僖子謂其弟書：「爾死，我必得志。」宗子陽與閭丘明相厲也。桑掩胥御國子。公孫夏曰：「二子必死。」將戰，公孫夏命其徒歌虞殯，陳子行命其徒具含玉。公孫揮命其徒曰：「人尋約，吴髮短。」東郭書曰：「三戰必死，於此三矣。」使問弦多以琴，曰：「吾不復見子矣。」陳書曰：「此行也，吾聞鼓而已，不聞金矣。」

甲戌，戰于艾陵。展如敗高子，國子敗胥門巢，王卒助之，大敗齊師，獲國書、公孫夏、閭丘明、陳書、東郭書，革車八百乘，甲首三千，以獻于公。(《左傳・哀公十一年》)

又一年，王召范蠡而問焉。韋注：反國六年，魯哀十一年。范蠡對曰：「逆節萌生。韋注：害殺忠正，故爲逆節萌兆也。天地未形，而先爲之征……(《越語下》)

居二年，吴王將伐齊。……子胥諫曰：……吴王弗聽，遂伐齊，敗之於艾陵(索隱：在魯哀十一年。)，虜齊高、國以歸。(《越世家》)

謹按：在《左傳》的一長串戰俘名單中，只有國書，而未見高氏，《世家》之言，不知所據。《吴越春秋・夫差内傳》載是年「齊使大夫高氏謝吴師……吴師即還。」不知此高氏與將上軍的高無丕是否同一人。《越世家》本段承上文句踐君臣對話而來，惟「居二年」三字，疑將一年左右之事分屬之三年了。五月壬申，當夏曆三月二十五日，甲戌，三月二十七日。

「吴王還自伐齊，乃訊申胥……乃使取申胥之尸，盛以鴟夷，而投之於江。」（《吴語》）

越王句踐反國六年，皆得士民之衆，而欲伐吴。於是乃使之維甲。維甲者，治甲系斷，修内矛，赤鷄稽繇者也，越人謂「人鎩」也。方舟航買儀塵者，越人往如江也。治須慮者，越人謂船爲「須慮」。亟怒紛紛者，怒貌也，怒至。士擊高文者，躍勇士也。習之於夷，夷，海也。宿之於萊，萊，野也。致之於單，單者，堵也。（《越絶書・吴内傳》）

十二年，夫差復北伐齊，越王聞之，率衆以朝於吴，而以重寶厚獻於太宰嚭。……，吴王不聽（伍子胥諫）……九月，使太宰嚭伐齊。（《吴越春秋・夫差内傳》）

謹按：《吴越春秋》記是年伐齊在九月，《左傳》則在五月，《左傳》詳細到了具體日期，疑當依

《左傳》。

魯哀公十二年，越句踐十四年，吴夫差十三年，前四八三年

又一年（是年，吴不稔於歲，稻蟹不遺種），王召范蠡而問焉。韋注：反國七年，魯哀十二年。范蠡對曰：「天應至矣，人事未盡也。……今其禍新民恐，吴曾祺《國語韋解補正》：「謂新遇飢困之禍。」其君臣上下，皆知其資財之不足以支長久也。」（《越語下》）韋注：自此後四年，乃遂伐吴。

越大夫種曰：「臣觀吴王政驕矣，請試嘗之貸粟，以卜其事。」請貸，吴王欲與，子胥諫勿與，王遂與之，越乃私喜。子胥言曰：「王不聽諫，後三年，吴其墟乎！」（《越世家》）

謹按：本段文字，《世家》置於子胥諫伐齊之後，則是前四八四年之事，但據《吕氏春秋·長攻》和《越絶書·請糴内傳》，越向吴貸粟在吴稻蟹不遺種之前三年，也在吴伐齊之前。若依「後三年，吴其墟乎」之説，則又當在前四七六年前後，其時子胥早已去世，則是《世家》所載傳主語言不實。

居三年，句踐召范蠡曰：「吴已殺子胥，導諛者衆，可乎？」對曰：「未可。」至明年春，吴王北會諸侯於黄池。（《越世家》）

謹按：《世家》謂伍子胥去世後「居三年」，「至明年春」始有黄池之會，則是黄池之會距伍子胥離世有四個年頭，而事實是艾陵之戰下距黄池之會僅兩周年時間，子胥之被責令自殺又在艾陵之戰之後。《越世家》記時有誤。

魯哀公十三年，越句踐十五年，吴夫差十四年，前四八二年

夏，（哀）公會晉侯、吴子於黄池。（《左傳・哀公十三年》）

六月丙子，越子伐吴，爲二隧，疇無餘、謳陽自南方，先及郊。吴太子友、王子地、王孫彌庸、壽於姚自泓上觀之。彌庸見姑蔑之旗，曰：「吾父之旗也。不可以見讎而弗殺也。」太子曰：「戰而不克，將亡國，請待之。」彌庸不可，屬徒五千，王子地助之。乙酉，戰，彌庸獲疇無餘，地獲謳陽。越子至，王子地守。丙戌，復戰，大敗吴師，獲太子友、王孫彌庸、壽於姚。丁亥，入吴。吴人告敗於王。王惡其聞也，自剄七人於幕下。（《左傳・哀公十三年》）

「吴王夫差既殺申胥，不稔於歲，乃起師北征。闕爲深溝於商魯之閒，北屬之沂，西屬之濟，以會晉公午於黄池。於是越王句踐乃命范蠡、舌庸率師，沿海泝淮以絶吴路。敗王子友於姑熊夷。越王句踐乃率中軍泝江以襲吴，入其郛，焚其姑蘇，徙其大舟。（《吴語》）」韋注：「夫差以哀十一年殺子胥，十二年會魯于橐皋。」（《吴語》）

（夫差）十四年，夫差既殺子胥，連年不熟，民多怨恨。吴王復伐齊，闕爲深溝，通於商魯之間，北屬沂，西屬濟，欲與魯、晉合攻於黄池之上。太子友（諫）曰：……「夫吴徒知踰境征伐非吾之國，不知越王將選死士，出三江之口，入五湖之中，屠我吴國，滅我吴宫，天下之危，莫過於斯也。」（《吴越春秋・夫差内傳》）周生春《吴越春秋輯校匯考》注云：「三江，一説松江、錢塘、浦陽江也。《吴郡賦》注：『松江下七十里分流，東北入海者爲婁江，東南流者爲東江，並松江爲三江。』今其地名三江口即范蠡乘舟所出之地。」

謹按：《左傳》「吾父之旗也」杜注：「彌庸父爲越所獲，故姑蔑人得其旌旗。」唯彌庸父之旗不會是姑蔑之旗，不知杜預何所據而云然，頗疑「旗」當作「讎」，涉上「旗」字而誤。三江口之名，全國各地三江匯流之地多有之，即同一部《吴越春秋》，亦有指向不同的「三江」。此越王所出之三江口，自當在越地，周注以《吴郡賦》中的吴地水道注越國地名，實有未當，所引一說中有松江同樣不妥，蓋松江不與錢塘江、浦陽江交匯。這裏的三江口即今曹娥江、錢清江（西小江）、錢塘江交匯處，在明朝成化以前，浦陽江與錢清江爲上下游關係，明成化後爲解下游水患，纔將浦陽江改道注入錢塘江，所以周注三江中有浦陽江也符合古代地理實際。《嘉慶山陰縣志·政事志·武備》有云：「以浙江之舟難于出閘，乃聚泊于紹興錢清匯。然自錢清抵澉浦、金山，必由三江海門（按：門，義同「口」。）」所載雖然是清代杭州灣的形勢，但可由此約略推知春秋時期的交通情況。

六月丙子，當夏曆四月十一日。乙酉，四月二十日。丙戌，四月二十一日。丁亥，四月二十二日。

冬，吴及越平。（《左傳·哀公十三年》）

句踐十五年，謀伐吴。

大夫種曰：「今伍子胥忠諫而死。」（《吴越春秋·句踐伐吴外傳》）

至明年春，吴王北會諸侯於黄池。（《越世家》）

謹按：黄池之會，《左傳》載在哀公十三年夏，蓋《左傳》用周曆，《史記》用夏曆。

越王聞吴王伐齊，使范蠡、洩庸率師屯海通江，以絶吴路。敗太子友於始熊夷，通江淮，轉襲吴，遂入吴國，燒姑胥臺，徙其大舟。（《吴越春秋·夫差内傳》）其夏六月丙子，句踐復問范蠡，曰：「可伐矣。」乃發習流二千人，俊士四萬，君子六千，諸御千人，以乙酉與吴戰。丙戌，遂虜殺太子。丁亥，入吴，焚姑胥臺。吴告急於夫差。夫差方會諸侯於黄池，恐天下聞之，即密不令洩。已盟黄池，乃使人請成於越。句踐自度未能滅，乃與吴平。（《吴越春秋·句踐伐吴外傳》）

謹按：《吴越春秋》與《左傳》、《史記·吴世家》所記越發兵伐吴的時間同〔一〕，交戰時間亦同，疑《吴越春秋》在此處沿用了《魯春秋》的周曆紀時，但這一點並未貫穿在全書中。從出發到接戰，相隔八天，交戰後越國一方每天都有斬獲，並在三天裏結束戰鬥，所載各有側重，可互相補充印證。

魯哀公十四年，越句踐十六年，吴夫差十五年，前四八一年

吴王夫差還自黄池，息民不戒。越大夫種乃倡謀……（越）乃大戒師，將伐吴。（《吴語》）

〔一〕《吴世家》所載越入吴文字與《吴越春秋》大致相同，且亦謂六月丙子、乙酉、丙戌、丁亥，故不具録。

吴王還歸自黄池，息民散兵。（《吴越春秋·夫差内傳》）

大夫種曰：「臣觀吴王得志於齊、晉，謂當遂涉吾地，以兵臨境。今疲師休卒，一年而不試，以忘於我，我不可以怠。……吴民既疲於軍，困於戰鬥，市無赤米之積，國廩空虚，其民必有移徙之心，寒就蒲贏（《吴語》作「蠃」，據義當從）於東海之濱〔一〕。」（《吴越春秋·句踐伐吴外傳》）

居三年（殺子胥後三年），越興師伐吴。（《越絶書·請糴内傳》）

魯哀公十五年，越句踐十七年，吴夫差十六年，前四八〇年

越王句踐既得反國，欲陰圖吴，乃召計倪而問焉……（計倪）乃著其法，治牧江南，七年而禽吴也。（《越絶書·計倪内經》）

謹按：此間若爲寫實，則是句踐任用計倪之後七年滅吴，但計倪之被重用，未必就是句踐回國之後立即發生的事，故其中之「七年」只能從後往前回溯，故繫於此。

〔一〕二句《吴語》作「其民必移就蒲蠃」，韋昭注：「蒲，深蒲也。蠃，蚌蛤之屬。」疑《吴越春秋》文字有誤。

魯哀公十六年，越句踐十八年，吴夫差十七年，前四七九年

至於玄月，王召范蠡而問焉……遂興師伐吴，至於五湖。（《越語下》）韋注：《爾雅》曰：「九月爲玄。」謂魯哀十六年九月。至十七年三月，越伐吴也。

謹按：「至於玄月」四字緊承第三個「又一年」而來，則是此玄月當是該「又一年」的玄月，但韋昭在該「又一年」下注曰：「自此後四年，乃遂伐吴。」不知所據。是「至於玄月」前有脱文，還是「玄月」有著特定内涵，皆不可知。兹依韋昭之説繫於是年。

越興師伐吴，至五湖。太宰嚭率徒謂之曰：「謝戰者五父[一]。」越王不忍，而欲許之。范蠡曰：「君王圖之廊廟，失之中野，可乎？謀之七年，須臾棄之，王勿許，吴易兼也。」越王曰：「諾。」居軍三月，吴自罷，太宰嚭遂亡。吴王率其有禄與賢良，遯而去。越追之，至餘杭山，禽夫差，殺太宰嚭。（《越絶書·請糴内傳》）

謹按：「謀之七年」，若文字無誤，則當從前四八六年算起，據韋昭推算的時間，《越語下》是年載：「四年，王召范蠡而問焉。」可爲實質性「謀」吴之起始。「居軍三月，吴自罷」，《越語下》作「居軍三年，吴師自潰」；《越世家》作「圍之三年，吴師敗」；《左傳·哀公二十年》

〔一〕父，張宗祥據《越語下》謂疑係「反」之訛，其説是。

作「十一月，越圍吴」，則是從圍吴至哀公二十二年冬十一月滅吴，也有前後三個年頭，綜合諸説，疑《越絶書》的「三月」係「三年」之誤。

魯哀公十七年，越句踐十九年，吴夫差十八年，前四七八年

三月，越子伐吴，吴子御之笠澤，夾水而陳。越子爲左右句卒，使夜或左或右，鼓譟而進。吴師分以御之。越子以三軍潛涉，當吴中軍而鼓之，吴師大亂，遂敗之。（《左傳・哀公十七年》）

越「敗吴於囿」。（《越語上》）

（夫差）十八年，越益彊。越王句踐率兵復伐，敗吴師於笠澤。（《吴世家》）

魯哀公十九年，越句踐二十一年，吴夫差二十年，前四七六年

越「又敗之於没」（《越語上》）韋注：没，地名。在哀十九年。

居軍三年，吴師自潰。（《越語下》）

越大破吴，因而留，圍之三年，吴師敗，越遂復棲吴王於姑蘇之山。吴王使公孫雄

肉袒膝行而前，請成越王。（《越世家》）

謹按：「大破」，當指《越語上》所指之「敗之於没」而言。

（夫差）二十年，越王句踐復伐吳。（《吳世家》）

（夫差）二十年，越王興師伐吳，吳與越戰於檇李。吳師大敗，軍散，死者不可勝計。越追破吳，吳王困急，使王孫駱（《史記》作「雄」）稽首請成，如越之來也……請成七反，越王不聽。（《吳越春秋·夫差内傳》）

（句踐）二十一年七月，越王復悉國中士卒伐吳……冬十月，越王乃請八大夫……乃遂伐之，大敗之於囿，又敗之於郊，又敗之於津。如是三戰三北，徑至吳，圍吳於西城……越軍遂圍吳。（《吳越春秋·句踐伐吳外傳》）

謹按：《越語上》記越敗吳之順序是：敗吳於囿——又敗之於没——又郊敗之，《吳越春秋》記越敗吳之次序則是：大敗之於囿——又敗之於郊——又敗之於津，其時尚在前四七六年，離最後滅吳還有三年，故疑「敗之於郊」當在最後，考見《吳語》、《越語上》相關按語。

魯哀公二十年，越句踐二十二年，吳夫差二十一年，前四七五年及稍後

吴公子慶忌驟諫吴子曰：「不改，必亡。」弗聽。出居于艾，遂適楚。聞越將伐吴，冬，請歸平越，遂歸。欲除不忠者以説于越。吴人殺之。（《左傳·哀公二十年》）

十一月，越圍吴。……趙孟曰：「黄池之役，先主與吴王有質，曰：『好惡同之。』今越圍吴，嗣子不廢舊業而敵之，非晉之所能及也。」（《左傳·哀公二十年》）

（吴國三戰三北，越人）「乃至於吴。越師遂入吴國，圍王臺」，吴王使人行成，不獲，遂自殺。《吴語》

又郊敗之。（《越語上》）韋注：在哀二十年十一月，越圍吴。

（夫差）二十一年，（越）遂圍吴。（《吴世家》）

越軍遂圍吴。守一年，吴師累敗，遂棲吴王於姑胥之山。（《吴越春秋·句踐伐吴外傳》）

魯哀公二十二年，越句踐二十四年，吴夫差二十三年，前四七三年

冬，十一月丁卯，越滅吴，請使吴王居甬東。辭曰：「『孤老矣，焉能事君？』」乃

縊。越人以歸。(《左傳·哀公二十二年》)

反至五湖，范蠡辭於王……遂乘輕舟以浮於五湖，莫知其所終極。(《越語下》)

(周)元王四年，越滅吴。(《史記·六國年表》)

君王蚤朝晏罷，非爲吴邪？謀之二十二年，一旦而弃之，可乎？(《越世家》)

謹按：《世家》所云之「二十二年」當係從魯哀公元年句踐保於會稽算起。

(夫差)二十三年十月，越王復伐吴。吴國困不戰，士卒分散，城門不守，遂屠吴。(《吴越春秋·夫差内傳》)

(夫差)立二十三年，越王句踐滅之。(《越絶書·越絶外傳記·吴地傳》)

夫差二十三年，越滅吴。(《世本》)

還，反國，范蠡以爲大名之下，難以久居，且句踐爲人可與同患，難與處安，爲書辭句踐……乃裝其輕寶珠玉，自與其私徒屬乘舟浮海以行，終不反。(《越世家》)

二十四年九月丁未，范蠡辭於王……乃乘扁舟，出三江，入五湖，人莫知其所適。(《吴越春秋·句踐伐吴外傳》)

謹按：范蠡辭别句踐的時間，《吴越春秋》明確記載：「(句踐)二十四年九月丁未」；越滅吴的時間,《左傳》云:「冬十一月丁卯。」《左傳》所記依據周曆,據朔日干支推知,是日爲夏曆九月二十七日;又據上揭文獻及《越語》相關記載,知范蠡之辭别句踐必在越滅吴之後,《吴越春秋》所載之「二十四年九月丁未」卻在九月初六日,在滅吴之前,明顯不合,而下一個丁未在當年的十一月初八,成了十一月丁未;再下一個丁未則已進入二十五年了,可置不論。最大可能是:《吴越春秋》的編者遵循閲讀《左傳》類文獻的習慣,視原始材料的「十一月丁未」爲周曆,於是隨手將原文换算成當時習用的夏曆,改作「九月丁未」,遂有此倒置現象。結論是,越句踐二十四年夏曆十一月初八,范蠡在越軍回國途中,辭别句踐,輕舟以浮於五湖。

范蠡辭别句踐的地點,《越語下》謂五湖,《越世家》謂反(返)國以後,則是在越國内地;《吴越春秋》雖未明言「三江」所在,但「五湖」即今太湖,《越語下》去古人更近,疑此「三江」爲太湖的三江口,而非今紹興的三江口。

范蠡辭别句踐的方式,《越語下》和《吴越春秋》記載君臣的反覆對話,似是當面告别,但《越世家》既云「爲書辭别句踐」,後又有君臣對話,既不見其告别書,復不與《越語》、《越春秋》同。

魯哀公二十三年，越句踐二十五年，前四七二年

（越句踐）二十五年丙午平旦，越王召相國大夫種而問之……越王復召相國，謂曰：「子有陰謀兵法，傾敵取國。九術之策，今用三已破彊，其六尚在子所，願幸以餘術，爲孤前王於地下謀吴之前人。」……越王遂賜文種屬盧之劍……（文種）遂伏劍而死。（《吴越春秋·句踐伐吴外傳》）

越王既已誅忠臣，霸于關東，從琅邪起觀臺，周七里，以望東海。（《吴越春秋·句踐伐吴外傳》）

謹按：二十五年丙午平旦，有日而無月，未見類似表達，如果不是脱文，那就是二十四年十一月丁未之後的第一個丙午，即夏曆第二年的正月初八。

魯悼公二年，越句踐三十二年，前四六五年

晉出公十年十一月，於粵子句踐卒，是爲菼執，次鹿郢立。（《古本竹書紀年》）

參考文獻

B

《拜經日記》，［清］臧庸撰，《續修四庫全書》本，上海：上海古籍出版社，二〇〇二。

《白氏六帖事類集》，［唐］白居易撰，文物出版社影印傅增湘舊藏南宋紹興間刻本，一九八七。

《北户録》，［唐］段公路撰，清《十萬卷樓叢書》本。

《本邦殘存典籍による輯佚資料集成》，［日本］新美寬編、鈴本隆一補，［日本］京都大學人文科學研究所，一九六八。

《弁服釋例》，［清］任大椿著，［清］阮元主編學海堂《皇清經解本》。

《帛書周易研究》，邢文著，北京：人民出版社，一九九七。

C

《長沙馬王堆漢墓簡帛集成》，湖南省博物館、復旦大學出土文字與古文字研究中心編纂，裘錫圭主編，北京：中華書局，二〇一四。

《初學記》，［唐］徐堅編，清光緒孔氏三十三萬卷堂本。

《楚辭補注》，［宋］洪興祖補注，北京：中華書局，一九八五。

《春秋臣傳》，［北宋］王當撰，清文淵閣《四庫全書》本。

《春秋大事表》，［清］顧棟高著，吴樹平、李解民點校，北京：中華書局，一九九三。

《春秋分記》，［南宋］程公説著，清文淵閣《四庫全書》本。

《春秋公羊傳》，［東漢］何休解詁，［唐］徐彦疏，［清］阮元校勘《十三經注疏》本，北京：中華書局，一九八〇。

《春秋穀梁傳》，［晉］范甯集解，［唐］楊士勛疏，［清］阮元校勘《十三經注疏》本，北京：中華書局，一九八〇。

《春秋戰國秦漢朔閏表》，饒尚寬編著，北京：商務印書館，二〇〇八。

《春秋左氏傳補注》，［清］沈欽韓撰，［清］王先謙輯，南菁書院刊《清經解續編》本。

《春秋左傳補注》，［清］惠棟撰，［清］阮元主編學海堂《皇清經解本》。

《春秋左傳正義》，［晉］杜預集解，［唐］孔穎達正義，［清］阮元校勘《十三經注疏》本，北京：中華書局，一九八〇。

《春秋左傳注》，楊伯峻編著，北京：中華書局，一九八〇。

D

《戴東原集》，［清］戴震著，《四部叢刊初編》景經韻樓本，上海：商務印書館，一九一九。

《東觀餘論》，［南宋］黄伯思著，北京：人民美術出版社，二〇一〇。

《讀春秋編》，［元］陳深撰，清文淵閣《四庫全書》本。

《讀國語蠡述》，李澄宇撰，湘鄂印刷公司鉛印本，一九三三。

《讀史方輿紀要》，［清］顧祖禹撰，北京：中華書局，二〇〇五。

《讀書管見》，金其源著，上海：商務印書館，一九五七。

《讀書雜釋》，［清］徐鼒撰，閻振益、鍾夏點校，北京：中華書局，一九九七。

《讀書雜志》，［清］王念孫，［清］阮元主編學海堂《皇清經解本》。

《讀書囈語》，［明］李元吉著，《續修四庫全書》本，一九九六。

《敦煌本數術文獻輯校》，關長龍輯校，中華書局，二〇一九。

E

《爾雅》，［晉］郭璞注，［北宋］邢昺疏，［清］阮元校刻《十三經注疏》本，北京：中華書局，一九八〇。

《爾雅義疏》，［清］郝懿行撰，［清］阮元主編學海堂《皇清經解本》。

《爾雅正義》，［清］邵晉涵撰，［清］阮元主編學海堂《皇清經解本》。

《爾雅注疏》，［晉］郭璞注，［北宋］邢昺疏，［清］阮元校刻《十三經注疏》本，北京：中華書局，一九八〇。

F

《方言》，［西漢］揚雄撰，［清］錢繹撰集，李舜華、黃建中點校，北京：中華書局，二〇一三。

《方言箋疏》，［西漢］揚雄撰，［清］錢繹撰集，李舜華、黃建中點校，北京：中華書局，二〇一三。

G

《陔餘叢考》，［清］趙翼輯，清乾隆五十五年（一七九〇）湛貽堂刻本。

《詁訓柳先生文集》，［唐］柳宗元撰，清文淵閣《四庫全書》本。
《古本竹書紀年輯證》（修訂本），方詩銘、王修齡撰，上海：上海古籍出版社，二〇〇五。
《古今姓氏書辨證》，［宋］鄧名世撰，清文淵閣《四庫全書》本。
《古列女傳》，［西漢］劉向編，《四部叢刊初編》景明本，上海：商務印書館，一九一九。
《古書疑義舉例五種》，［清］俞樾等撰，北京：中華書局，一九五六。
《古文析義》，［清］林雲銘評注，葉世宸、林芷之校，奥地利圖書館藏，清嘉慶五年（一八〇〇）刻本。
《古文尚書撰異》，［清］段玉裁撰，清乾隆道光間段氏刻經韻樓稿本。
《古樂經傳》，［清］李光地撰，清文淵閣《四庫全書》本。
《觀堂集林》，王國維著，北京：中華書局，一九八四。
《管子補注》，［明］劉績撰，清文淵閣《四庫全書》本。
《管子義證》，［清］洪頤煊撰，清嘉慶二十四年（一八一九）刻本，湖北省圖書館藏。
《廣雅疏證》，［清］王念孫疏證，［清］阮元主編學海堂《皇清經解本》。

《廣注語譯國語國策精華》，秦同培注譯，宋晶如增訂，上海：世界書局，一九三六。

《虢國研究》，梁寧森、鄭建英著，鄭州：河南人民出版社，二〇〇七。

《郭沫若全集·考古編》，郭沫若著，北京：科學出版社，一九八二。

H

《漢書》，［東漢］班固撰，［唐］顔師古注，北京：中華書局，一九六二。

《漢魏音》，［清］洪亮吉撰，《續修四庫全書》本，上海：上海古籍出版社，二〇〇二。

《漢制考》，［南宋］王應麟著，張三夕、楊毅點校，北京：中華書局，二〇一一。

《漢字字音演變大字典》，林連通、鄭張尚芳編，江西教育出版社，二〇一二。

《鶡冠子匯校集注》，黃懷信撰，北京：中華書局，二〇〇四。

《侯國官制考》，［清］胡匡衷撰，收入氏著《儀禮釋官》，［清］阮元主編學海堂《皇清經解本》。

《後漢書》，［南朝劉宋］范曄撰，［唐］李賢注，北京：中華書局，一九六五。

《淮南鴻烈集解》，劉文典撰，北京：中華書局，二〇一三。

《黃帝四經今注今譯——馬王堆漢墓出土帛書》，陳鼓應注譯，商務印書館，二〇〇七。

《黄氏日抄》，［南宋］黄震撰，清文淵閣《四庫全書》本。
《皇王大紀》，［南宋］胡宏撰，清文淵閣《四庫全書》本。
《晦庵集》，［南宋］朱熹著，清文淵閣《四庫全書》本。

J

《記纂淵海》，［南宋］潘自牧撰，北京：中華書局，一九八八。
《急就篇》，［漢］史游撰，［唐］顔師古注，清文淵閣《四庫全書》本。
《積微居讀書記》，楊樹達著，上海：上海古籍出版社，二〇〇七。
《嘉祥漢畫像石》，朱錫禄編著，濟南：山東美術出版社，一九九二。
《賈逵國語注》，［東漢］賈逵撰，［清］黄奭輯，民國二十三年（一九三四）補刻《黄氏逸書考》本。
《金聖嘆評點經典古文》，［清］金聖嘆選批，嶽麓書社，二〇一二。
《金文編》，容庚編著，張振林、馬國權摹補，北京：中華書局，一九八五。
《晉國史》，李孟存、李尚師著，太原：山西古籍出版社，一九九九。
《經典釋文》，［唐］陸德明撰，北京：中華書局，一九八五。

《經濟類編》，［明］馮琦編，清文淵閣《四庫全書》本。

《經史問答》，［清］全祖望撰，《四部叢刊初編》景上海涵芬樓藏本，上海：商務印書館，一九一九。

《經義叢鈔》，［清］洪頤煊著，［清］阮元主編學海堂《皇清經解本》。

《經義雜記》，［清］臧琳撰，［清］阮元主編學海堂《皇清經解本》。

《經韻樓集》，［清］段玉裁撰，［清］阮元主編學海堂《皇清經解本》。

《經傳釋詞》，［清］王引之著，［清］阮元主編學海堂《皇清經解本》。

《經子法語》，［南宋］洪邁著，《叢書集成續編》本，臺北：臺灣新文豐出版公司，一九八九。

《浄名玄論略述》，［日本］智光撰，日本大藏經編纂會《日本大藏經》（株式會社藏經書院，一九二一年）所收排印本，據日本東大寺圖書館藏日本建長三年（一二五一）抄本排印。

《九穀考》，［清］程瑶田撰，［清］阮元主編學海堂《皇清經解本》。

《九經古義》，［清］惠棟撰，［清］阮元主編學海堂《皇清經解本》。

《君子儒與詩教——先秦儒家文學思想考論》，俞志慧著，北京：三聯書店，二〇〇五。

K

《考信録》，［清］崔述撰，《叢書集成初編》本，上海：商務印書館，一九三七。
《孔晁國語注》，［晉］孔晁撰，［清］黄奭輯，民國二十三年（一九三四）補刻《黄氏逸書考》本。
《孔子家語》，［魏］王肅注，《四部叢刊初編》景明黄魯曾覆宋本，上海：商務印書館，一九一九。
《困學紀聞》，［南宋］王應麟著，［清］翁元圻等注，欒保群、田松青、吕宗力校點，上海：上海古籍出版社，二〇〇八。

L

《禮記注疏》，［東漢］鄭玄注，［唐］孔穎達正義，［清］阮元校刻《十三經注疏》本，北京：中華書局，一九八〇。
《禮説》，［清］惠士奇撰，清文淵閣《四庫全書》本。
《禮書綱目》，［清］江永編，清文淵閣《四庫全書》本。

《禮學卮言》，［清］孔廣森撰，［清］阮元主編學海堂《皇清經解本》。
《蓮漪文鈔》，［清］汪曰楨輯，美國哈佛大學漢和圖書館藏，清咸豐八年（一八五八）刊本。
《兩周土地制度新論》，袁林撰，長春：東北師範大學出版社，二〇〇〇。
《令集解》，日本惟宗直本著，東京府山城屋佐兵衛刊，明治五年（一八七二）跋，日本東京早稻田大學圖書館藏。
《六臣注文選》，［唐］李善等注，北京：中華書局，二〇一二。
《吕氏春秋集釋》，許維遹撰，梁運華整理，北京：中華書局，二〇〇九。
《論語集解》，［魏］何晏集解，［北宋］邢昺疏，［清］阮元校刻《十三經注疏》本，北京：中華書局，一九八〇。

M

《馬王堆漢墓帛書（三）》，馬王堆漢墓帛書整理小組撰，北京：文物出版社，一九八三。
《馬王堆漢墓帛書〈黄帝書〉箋證》，魏啟鵬著，北京：中華書局，二〇〇四。
《毛詩後箋》，［清］胡承珙撰，《續修四庫全書》本，上海：上海古籍出版社，二〇〇二。

《毛詩正義》，〔東漢〕鄭玄箋，〔唐〕孔穎達正義，〔清〕阮元校刻《十三經注疏》本，北京：中華書局，一九八〇。

《毛詩傳箋通釋》，〔清〕馬瑞辰撰，北京：中華書局，一九八九。

《孟子正義》，〔清〕焦循撰，北京：中華書局，一九八七。

《孟子注疏》，〔東漢〕趙岐注，〔北宋〕孫奭疏，〔清〕阮元校刻《十三經注疏》本，北京：中華書局，一九八〇。

《妙絶古今》，〔南宋〕湯漢編，清文淵閣《四庫全書》本。

P

《龐樸文集》，龐樸撰，濟南：山東大學出版社，二〇〇五。

《瞥記》，〔清〕梁玉繩撰，〔清〕阮元主編學海堂《皇清經解本》。

Q

《乾惕居論學文集》，徐仁甫著，北京：中華書局，二〇一四。

《潛夫論》，〔東漢〕王符撰，〔清〕汪繼培箋，北京：中華書局，一九八五。

《清華大學藏戰國竹簡(七)》，清華大學出土文獻研究與保護中心編，李學勤主編，上海：中西書局，二〇一七。

《清華簡〈楚居〉「湫郢」考》，徐文武，《長江大學學報（哲學社會科學版）》，二〇一三年第三期

《求古録禮説》，［清］金鶚撰，清光緒二年（一八七六）孫熹刻本。

《群經補義》，［清］江永撰，清文淵閣《四庫全書》本。

《群書校補》，蕭旭著，揚州：廣陵書社，二〇一一。

《群書札記》，［清］朱亦棟撰，《續修四庫全書》本，上海：上海古籍出版社，二〇〇二。

《群書治要》，［唐］魏徵等輯，日本天明本；《四部叢刊初編》景日本尾張藩刊本，上海：商務印書館，一九一九。

《群書治要》，［唐］魏徵等輯，日本鐮倉時期卷子本，日本宮内廳書陵部藏金澤文庫藏鈔本。

R

《日知録》，［清］顧炎武撰，［清］黄汝成集釋，欒保群、吕宗力校點，上海：上海古籍出版社，二〇〇六。

S

《山海經》，[晉]郭璞注，四部叢刊初編景明本，上海：商務印書館，一九三六。
《商周家族形態形容》，朱鳳瀚著，天津：天津古籍出版社，一九九〇。
《商周彝器通考》，容庚著，上海：上海人民出版社，二〇〇八。
《上海博物館藏〈戰國楚竹書〉》，馬承源主編，上海：上海古籍出版社，二〇〇二。
《尚史》，[清]李鍇撰，清文淵閣《四庫全書》本。
《尚書大傳》，[西漢]伏勝撰，[東漢]鄭玄注，[清]陳壽祺輯校，《叢書集成補編》本。
《尚書古文疏證》，[清]閻若璩撰，黄懷信、吕翊欣校點，上海：上海古籍出版社，二〇一〇。
《尚書正義》，[唐]孔穎達正義，[清]阮元校刻《十三經注疏》本，中華書局，一九八〇。
《詩補傳》，[南宋]范處義撰，清文淵閣《四庫全書》本。
《詩毛氏傳疏》，[清]陳奂撰，臺北：廣文書局，一九六七。
《十駕齋養新録》，[清]錢大昕著，楊勇軍整理，上海：上海書店，二〇一一。
《史記》，[西漢]司馬遷，[劉宋]裴駰集解，[唐]司馬貞索隱，[唐]張守節正義，點校本二十四史修訂本，北京：中華書局，二〇一三。
《史記會注考證》，［西漢］司馬遷著，日本瀧川資言會注考證，北京：新世界出版社，二〇〇九。
《史記志疑》，梁玉繩撰，北京：中華書局，一九八一。
《史林雜識初編》，顧頡剛著，北京：中華書局，一九七七。
《事類備要》，［南宋］謝維新編，清文淵閣《四庫全書》本。
《釋名疏證補》，［東漢］劉熙撰，［清］畢沅疏證，王先謙補，祝敏徹、孫玉文點校，北京：中華書局，二〇〇八。
《庶齋老學叢談》，［元］盛如梓著，清文淵閣《四庫全書》本。
《〈水經注〉山西資料輯釋》，謝鴻喜輯釋，山西人民出版社，一九九〇。
《孫子譯注》，李零譯注，北京：中華書局，二〇〇七。
《説文解字繫傳》，［南唐］徐鍇撰，北京：中華書局，一九八七。
《説苑校證》，［西漢］劉向編，向宗魯校證，北京：中華書局，一九八七。
《四庫全書考證》，［清］王岳太等撰，清文淵閣《四庫全書》本。

《四書釋地》，〔清〕閻若璩撰，〔清〕阮元主編學海堂《皇清經解本》。

T

《通鑑前編》，〔元〕金履祥編，清文淵閣《四庫全書》本。
《通鑑外紀》，〔北宋〕劉恕撰，《四部叢刊初編》景明本，上海：商務印書館，一九一九。
《通雅》，〔明〕方以智撰，清文淵閣《四庫全書》本。
《通志》，〔南宋〕鄭樵撰，上海：商務印書館，一九三七。
《桐城吳先生群書點勘·國語》，〔清〕姚鼐、吳汝綸點勘，吳闓生輯，民國七年（一九一八）都門書局鉛印本。

W

《王肅國語章句》，〔魏〕王肅撰，〔清〕黄奭輯，民國二十三年（一九三四）補刻《黄氏逸書考》本。
《文恭集》，〔北宋〕胡宿著，清《四庫全書》館臣輯，清文淵閣《四庫全書》本。
《文選》，〔梁〕昭明太子編，〔唐〕李善注，北京：中華書局，一九七七。
《文選箋證》，〔清〕胡紹煐撰，《續修四庫全書》本。

《聞一多全集》，北京：三聯書店，一九八二。
《文章類選》，［明］朱㮵輯，《四庫全書存目叢書》本。
《文章正宗》，［南宋］真德秀編，清文淵閣《四庫全書》本。
《文字·文獻·古史——趙平安自選集》，趙平安著，上海：中西書局，二〇一七。
《吴越春秋輯校匯考》，周生春撰，上海：上海古籍出版社，一九九七。
《吴越春秋校注》，［東漢］趙曄著，張覺校注，嶽麓書社，二〇〇六。

X

《香草校書》，［清］于鬯撰，中華書局，一九七〇。
《香字抄》三卷，日本文永六年（一二六九）寫本，日本早稻田大學圖書館藏。
《曉讀書齋雜録》，［清］洪亮吉撰，清光緒三年至五年洪用懃授經堂刻《洪北江全集本》，［清］陶方琦批，紹興圖書館藏。
《小學要籍引〈國語〉研究》，郭萬青著，新北：花木蘭文化出版社，二〇一四。
《新編類意集解諸子瓊林》，［元］蘇應龍輯，北京：北京圖書館出版社，中華再造善本，二〇〇五。

《新方言》，民國章炳麟撰，《續修四庫全書》本。

《新譯大方廣佛華嚴經音義校注》，［唐］釋慧苑撰，黄仁瑄校注，中華書局，二〇二〇。

《姓解》，［北宋］邵思撰，《古逸叢書》景北宋景祐年間（一〇三四—一〇三八）刊本。

《續文獻通考》，［明］王圻撰，上海：商務印書館，一九三七。

《荀子集解》，［清］王先謙集解，北京：中華書局，二〇〇六。

Y

《姚名達文存》，羅艷春、姚果源編，南京：江蘇人民出版社，二〇一二。

《儀禮正義》，［清］胡培翬撰，南京：江蘇古籍出版社，一九九三。

《易林注》，［西漢］焦延壽撰，佚名注，《續修四庫全書》本，上海：上海古籍出版社，二〇〇二。

《一切經音義》，［唐］釋慧琳撰，日本元文三年（一七三八）至延亨三年（一七四六）獅谷蓮社刻本。

《一切經音義》，［唐］釋玄應撰，清海山仙館叢書本。

《儀禮經傳通解》，［南宋］朱熹撰，清文淵閣《四庫全書》本。

《藝文類聚》，［唐］歐陽詢撰，清文淵閣《四庫全書》本。
《逸周書》，［西晉］孔晁注，北京：中華書局，一九八五年，叢書集成初編本。
《逸周書匯校集注》，黄懷信、田旭東、張懋鎔，田旭東撰，上海：上海古籍出版社，二〇〇七。
《亦有生齋集》，［清］趙懷玉撰，清道光元年（一八二一）刻本。
《研六堂文鈔》，［清］胡培翬撰，清道光十七年（一八三七）涇川書院刻本。
《愚慮録》，［清］陳偉著，《續修四庫全書》本，上海：上海古籍出版社，一九九六。
《虞翻國語注》，［三國吴］虞翻撰，［清］黄奭輯，民國二十三年（一九三四）補刻《黄氏逸書考》。本
《玉海》，［南宋］王應麟撰，清文淵閣《四庫全書》本。
《玉篇校釋》，胡吉宣撰，上海：上海古籍出版社，一九八九。
《原本玉篇殘卷》，［南朝］顧野王著，北京：中華書局，一九八五。
《越絶書校釋》，李步嘉校釋，北京：中華書局，二〇一三。
《越縵堂讀書簡端記》，［清］李慈銘撰，王利器纂輯，天津：天津人民出版社，一九八〇。

Z

《張文定公養心亭集》，明張邦奇撰，明刻本，中國科學院圖書館藏。

《張以仁先秦史論集》，張以仁著，上海世紀出版股份有限公司，二〇一〇。

《中國民族史》，呂思勉著，中國文史出版社，二〇一五。

《中論》，［魏］徐幹撰，《四部叢刊初編》景明本，上海：商務印書館，一九一九。

《周代禮樂文明實證》，賈海生著，北京：中華書局，二〇一〇。

《周季編略》，［清］黄式三撰，浙江書局，清同治刻本。

《周禮疑義舉要》，［清］江永撰，清文淵閣《四庫全書》本。

《周禮正義》，［清］孫詒讓正義，北京：中華書局，一九八七。

《籀廎述林》，［清］孫詒讓撰，民國五年（一九一六）刻本。

《周秦名字解詁彙釋》，周法高，中華叢書委員會，一九五八。

《資治通鑒》，［北宋］司馬光編，［南宋］胡三省注，《四部叢刊初編》景上海涵芬樓藏宋刊本，上海：商務印書館，一九一九。

《鍾山札記》，［清］盧文弨撰，［清］阮元主編學海堂《皇清經解本》。

《諸史瑣言》，［清］沈家本著，收入氏著《沈寄簃先生遺書》，北京：中國書店，一九八四。

《渚宮舊事》，［唐］余知古撰，清文淵閣《四庫全書》本。

《莊子集釋》，［清］郭慶藩集釋，北京：中華書局，一九六一。

《左通補釋》，［清］梁履繩撰，［清］王先謙輯，南菁書院刊《清經解續編》本。

《左傳杜林合注》，［晉］杜預集解，［宋］林堯叟注，［明］王道焜、趙如源同編，清文淵閣《四庫全書》本。

《左傳淺説》，［清］皮錫瑞著，清光緒二十五年（一八九九）思賢書局刊本。

《〈册府元龜〉引〈國語〉校證》，郭萬青，《東亞文獻研究》第一六輯，二〇一五年十二月。

《從曾侯乙墓箱蓋漆文的星象釋作爲農曆歲首標志的「農祥晨正」》，王暉，《考古與文物》一九九四年第二期。

《讀〈國語〉札記》，張新武，《新疆大學學報》第三六卷第六期，二〇〇八年十一月。

《敦煌所出北魏寫本〈國語·周語〉舊注殘葉跋》，饒宗頤，《敦煌吐魯番研究》第一卷，北京：北京大學出版社，一九九六年四月。
《公序本〈國語〉我先世后稷證是》，辛德勇，《文史》，二〇一四年第二期。
《〈國語〉黄帝二十五子得姓傳説的分析（上）》，楊希枚，「中央研究院」《歷史語言研究所集刊》，第三十四本下册，一九六二年十二月。
《〈國語〉黄帝二十五子得姓傳説的分析（下）——兼論中國傳説時代的母系社會》，《紀念李濟先生七十歲誕辰論文集》，臺北：清華學報社，一九六五。
《〈國語·晉語〉「女工妾」補證》，彭益林，《晉陽學刊》，一九八三年第二期。
《〈國語·晉語二〉「懷挾纓纕」新解》，蔡振華，《漢字漢語研究》，二〇二三年第四期。
《〈國語〉韋昭注匡謬一則》，董蓮池、王彩雲，《古籍整理與研究學刊》，一九九五年第六期。
《〈國語·吴語〉「紹享」新釋》，賈旭東，《語言研究》，第三九卷第四期，二〇一九年十月。
《國語虚詞訓解商榷》，張以仁，《中央研究院歷史語言研究所集刊》第三七本上册，一九六七。

《國語疑義新證》，趙生群、蘇芃，《古籍整理研究學刊》二〇〇七年第二期。
《〈國語〉札記三則》，葉晨暉，《南京師範大學學報（社會科學版）》一九八二年第二期。
《〈國語·周語下〉伶州鳩語中的天象資料辨僞》，張富祥，《東方論壇》二〇〇五年第三期。
《「楛矢石砮」新解》，張秀仁，《社會科學戰線》一九七九年第一期。
《晉語辨正》，徐仁甫，《晉陽學刊》一九八四年第二期。
《均鍾考——曾侯乙墓五弦器研究（上、下）》，黄翔鵬，《黄鍾（武漢音樂學院學報）》，一九八九年第一、二期。
《利用清華簡〈繫年〉校正〈國語〉韋注一例》，袁金平，《社會科學戰線》二〇一一年第二期。
《清華簡〈説命〉「鵑肩女惟」疏解》，虞萬里，《文史哲》二〇一五年第一期。
《清華簡〈繫年〉與周宣王「不籍千畝」新研》，雷曉鵬，《中國農史》二〇一四年第四期。
《〈芮良夫論榮夷公專利〉節次辨正》，張建軍、張懷通，《文獻》二〇一一年第二期。

《單穆公「子母相權」論與貨幣的層次結構》，何平，《中國錢幣》，二〇一九年第一期。
《説甈》，郭錫良，《語言研究論叢》第三輯，天津：天津人民出版社，一九八七。
《〈太平御覽〉徵引〈國語〉探賾》，郭萬青，《東亞文獻研究》第一七輯，二〇一六年六月。
《談曾侯乙墓鐘磬銘文中的幾個字》，裘錫圭、李家浩，收入《裘錫圭學術文集》第三卷，上海：復旦大學出版社，二〇一五。
《唐宋類書引〈國語〉研究》，郭萬青，南京師範大學中國古典文獻學專業博士學位論文，二〇一三。
《韋昭〈國語解〉用禮書研究》，樊善標，《中國文哲研究集刊》第十六期，二〇〇〇年三月。
《先秦「傍晚」語義場研究》，梅晶，《唐山師範學院學報》，二〇〇七年第四期。
《鄭伯克段之「鄢」地在哪裏》，王家康，《文史知識》，二〇一四年第二期。
《中國上古姓族制度研究》，張富祥，《南京大學學報》（人文社科版），二〇一三年第一期。

後記

本書讀者對象設定爲對《國語》和先秦文史有研究興趣者，編撰目的是爲相關研究提供盡可能全面的版本信息與注釋材料，同時對這些信息與材料進行深度處理，讓研習《國語》者一套在手，不勞他求。原計劃還有一個彙評，考慮到本書體例限制，只是在討論文本和古今傳注時加意吸收。

在研究過程中，我常懷感恩。我們這個年齡的學人比起前輩學者來，委實是幸運多了，且不説很久以前，就是二十多年以前，剛做《國語》的校勘工作，也不敢奢望能像今天這樣接觸如此之多的珍稀版本。隨著獲取和利用材料日漸便捷與豐富，無論是彙校，還是集注的品質，也隨著不斷提高，我打心底裏感謝現代技術進步帶來的便利。更希望有朝一日，這種機械笨拙的校勘工作，將會由人工智能代替，而且更快捷，也更準確。

同樣令我深懷感恩的是現代便捷的交通，飛速發展的交通爲吾輩學人提供了田野調查的更多可能，讓我們有更多機會親臨歷史事件的發生地，感受相關的事件及人物的言行。田野調查也使我的研究過程多了一份踏實，許多發現與感悟是無法在書齋裏獲得的。

譬如吳越之間的疆界，《國語》《越絶書》《吳越春秋》和有關地方史志，雖偶有涉及，但都語焉不詳，到桐鄉、海寧、嘉興等地實地考察，居然還能見到二五〇〇年前的界河、界墩、界橋遺址；桐鄉何城、海寧管城這兩個吳國防禦越國的城堡遺址，因後世成爲民間信仰場所，至今仍得以部分保留。在傳世文獻中，我們看到的是越國君臣卑辭厚禮以廣侈吳王之心，但從石門、何城、管城、晏城、界墩、望吳壩、雙山、鮑涇港等一綫春秋戰國遺跡中，我看到的卻是吳國在嚴防死守。從這一點看來，清華簡《越公其事》所描述的「吳之善士將中半死矣」以及伍子胥的畏懼態度似比傳世文獻更接近真相，而考察中或印證或發現的越國吳塘、上池、下池、塘城等一系列大型水利工程，也從一個側面昭示著當時越國的實力，較《國語》所載更顯强大。

《越語下》提到范蠡辭别句踐之後，句踐命「環會稽三百里者以爲范蠡地」，《越絶書·記地傳》則謂「苦竹城者，勾踐伐吳還，封范蠡子也，其僻居，徑六十步。因爲民治田，塘長千五百三十三步。去縣十八里」，一曰三百里，一曰僻居。苦竹，近年改稱古築，係柯橋區漓渚鎮的一個村落，其他則《越絶書》所載者是，《越語下》倒像是開了戰國策士誇飾恣肆的先聲。走訪中，聽一位年長者介紹，他小時候就在苦竹村大王廟上的學，我問他廟裏供的誰，他很肯定地説是句踐，在那一刻，我對范蠡一家的持盈保泰、戒懼惕厲思想有了更真切的認知，這在閲讀《國語》和《黄帝四經》時所未曾有。

旅途中，總是有幸能看到歷史人物的造像，如孔子、齊桓、晉文、吴王夫差、越王句踐。在新鄭鄭韓故城看到巨大的鄭莊公像，在韓城梁山遇見司馬遷，臨汾居然還給賈南風立了一尊，很想知道這些造像的依據。於是聯想起在天水麥積山、敦煌石窟、張掖大佛寺、固原須彌山、五臺山佛光寺等處見過的供養人造像，供養人立像，與被供養者一起受供養，這是我這個南方人没有見過的，很新鮮。在南方，倒是見過另一種處理方式，如嵊州瞻山廟，在帛道猷像前爲佛祖加個座；或者如澳門博物館展出的華南早期聖母瑪麗亞像，那懷抱嬰兒的神態，乍一看還以爲是送子觀音，但都未見有反客爲主的。於是繼續留意，發現還有更生猛的，洛陽龍門盧舍那佛、彬州大佛、大同雲崗石窟一溜的佛像，都是以當時領導人作爲原型的。如此看來，教義的傳播過程，既是本生故事的敘述過程，也是經義的解釋過程，有時甚至是重新賦義的過程，這當中有歷史敘述，有文學表達，也有價值宣示，更多時候則是「士女雜坐，亂而不分」。

回到文獻整理與研究，版本的流傳、詞義的訓釋、語篇的組織、文體的界定、人物和事件的評價，又何嘗不是如此？像《國語》這樣來源複雜、不同歷史時期徵引、傳注、評點等積澱又十分豐富的典籍，無論校勘還是訓解工作，都有很大的難度。且不討論「語」這種文類所賦予的陳善閉邪的内容規定性及形式上言類之語的三段式與事類之語短小精悍的特點、它如何在歷史上出經入史、又怎樣成爲被文章學重點關注的對象等相對宏大的問題，就是對其中具體篇章甚至個别詞句的解讀，也很難做到讓其歷史、文學與價值建構等諸方面都各安其位、恰如其分。如《魯語下》「禹致群神於會稽之山」，到《説苑·辨物》中則是「禹致群臣於會稽之山」，一字之差，各自背後的敘述邏輯及以此爲起點的關於那一段歷史的認知體系，差距不可以道里計。《楚語下·觀射父論絶地天通》一文，雖有觀射父苦心孤詣的解釋，仍然擋不住許多學者將「通」詮釋成「登」，於是一個人類學命題一變而爲神話學命題。又如《晉語四·重耳婚媾懷嬴》中，司空季子謂黄帝姬姓，又謂其與炎帝同爲有蟜氏所生，齊侯因胥敦中，

「有嫣之後」的田齊明確以黄帝爲高祖，涉及此類問題，文字、音韻、訓詁之類的小學以及年代學、歷史地理學等顯然走到了學科邊界，而當時族群認同的現實壓力和後世汲引文化力量爲奥援的權宜之計卻成爲了另外一種真實的存在，理解這個存在需要走進那個語境，有時甚至是現實語境。本書想在這方面有所探索，具體體現在全書近一千九百多則按語中。但顯然還有許多路要走，而這樣的工作，在可以預見的將來，大概是人工智能代替不了的。

衷心感謝來自各方面的大力幫助，特别感謝我的導師趙逵夫教授的學術指導，曹峰教授、解文超教授、羅琴博士、袁青博士、李妙麟同學協助獲取相關資料，感謝國家圖書館、復旦大學圖書館、上海圖書館、浙江圖書館、紹興圖書館、日本静嘉堂文庫、日本國文學研究資料館、日本國立國會圖書館、日本國立公文書館内閣文庫、美國加利福尼亞大學伯克利分校東亞圖書館、我國臺灣地區的幾家圖書館提供或披露珍稀版本；感謝多位陪同考察和提供方便的師友，如吕廟軍教授、池萬興教授、李焕有教授、任群教授、隋曉會博士、馮堅培博士、潘偉標、葛國慶、方俞明、鍾妙明、周國峰等先生，以及各考察地的嚮導，難忘衢州姑蔑國古墓考古隊的張森研究員、嘉祥武梁祠一口當地方言的内行長者、鹽池張家場古城的熱心負責人、洛陽漢魏古城的考古學家、榆林統萬城那位樂業又專業的講解青年、鳳翔秦公大墓富有研究精神的業餘講解、天水師院劉雁翔教授、寶雞文理學院何志虎教授，動輒被我電話打擾的賈海生、羅家湘、郭萬青、黄越等師友，吴宗輝對我的幫助尤多，在校勘方面給了我很多有價值的建議。如果本書尚有可圈可點的地方，端賴各位的大力支持，研究工作的進一步展開，還需要同行師友和讀者諸君不斷指正，是所期盼，謝過。

二〇二四年八月於紹興

中國史學基本典籍叢刊　書目

穆天子傳匯校集釋
國語集解
國語彙校集注
吴越春秋輯校彙考
越絶書校釋
西漢年紀
兩漢紀
漢官六種
東觀漢記校注
校補襄陽耆舊記（附南雍州記）
十六國春秋輯補
洛陽伽藍記校箋
建康實録
荆楚歲時記
大唐創業起居注箋證（附壺關録）
貞觀政要集校（修訂本）
唐六典
鑾書校注
十國春秋
皇朝編年綱目備要
皇宋十朝綱要校正
隆平集校證
宋史全文
宋太宗皇帝實録校注
金石録校證
丁未録輯考
靖康稗史箋證
中興遺史輯校
鄂國金佗稡編續編校注
皇宋中興兩朝聖政輯校
中興兩朝編年綱目
續宋中興編年資治通鑑

續編兩朝綱目備要
宋季三朝政要箋證
宋代官箴書五種
契丹國志
西夏書校補
大金弔伐録校補
大金國志校證
聖武親征録（新校本）
黑韃事略校注
元朝名臣事略
明本紀校注
皇明通紀
明季北略
明季南略
國初群雄事略
三朝遼事實録
小腆紀年附考
小腆紀傳
史略校箋
廿二史劄記校證
通鑑地理通釋